Familie und
psychische Störungen

Klinische Psychologie und Psychopathologie

Herausgeber: Prof. Dr. med. Dr. phil. Helmut Remschmidt

Band 34

Familie und psychische Störungen

Eine Übersicht zu den empirischen Grundlagen des familientherapeutischen Ansatzes

Fritz Mattejat

11 Abbildungen, 4 Tabellen

Ferdinand Enke Verlag Stuttgart 1985

Dr. phil. Fritz Mattejat, Dipl.-Psych.
Klinik und Poliklinik für
Kinder- und Jugendpsychiatrie
der Philipps-Universtität Marburg
Hans-Sachs-Straße 6
3550 Marburg

CIP-Kurztitelaufnahme der Deutschen Bibliothek

Mattejat, Fritz:
Familie und psychische Störungen : e. Übersicht zu d. empir. Grundlagen d. familientherapeut. Ansatzes / Fritz Mattejat. – Stuttgart : Enke, 1985.
(Klinische Psychologie und Psychopathologie ; Bd. 34)
ISBN 3-432-94721-6

NE: GT

Satz: Heinrich-Jung, 7120 Bietigheim-Bissingen
Druck: Laupp & Göbel, Tübingen 3

Geleitwort

In den letzten Jahren hat sich auf allen Feldern, in denen zwischenmenschliche Beziehungen eine Rolle spielen, die Untersuchung intrafamiliärer Wechselbeziehungen und die Bedeutung familiärer Merkmale sehr in den Vordergrund geschoben. Dieser Ansatz ist auch in starkem Maße in die Psychiatrie und in die Kinder- und Jugendpsychiatrie eingezogen. Letztere war von jeher stark familienorientiert. Denn bei Verhaltensstörungen und psychischen Erkrankungen im Kindesalter war man stets auf die Angaben der Eltern angewiesen und mußte auch deren Verhalten berücksichtigen.

In den letzten Jahren konnte man aber *auch* beobachten, daß der familiendynamische und familientherapeutische Ansatz überzeichnet und auch auf Störungen angewandt wurde, bei denen er allenfalls eine untergeordnete Rolle spielt. Insofern haftet der familiendynamischen Betrachtung auch etwas Modisches an, und modische Erscheinungen werden eben oft übertrieben und führen dann zu kurzschlüssigen Erklärungsansätzen, die einer sorgfältigen Überprüfung nicht standhalten. Insofern lag es nahe, einmal Bilanz zu ziehen über die Bedeutung familienbezogener Merkmale und ihren Zusammenhang mit psychischen Störungen von Kindern.

In der vorliegenden Monographie stellt Herr *Mattejat* die Frage, welche der postulierten Zusammenhänge zwischen familiärer Umgebung und individueller psychischer Entwicklung als empirisch gesichert angenommen werden können. In einer Übersicht zum aktuellen Forschungsstand ist es ihm in vorzüglicher Weise gelungen, eine Vielzahl von familienbezogenen Merkmalen in ihrer Bedeutsamkeit darzustellen, sie zu klassifizieren, miteinander in Beziehung zu setzen und unter übergeordneten theoretischen Gesichtspunkten zu strukturieren.

Die Arbeit bestätigt die familientherapeutische Grundannahme, wonach die psychische Gesundheit des einzelnen mit seiner Familiensituation und seiner sozialen Situation zusammenhängt. Sie gibt aber darüber hinaus differenziertere Hinweise auf die Wertigkeit der einzelnen Faktoren, die immer im jeweiligen Kontext zu sehen sind.

Unter diesen Gesichtspunkten wird das familiendiagnostische und familientherapeutische Vorgehen zweifellos nicht einfacher, aber der Therapeut bekommt ein Gefühl dafür, wann eine Hypothese eine gewisse Sicherheit für sich beanspruchen kann und wann sie eher einem Vorurteil entspricht.

Das Buch findet seine Ergänzung in einer ebenfalls im Enke Verlag erscheinenden Arbeit von Herrn *Mattejat,* in der er das von ihm verwendete systemtheoretische Konzept expliziert und an einer klinischen Inanspruchnahmepopulation überprüft.

Ich hoffe, daß das vorliegende Buch alle Leser dazu anregt, im komplexen Bereich familiendynamischer Betrachtungen sorgfältiger nachzudenken, stärker auf nachgewiesene Zusammenhänge zu achten, diese in ihr Behandlungskonzept einzubeziehen und sich selbst um Nachweise zu bemühen.

Unter diesen Perspektiven wird gerade der familientherapeutische Ansatz auch in der künftigen Forschung und Praxis eine überragende Rolle spielen.

Marburg, Januar 1985 *H. Remschmidt*

Vorwort

Die Frage nach der eigenen Identität, dem Grund und Halt der einzelnen Person, wird seit je als Frage nach der Herkunft, nach den Vorfahren verstanden. *Rombach* zeigt in seinen fundamentalgeschichtlichen Analysen – in denen er epochale Grundmuster menschlicher Erfahrung rekonstruiert – daß sich die Frage nach dem eigenen Wesen erst in der Beschäftigung mit der Abstammung konstituieren kann: „Die Pflanze ‚lehrt' den Menschen die Grundgesetzlichkeit des Lebens, so vor allem die Fortpflanzung, den Zusammenhang von Pflanze und Same". Das „Strukturgesetz des Wachstums" bedeutet „Aufbau durch Wiederholung, Festhalten an einer Grundform im Wandel der Erscheinungen".

„Die Grunderfahrung auf den Menschen übertragen: Abfolge von Generationen, in denen immer wieder derselbe Kern weitergegeben wird. Sie tragen als ihr wahres *‚Wesen'* den unsichtbaren Kern in sich, der am Ursprung vom großen Ahn gestiftet wurde. Weil er im Grunde eine Wiedergeburt des Ahnen ist, trägt der Nachkomme dessen Namen – überhaupt einen *‚Namen'*, mit diesem wird das genannt und berufen, was er *‚im Grunde'* und *‚eigentlich'* ist – und was er in seinem Leben so gut wie möglich verwirklichen soll. Alle Normativität hat hier ihren Ursprung. Der Fortzeugungszusammenhang geht dem Menschen am Gewächs auf, damit die Sippe. Und von daher die Familie."*

Die fraglose Gründung des einzelnen in der Herkunft mag uns aus der Geschichte des Alten Testamentes bekannt sein und ist uns doch fremd – die eigene Verfassung (als Kind unserer Väter und Mütter) ist uns nur durch vielfache Brechungen zugänglich. So erscheint die Familie weniger als Grund denn als Last der einzelnen Person. Doch gerade im individualistischen Streben nach „Selbst-Verwirklichung" und in der vermeintlichen Abkehr aus vorgegebenen Bestimmungen lebt die „Familie in mir".

Der Gemeinplatz, daß die *Eltern* an allem *schuld* seien, überspitzt und verzerrt eine sonderbare, aber wirkliche Erfahrung: „Erstaunlich war (deshalb) für mich, daß unsere persönlichen Auffassungen, was in den Familien ‚falsch gemacht' würde und wie sich die Mitglieder zueinander verhalten sollten, ‚damit's besser ginge', bei weitem nicht so differierten, wie unsere individuellen Erfahrungen."** So stellt sich die Familie in unserer alltäglichen Reflexion als *Problem* dar, das vielfach verbunden ist mit immer schnelleren gesellschaftlichen und damit einhergehenden ideologischen Veränderungen: Die Auflösung fester und Sicherheit vermittelnder normativer Strukturen trifft die Familie in ihrem Kern. Die „Krise der Kleinfamilie"*** charakterisiert eine Situation, in der zu viele vorschnelle Wegweisungen nur verwirren. Hybris verdeutlicht sich im Bereich der Psychotherapie dort, wo sie mehr sein will als konkrete und sehr begrenzte Begleitung und Hilfestellung, stattdessen in einem umfassenden Sinne den „Weg der Heilung" aufzuweisen *bean-*

---

* Die Zitate sind *Rombach*s „Leben des Geistes" (1977, S. 77 ff.) entnommen.
** *I. Brumm* berichtet hier über eine themenzentrierte Selbsterfahrungsgruppe, die mit Psychologiestudenten zum Thema Familie an der Würzburger Universität durchgeführt wurde. Der Begriff der „Familie in mir" ist aus ihrer Arbeit übernommen (*Brumm*, 1977).
*** Ein von *Perrez* (1979) herausgegebenes Buch trägt diesen Titel.

spricht. Es gehört nicht zu unseren beruflichen Aufgaben, die „richtige" Lebensform vorzuschreiben. Was „Familie" in der Zukunft bedeuten wird, ist offen. Man tut gut daran, die klinisch-psychologische Frage nach dem Zusammenhang zwischen Familiensituation, Familienbeziehungen und psychischen Störungen bei Kindern und Jugendlichen in der angemessenen Demut zu stellen.

Bei unserer praktischen *Arbeit* haben wir es nicht nur mit Kindern und Jugendlichen zu tun, sondern immer auch mit ihren unmittelbaren Beziehungspersonen. Eine Berücksichtigung und Kenntnis der interpersonalen Zusammenhänge ist Vorbedingung für das Verständnis der präsentierten Probleme und damit für sinnvolle und erfolgversprechende therapeutische Maßnahmen. Die schnelle Verbreitung des familientherapeutischen Gedankens hat diese Zusammenhänge ins allgemeine Bewußtsein der Fachwelt gerückt. Die wissenschaftliche Fundierung des familientherapeutischen Ansatzes ist noch recht bruchstückhaft. Hier sehen wir uns einer Situation gegenüber, in der neuartige und überzeugende theoretische Strukturen („Epistemologien" und theoretische Modelle) schon erfolgreich in die Praxis umgesetzt werden können, die empirische Forschung aber meist unvermittelt daneben steht. Diese Diskrepanz ist für die Klinische Psychologie um so befremdlicher als sie ja gerade „die *sozialbedingten* und *sozialrelevanten* Störungen des psychischen Lebens . . . zum Gegenstand hat".*

Die vorliegende Arbeit beschäftigt sich mit der *empirischen* Fundierung der familientherapeutischen Grundannahme:

Die psychische Verfassung des einzelnen und seine sozialen Beziehungen korrespondieren, sie sind Ausdruck eines einheitlichen Prozesses. Dabei ist die Familie als unmittelbares soziales Bezugsfeld für Kinder und Jugendliche von zentraler Bedeutung: Psychische Störungen bei Kindern und Jugendlichen, Familiensituation und familiäre Beziehungen stehen in einem engen Bedingungszusammenhang.

Das mühselige empirische Geschäft ist dabei vom Wunsch getragen, Verbindungswege zwischen der empirischen Forschung und familientherapeutischen Verständnis- und Handlungsformen zu finden. Die vorliegende Arbeit gibt einen Überblick zu den Ergebnissen der empirischen Forschung hinsichtlich der Frage des Zusammenhanges zwischen Familienmerkmalen und psychischen Störungen bei Kindern und Jugendlichen. Dabei geht es mir nicht um eine vollständige Auflistung der Untersuchungsbefunde, sondern vielmehr um die Frage, wie die Forschungsergebnisse verstanden werden können, d. h. die Zusammenfassung, Diskussion und Interpretation der empirischen Befunde soll im Vordergrund stehen. Das systemtheoretische Konzept, das hierbei als Leitfaden dient, wird in einer weiteren Arbeit („Pathogene Familienmuster", *Mattejat,* 1985) ausführlicher expliziert. Diese Arbeit, die eng an die hier vorgelegte Forschungsübersicht anschließt, enthält neben der Diskussion theoretischer Grundlagen zur klinischen Familienforschung auch eine eigene empirische Untersuchung an einer kinderpsychiatrischen Inanspruchnahmepopulation.

---

* *Pongratz* (1973, S. 47 ff.) erläutert seine Definition: „Sozialbedingt . . . drückt aus: Störungen, mit denen es die Klinische Psychologie zu tun hat, sind primär auf ungünstige soziale Erfahrungen zurückzuführen . . ‚Sozialrelevant' meldet die Auswirkungen von Störungen des psychischen Lebens an. Der andere, die anderen sind mitbetroffen, ihre Beziehungen zu mir, meine Beziehungen zu ihnen."

Die Arbeiten sind eingebettet in einen Forschungszusammenhang, der von Prof. Dr. Dr. *H. Remschmidt* gestaltet wurde; sie wurden von Prof. Dr. *L. Pongratz* mit väterlichem Wohlwollen begleitet. Beiden danke ich herzlich für die mir gewährte Unterstützung.

Marburg, im September 1984 *F. Mattejat*

Inhaltsübersicht

Inhalt

1 Fragestellungen und Antwortversuche

1.1 Forschungsschwerpunkte

Der Zusammenhang zwischen Familienmerkmalen und psychischen Störungen bei Kindern und Jugendlichen wurde in mehreren verschiedenen Forschungsbereichen, die sich relativ unabhängig voneinander entwickelten, thematisiert.

Ein inhaltlicher Schwerpunkt ist die soziale Epidemiologie, die sich innerhalb der *Psychiatrie* als konkrete empirische Manifestation des sozialpsychiatrischen Ansatzes entwickelte. Das „klassische" epidemiologische Modell, das in medizinischen Fragestellungen seinen Ausgangspunkt hat, wird von *Katschnig* (1977, S. 80 f.) in interessanter Weise am Beispiel der Cholera geschildert, wobei er aufzeigt, daß die Epidemiologie schon im Ansatz medizinische und soziologische Sichtweisen einander vermittelt. Sehr bekannt wurde die Untersuchung von *Hollingshead & Redlich* (1958), die Zusammenhänge zwischen der sozialen Schicht und psychischen Erkrankungen nachweisen konnten.

Der Einfluß sozialer Faktoren auf die Entwicklung und den Verlauf von psychischen Erkrankungen kann direkt oder vermittelt sein. So differenziert z. B. *Strotzka* (1971) zwischen primärer, sekundärer und tertiärer Soziogenese:

- Primäre Soziogenese: direkte Verursachung durch soziale Faktoren.
- Sekundäre Soziogenese: Verursachung durch organische Faktoren, die selbst wiederum durch soziale bedingt sind. (Man denke z. B. an den Zusammenhang zwischen der sozial bedingten Qualität der Schwangerenbetreuung, dem daraus sich ergebenden Risiko für Hirnschädigung und dem wiederum daraus folgenden Risiko für Verhaltensstörungen.)
- Tertiäre Soziogenese: Einfluß von sozialen Umweltfaktoren auf das Erscheinungsbild und den Verlauf von psychischen Erkrankungen.

Die bekanntesten epidemiologischen Untersuchungen zu psychischen Störungen bei Kindern und Jugendlichen stammen aus der englischen Arbeitsgruppe um *Michael Rutter*. Auf die Ergebnisse dieser Arbeiten wird im Literaturreferat ausführlich Bezug genommen.

Inhaltlich werden in epidemiologischen Studien in der Regel sozioökonomische, soziokulturelle und sozioökologische Faktoren beschrieben, ebenso die „objektive" Familiensituation und -Konstellation und damit die äußeren Entwicklungsbedingungen der Kinder und Jugendlichen. Soweit es möglich ist, werden darüber hinaus Persönlichkeitsmerkmale der Familienmitglieder und Charakteristiken der familiären Beziehungen, Interaktion und Kommunikation erfaßt. Wegen der großen Stichproben aber können diese subjektiven und interaktionalen Variablen („weiche" Daten) nur in grober Form, etwa über Fragebogen erfaßt werden.

Die meisten epidemiologischen Untersuchungen stützen sich auf einmalige Erhebungen im zeitlichen Querschnitt, ihr Ziel ist aber in der Regel die Identifikation von ätiologischen (kausalen) Faktoren psychopathologischer Phänomene. Hierzu sind Längsschnittuntersuchungen geeigneter (s. z. B. *MacFarlane* et al., 1954; die Arbeit von *Spence* et al., 1954 [„Newcastle-Studie"] und die von *Miller* et al., 1960). Wegen des hohen Untersuchungsaufwandes kann man sich dabei auf bestimmte Fragestellungen (z. B. Life-Events-Forschung) oder Problembereiche (z. B. Untersuchung der Auswirkungen eines defizitären Milieus in der frühen Kindheit:

Deprivationsforschung; vgl. *Rutter,* 1978), oder auf bestimmte Risikogruppen (z. B. Kinder psychotischer Eltern; s. z. B. *Anthony,* 1980; *Remschmidt,* 1980) beschränken. Eine andere Möglichkeit, die Gewichtigkeit unterschiedlicher ätiologischer Faktoren differenziert zu erfassen, bieten Zwillings- und Adoptionsstudien, durch die die Bedeutsamkeit der genetischen Komponente und der Umweltkomponente abgeschätzt werden können (s. z. B. *Rosenthal,* 1971). Eine besonders interessante Form von Längsschnittuntersuchungen stellen Interventionsstudien dar, in denen die Auswirkungen von gezielten Maßnahmen (z. B. besondere Kindergartenbetreuung) auf die Entwicklung von Kindern im Längsschnitt untersucht wird (*Mednick & Schulsinger,* 1980). Am Münchner Institut für Psychologie wird seit 1974 eine Interventionsstudie zur Ätiologie von Verhaltensstörungen durchgeführt (s. *Butollo* et al., 1978).

Während die genannten Untersuchungsansätze vorwiegend aus dem Bereich der Psychiatrie stammen, liegt der Beitrag der wissenschaftlichen (akademischen) *Psychologie* zu unserer Fragestellung in Arbeiten, in denen erziehungspsychologische, sozialpsychologische und klinisch-psychologische Aspekte konvergieren: Die auf klinische Fragen bezogene Erziehungsstilforschung ist hierfür das wichtigste Beispiel. Die Untersuchung der Eltern-Kind-Beziehung geschah in den meisten Fällen über Fragebogenverfahren, in neuerer Zeit werden auch in diesem Bereich zunehmend Beobachtungsverfahren eingesetzt, in denen die Eltern-Kind-Interaktion direkt erfaßt wird. Die Erziehungsstilforschung hat wiederum eine direkte Verbindung zur allgemeinen Sozialisationsforschung, die Soziologie und Psychologie verbindet.

Die Untersuchung des Zusammenhanges zwischen Familienmerkmalen und psychischen Störungen bei Kindern und Jugendlichen liegt – wissenschaftssystematisch „verortet" – im Schnittpunkt zwischen Medizin, Soziologie und Psychologie, sie ist interdisziplinär. Der dritte hier anzuführende „Forschungsstamm", die klinische Familieninteraktions- oder Familienkommunikationsforschung, übergriff von vorneherein traditionelle Abgrenzungen zwischen den Wissenschaften. *Kommunikations-* und *Systemtheorie* können zu Recht als „Integrationswissenschaften" begriffen werden, ihr Gegenstand sind Strukturen, die nicht auf einzelne inhaltliche Bereiche begrenzt werden können, sie reichen von den abstrakten und formalen Wissenschaften bis zu den einzelnen Erfahrungswissenschaften und Techniken. Mit ihnen sind überdies erkenntnistheoretische Impulse verbunden, die neue Formen des wissenschaftlichen „Zugriffs" ermöglichen (vgl. *Mattejat & Brumm,* 1977). In zeitlicher Koinzidenz, teilweise jedoch unabhängig voneinander, wurden aus der klinischen Praxis heraus familientherapeutische Modelle entwickelt, die sich mit diesen theoretischen Ansätzen trafen. Aus diesen Anstößen entwickelte sich die klinische Familien-Kommunikations-Forschung und die Untersuchung von Familien unter systemtheoretischem Gesichtspunkt.

Die inhaltlichen Forschungsschwerpunkte können nach den untersuchten Merkmalsbereichen in eine pragmatische Ordnung gebracht werden: Die erfaßten Familienmerkmale, die auf die psychischen Störungen bei Kindern bezogen werden, können von körperlich fixierbaren individuellen Merkmalen (z. B. genetisch bedingte körperliche Merkmale) über individualpsychologische Merkmale (z. B. Temperamentseigenschaften; Persönlichkeitseigenschaften) zu transaktionalen Aspekten (z. B. Interaktions- und Beziehungsstrukturen) und schließlich zu objektiv fixierbaren sozialen Merkmalen (z. B. sozioökonomischer Status der Familie) reichen. Diese Ordnung der Merkmalsbereiche ist in Abb. 1 schematisch dargestellt.

Bereich:		**Beispiele:**
„Medizinisch-biologisch"	↑	Genetische Faktoren in der Familie; Erbliche Belastungen, Krankheiten der Eltern.
„Individual-psychologisch"	│	Temperamentseigenschaften, Persönlichkeitseigenschaften der Eltern.
„Sozial-psychologisch"	│	Familiäre Beziehungen; Familieninteraktion.
„Soziologisch"	↓	Soziale Plazierung der Familie.

Abb. 1 Merkmalsbereiche, die für die Fragestellung „Familienmerkmale und psychische Störungen bei Kindern und Jugendlichen" von Bedeutung sind

Was die Untersuchungsmethodik betrifft, so bieten sich für die Forschungsstrategie, das Untersuchungsdesign und vor allem für die Operationalisierung der zu erfassenden Merkmale eine unübersehbare Fülle von Möglichkeiten, einige der methodischen Aspekte, die bei der Untersuchung des Zusammenhangs von Bedeutung sind, werden in Abb. 2 aufgeführt.

Epidemiologisch	vs.	Untersuchung spezifischer Gruppen
„Repräsentativ"	vs.	„Klinisch"
Kausal-genetisch	vs.	Korrellativ
Ätiologisch (High-Risk-Forsch.; Adopt.- u. Zwillings-Studien)	vs.	Strukturell (Aktuell bestehende Zusammenhänge)
Längsschnitt	vs.	Querschnitt
Prospektiv	vs.	Retrospektiv
Laborstudie	vs.	Feldstudie
Experimentell	vs.	Korrelativ
Diagnostische Studie	vs.	Interventionsstudie
Direkte Beobachtung	vs.	Befragung und andere Erhebungsmethoden
Explorative Datenanalyse	vs.	Hypothesenüberprüfende Studie

Abb. 2 Methodische Aspekte, die bei der Untersuchung des Zusammenhangs zwischen Familienmerkmalen und psychischen Störungen von Kindern und Jugendlichen von Bedeutung sind

Zur Methodik – die hier nicht im Mittelpunkt der Betrachtung stehen soll – sei vorläufig nur folgendes festgehalten:

(1) Die Fragestellung bestimmt den Zweck der Untersuchung; von diesem Ausgangspunkt

– ist der methodische Grundansatz (z. B. Hypothesenüberprüfung oder explorative Analyse)

– und das zu wählende theoretische Grundmodell
abhängig.

(2) Die wichtigsten methodischen Dimensionen sind:
(a) Festlegung bzw. Erhebung der zu untersuchenden Personengruppe (Stichprobenfestlegung; 1-vs. mehr-Gruppen-Design)
(b) Festlegung der Erhebungszeitpunkte (einmal vs. mehrfach) und die Festlegung von Eingriffen (bzw. Kontrolle von möglichen Einwirkungen) vor, nach und zwischen den Erhebungszeitpunkten;
(c) Festlegung der Art der Datenerhebung (Beobachtung, Befragung, klinische Urteilsbildung etc.);
(d) Datenauswertung und Interpretation sind von der Fragestellung, vom Untersuchungszweck (Punkt (1)) und von den methodischen Festlegungen zur Datengewinnung (Punkte a bis c) abhängig.

1.2 Die Interpretationsmatrix für empirische Untersuchungen zum familiären Kontext psychischer Störungen: Theoretische Ansätze

Im wissenschaftlichen Kontext wird die Frage nach dem Zusammenhang zwischen Familienmerkmalen und psychischen Störungen in der Regel als eine *ätiologische* Frage, d. h. als Frage nach den *kausalen* Zusammenhängen verstanden.

Butollo et al. (1978) z. B. stellen fest, daß für psychische Störungen bei Kindern und Jugendlichen grundsätzlich drei Bedingungsmodelle in Frage kommen:
(a) Das rein endogene Modell,
(b) das rein exogene Modell,
(c) und Mischformen verschiedener Interaktionen zwischen endogenen und exogenen Bedingungskomponenten.

Inhaltlich konkretisiert, weist die ätiologische Forschung auf, daß psychische Störungen multifaktoriell bedingt sind, wobei die Ursachen in drei Faktorenkomplexe geordnet werden können:

(1) Genetische Faktoren (monogene und polygene Einflüsse),
(2) hirnorganische und andere körperliche Faktoren; (z. B. Hirnfunktionsstörungen etwa aufgrund von prä-, peri- und postnatalen Belastungen) und schließlich
(3) psychosoziale und biographische Faktoren.

Zumindest die genetischen und die psychosozialen Faktoren können (zum großen Teil) als Familienmerkmale verstanden werden, so daß die Bedingungszusammenhänge in einem „Transmissionsmodell", in dem gleichermaßen die genetische wie die psychosoziale Transmission berücksichtigt ist, dargestellt werden können (vgl. z. B. *Becker,* 1978).

Die bisherige Darstellung berücksichtigt noch nicht die Tatsache, daß psychische Störungen im Verlaufe eines Entwicklungsprozesses entstehen. Um den Stellenwert der einzelnen pathogenen Faktoren bei der Entwicklung von psychischen Störungen genauer zu charakterisieren, unterscheidet man gemeinhin zwischen
– disponierenden Faktoren im Individuum (aufgrund von Erbgut und Lebensgeschichte), und in der sozialen Umwelt und
– auslösenden Faktoren (akute Belastung).

Strotzka (1971) fügt diesen beiden Faktorentypen noch die
– Faktoren der sozialen Umgebung
hinzu, die die Äußerungsform der psychischen Störung beeinflussen.

Das gebräuchliche Forschungsmodell zur Untersuchung der Ätiologie von psychischen Störungen und damit auch des Zusammenhanges zwischen Familienmerkmalen und psychischen Störungen könnte wie in Abb. 3 schematisch dargestellt werden.

In der systemtheoretischen Sichtweise wird ein solches Modell und seine metatheoretischen Grundannahmen radikal in Zweifel gezogen; dem „linearen Denken" wird die „transklassische" Epistemologie* der Systemprozesse und -Entwicklungen gegenübergestellt. Diese Kritik wird hier deshalb etwas ausführlicher referiert, weil der familientherapeutische Ansatz sehr eng auf die systemische Perspektive bezogen ist.

Der für unser Fachgebiet einflußreichste Neuerer auf diesem Gebiet war *Gregory Bateson*, dessen Gedanken weitgehend Eingang in die familientherapeutische Theorie und Praxis gefunden haben. Er stellt zwei besonders „schlimme Bösewichte", das *lineare Denken* und den *Dualismus* heraus:

„Wenn man eine Grenzlinie zieht zwischen dem Teil, der die meisten Berechnungen für ein weiteres System macht, und dem weiteren System, von dem es ein Teil ist, schafft man einen mythologischen Bestandteil, der im allgemeinen das ‚Ich' genannt wird. In meiner Epistemologie muß der Begriff des Ich zusammen mit allen willkürlichen Trennungslinien die Systeme oder Teile von Systemen abgrenzen, als ein Wesenszug der örtlichen Kultur betrachtet werden – allerdings darf dieser Begriff nicht außer acht gelassen werden, da solche kleinen Ungeheuer dazu neigen, die Brennpunkte der Pathologie zu werden. Die willkürlichen Grenzen, die für den

* Vgl. z. B. *Maser* (1971)

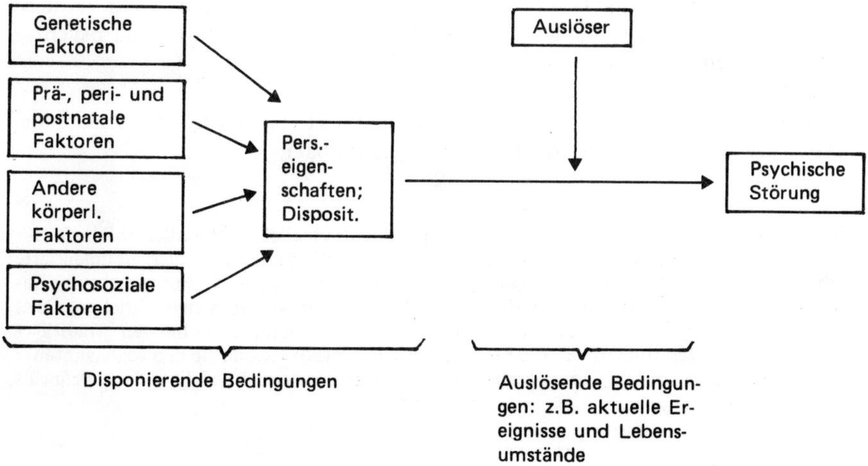

Abb. 3 Schematisiertes Modell zur empirischen Erforschung der Ätiologie psychischer Störungen

Vorgang der Analyse von Daten nützlich waren, werden allzu leicht Kampffronten, an denen wir versuchen, einen Feind zu töten oder eine Umgebung auszunutzen." (Zit. nach *Hoffman,* 1982, S. 346.)

Batesons Argumentation gegen die „Zerstückelung der Ökologie" verweist auf die Zirkularität und Rekursivität der Erscheinungen: „Wir leben in einem Universum, in dem kausale Folgen nur fortdauern und die Zeit durchleben, wenn sie rekursiv sind. Sie ‚durchleben' – d. h. wörtlich ‚leben durch sich selbst' – und einige leben länger als andere" (*Hoffman,* 1982, S. 343).

Konkret auf unseren Untersuchungsgegenstand bezogen, wird die komplexe Vorannahme*, daß psychopathologische Phänomene ein *individuelles Versagen* (Fehlerhaftigkeit) darstellen, die auf biologische, physiologische oder biographische *Ursachen* (Traumen, pathogene Faktoren) zurückzuführen seien, in Frage gestellt.

Fragen nach dem Bedingungszusammenhang psychischer Störungen werden – als ätiologische Fragen nach den Ursachen – in der Regel in ein Forschungskonzept umgesetzt, in dem die psychische Störung als abhängige Variable untersucht wird:

Bedingende Variablen ⟶ Psychische Störung

Das Modell orientiert sich am Paradigma einer linearen Kausalität (Ursache – Wirkung), wechselseitige Beeinflussungen und zirkuläre Prozesse sind nicht vorgesehen. *Watzlawick* (1980) zeigt die Problematik dieses Modells an einem Beispiel auf. Die Zusammenhänge werden ähnlich verstanden wie der Zusammenhang:

Infektion ⟶ Entzündung

Das lineare Modell ist bei diesem Beispiel als Forschungsparadigma geeignet, denn das zu erklärende Phänomen ist klar abgrenzbar, kann auf eine entscheidende Ursache (unifaktoriell) bezogen werden und die Richtung der Wirkung ist eindeutig.

Während das lineare Modell hier „funktioniert", ist es bei der Untersuchung psychischer Störungen weniger angemessen, denn hier sind die Zusammenhänge nicht mehr unmittelbar, geradlinig, unausweichlich und auch nicht mehr zeitlich klar strukturiert. Der Zusammenhang zwischen Familienmerkmalen und psychischen Störungen ist stattdessen

- multifaktoriell und überdeterminiert,
- vermittelt, d. h. auch: nicht unausweichlich fixiert (es sind nur disponierende, stabilisierende und labilisierende Aspekte erkennbar),

* Diese Annahme ist in allen „traditionellen" psychopathologischen Modellen (biologisch-psychiatrisch; psychoanalytisch; verhaltenstherapeutisch) enthalten. *Watzlawick* argumentiert, daß die Zurückführung psychopathologischer Phänomene auf monadische, intrapsychische Zustände das Individuum mythologisiert, d. h. es werden ihm Eigenschaften zugeschrieben, die es nicht hat. Er verweist außerdem darauf, daß sich lineares Denken nicht nur bei den „traditionellen" Schulen findet, sondern ebenso bei den Antipsychiatern, „wenn sie den sogenannten Geisteskranken für normal und die sogenannte Gesellschaft für verrückt erklären". (*Watzlawick,* 1980, S. 71)

– wobei Ursache und Wirkung nicht als solche fixiert werden können. Die Familienmerkmale und psychischen Auffälligkeiten stehen in Wechselwirkung.

So nimmt es – in einer Situation, in der sich das linear-kausale Modell (in „idealer" Anwendung*) nicht durchhalten läßt – nicht wunder, wenn die Forschungsergebnisse oft als additive Aneinanderreihung von beziehungslosen Korrelationen erscheinen, die zur Entwicklung psychischer Störungen wenig aussagen können.

„Eine Betonung des zirkulären statt des linearen Denkens . . . trifft in starkem Umfang auf das zu, was früher Diagnose genannt wurde oder die Vermutung über die ‚Ursache' der bestimmten Krankheit oder des Kummers. Ein zirkuläres Modell reißt uns völlig aus diesem Rahmen . . . Das bedeutet, keine Entscheidung darüber zu treffen, ob die Familie das Problem des Individuums ‚verursacht' hat oder ob es umgekehrt war. Kein einziges Element hat Vorrang vor einem anderen oder beherrscht dies . . . Wir müssen von der Idee der Ursache zu einem Begriff wechseln, der näher an das ‚Ineinanderpassen' kommt." (*Hoffman,* 1982, S. 349 f.). „Ineinanderpassen" bezieht sich auf die Komplementarität der Verhaltensweisen, „Ursache auf der anderen Seite ist eine spezifizierte Art der Interpretation des Ineinanderpassens, die in der beobachteten Komplementarität folgende Form erkennt: A verursacht B. Schlechte Eltern machen zum Beispiel ihre Kinder krank." (*Dell,* zit. n. *Hoffmann,* 1982, S. 250).

Für die Therapie steht natürlich die Vermeidung von Schuldzuschreibungen an oberster Stelle; was die Forschung anlangt, geht es anstelle von Ursachenfeststellungen darum, die Konstellation pathogener Systeme (Umwelt mit den einzelnen Individuen) zu rekonstruieren (Welche Merkmale fügen sich systemhaft zusammen?); das Ziel ist also die System-Rekonstruktion und die Untersuchung der einzelnen Mechanismen (Prozesse) dieses ‚Ineinanderpassens'.

Durch die Fixierung der familiären Umstände als Ursache und der psychischen Störung als Effekt wird die Problematik (als Effekt) im Individuum „verortet". In systemischer Betrachtung ist die psychische Störung nicht nur eine individuelle Eigenschaft; der ‚Ort' der Krankheit ist nicht das Individuum, aber *auch nicht* die Familie: Das Verhalten des einzelnen und der Familie haben sich *gemeinsam* entwickelt.

Indem psychische Störungen als Ergebnis oder Produkt eines Bedingungszusammenhanges fixiert werden, in dem eine Reihe von Faktoren als Ursachen ausmachbar ist, wird ein statisches Verständnis nahegelegt. Psychische Störungen sind selbst ebensowenig festgelegt und gleichbleibend, wie familiäre Beziehungen, beide sind in dauernder Veränderung begriffen und wenn sie relativ konstant erscheinen, dann deshalb, weil sie immer wieder um den selben „Wert" oder „ Pegel" herum oszillieren. Diese therapeutisch wichtige (ja für die Therapie denknotwendige) Einsicht wird durch die Datenfixierung verdeckt. In der Darstellung von psychischen Störungen als Ergebnis wird darüber hinaus ein Zeitpunkt in der Entwicklung des Individuums relativ willkürlich herausgegriffen; dabei wird leicht vergessen, daß es sich nur um einen möglichen Querschnitt handelt. Der Entwicklungszusammenhang psychischer Störungen umfaßt Entstehung, Aufrechterhaltung oder Verschär-

---

* Jedes Forschungsmodell („Paradigma") hat konkrete paradigmatische Anwendungssituationen (inhaltliche Bereiche), für die es gut geeignet ist. Die Zusammenhänge zwischen Familienmerkmalen und psychischen Störungen sind recht weit von den Zusammenhängen entfernt, die für das linear-kausale Modell als paradigmatisch genommen werden können.

fung, aber auch weitere Entwicklung und Bewältigung der Probleme. Im ätiologischen Forschungsansatz können diese Entwicklungsaspekte zumindest ansatzweise dadurch berücksichtigt werden, daß zwischen disponierenden, auslösenden und begleitenden Momenten unterschieden wird, und dadurch, daß nicht nur pathogene, sondern auch protektive Faktoren erfaßt werden.

Die Erfassung von protektiven Faktoren kehrt die Valenz der ganzen Fragestellung um: Es wird nicht das Problem (Psychopathologie), sondern seine Bewältigung zum Gegenstand der Forschung gemacht. Dies lenkt den Blick darauf, daß das ätiologische „Normalmodell“ in der Regel eindimensional auf die Störung, auf das Problem bezogen ist, psychische Auffälligkeiten werden *nur* als Störung, als pathologisch verstanden. Ein wesentliches Element der systemischen Familientherapie aber ist das *positive* Verständnis der Symptomatik als sinnvolle Leistung. Die Therapietechnik der *positiven Konnotation* stellt die Symptomatik so in einen neuen Bedeutungskontext, daß ihr positiver Sinn erkennbar wird. Was vielfach als bloßer therapeutischer „Trick“ mißverstanden wurde, trifft Wesentliches im systemischen Ansatz:

„Wir müssen den gewöhnlichen negativen Deutungen des symptomatischen Verhaltens positive hinzufügen, und zwar nicht nur als eine Strategie zum Wechsel, sondern weil wir dadurch eine Ebene der Komplexität erreichen, die uns vor linearem Denken schützt. Anstatt anzunehmen, ein Symptom sei eine Art Minuszeichen, das uns die Dysfunktion einer Familie anzeigt, könnten wir es als genau den Faktor ansehen, der die Familie immerzu in Richtung auf einen neuen und anderen Zustand hinschiebt . . . Damit soll nicht gesagt sein, eine positive Konnotation sei deswegen ‚wahr‘, oder sie sei nicht genauso linear wie eine negative, aber in diesem Fall können zwei ‚lineare‘ ein ‚zirkuläres‘ ergeben, wie sich Yin und Yang zu einem Ganzen fügen.“ (*Hoffman,* 1982, S. 350)*.

Wenn im skizzierten ätiologischen Modell psychische Störungen als Explanandum zum Gegenstand der Untersuchung gemacht werden, ist damit schon die Vorentscheidung darüber gefallen, daß überhaupt sinnvoll von psychischen Störungen gesprochen werden kann und was eine psychische Störung ist. D. h. die epistemologische Problematik des Begriffs der psychischen Störung ist in diesem Modell ausgeklammert. Dabei handelt es sich gleichermaßen um ein theoretisches wie um ein forschungspraktisches Problem: Psychische Störungen konstituieren sich als solche erst in einem konkreten gesellschaftlichen Kontext. Erst der ideologische und institutionelle (z. B. psychosoziale Versorgung) Hintergrund bestimmt, was im einzelnen als eine psychische Störung gilt. D. h. Wissenschaftler und Praktiker „stehen nicht draußen“, sie sind vielmehr in die Bestimmung psychischer Störungen mit einbezogen**.

---

* Am Rande sei vermerkt, daß die positive Konnotation als Verständnisform natürlich überhaupt nicht neu ist, im psychoanalytischen Verständnis wird Symptomatik seit jeher *auch* als Lösungsversuch verstanden (wenn auch nicht als gute Lösung, sondern als ‚schlechter‘ Kompromiß). Was in der klinischen Systemtheorie als neue Errungenschaft angeboten wird, ist natürlich nur neu, wenn man die Geschichte ausblendet. Die systemtheoretischen Grundannahmen wurden – um nicht noch weiter zurückzuschauen – sämtlich in der dialektischen Philosophie Hegels ausgedrückt. Die Linie von der Hegelschen Philosophie zum modernen kybernetischen und systemtheoretischen Denken wird sehr prägnant durch *G. Günther* repräsentiert (s. z. B. *Günther,* 1963).

** Erst die Banalisierung dieser Zusammenhänge führt zum völlig unsinnigen Schluß, „in Wirklichkeit“ gäbe es überhaupt keine psychischen Störungen.

Für den empirischen Wissenschaftler drückt sich dieses Problem (auch wenn er ansonsten gar nichts bemerkt) in der Schwierigkeit der Operationalisierung psychischer Störungen aus: Ein wichtiger Grund dafür, warum die empirischen Untersuchungen so schwer vergleichbar sind, liegt darin, daß die Kriterien dafür, was als psychische Störung gewertet wird, sehr unterschiedlich sein können. Selbst wenn das „technische" Problem formalmethodisch bewältigt werden kann, so ist doch das dahinter stehende epistemologische Problem nicht durch operationalisierungstechnische Festlegungen lösbar: Was eine psychische Störung ist, wird auch durch die gesellschaftlichen Institutionen (Wissenschaft, psychosoziale Versorgung) bestimmt.

Für den praktisch arbeitenden Therapeuten stellt sich das Problem der *rekursiven Einbeziehung* noch sehr viel unmittelbarer: Im Kontakt zum Patienten ist er selbst direkt auf die Probleme bezogen, und damit Teil des Transaktionssystems, in dem die Probleme existieren. Erst in diesem Bezug lebt die Therapie und dies hat für die systemische Therapie weitgehende Implikationen, die von *Hoffman* (1982, S. 6) sehr pointiert ausgedrückt werden:

> „Der Therapeut kann nicht länger als derjenige gelten, der durch seine Persönlichkeit, sein Geschick oder durch seine Technik auf den Patienten oder die Familie ‚einwirkt'. Der Therapeut ist nicht der Handelnde und der Klient nicht das Subjekt. Beide sind Teil eines größeren Bereiches, in dem der Therapeut und die Familie und alle möglichen anderen Elemente auf eine Weise handeln und aufeinander reagieren, die nicht vorhersagbar ist. Denn jede Aktion und jede Reaktion verändern beständig den Charakter des Umfeldes, in dem sich die Elemente dieses neuen therapeutischen Systems befinden. Eine zirkuläre Epistemologie zwingt den Therapeuten, der Tatsache Rechnung zu tragen, daß er unvermeidlich Teil dieses größeren Umfeldes ist, ein nicht herauszulösendes Element dessen, was er zu verändern sucht."

Eine solche Einstellung hat Folgen für das gesamte therapeutische Vorgehen; insbesondere bietet sie dem Therapeuten Wahlmöglichkeiten in *therapeutischen* „Sackgassen", in denen es den Anschein hat, der *Patient* wäre „im Widerstand". Die Therapie ist kein Machtkampf und auch kein Spiel, das der Patient gegen den Therapeuten zu gewinnen versucht (vgl. *DeShazer*, 1982; *Mattejat*, 1983).

In manchen Darstellungen der systemorientierten Epistemologie mag man den Eindruck bekommen, daß dem „falschen" und überholten Alten etwas Neues und Besseres entgegengestellt werden soll (vgl. die Gegenüberstellungen in Abb. 4).

„Traditionell"	**„Systemisch"**
Lineare Kausalität	Zirkuläre Kausalität
Verortung des Problems im Individuum (monadisch)	Verortung des Problems im System
Negative Interpretation psychischer Störungen	Perspektivische (kontextrelative) Interpretation psychischer Störungen
Objektsprache	Prozeßsprache
Trennung von Kliniker/Wissenschaftler und Problembereich	Rekursive Verbindung von Kliniker/Wissenschaftler und Problembereich

Abb. 4 Gegensatzpaare zur Abhebung des systemischen Ansatzes von „traditionellen" Sichtweisen

Die Gedankenanstöße von *Bateson* sind m. E. aber schlecht interpretiert, wollte man in ihnen einfach ein „neues Modell" sehen, das dem alten entgegengestellt wird. Die systemtheoretische Perspektive ist besser als konstruktive Kritik an den vorliegenden Forschungsmodellen zu verstehen, und weniger als ein alternatives theoretisches Modell: Die systemtheoretische Kritik meint nicht, daß die „traditionellen" Vorstellungen und Modelle falsch seien, sondern eher daß sie unvollständig sind, und daß vorschnelle Festschreibungen in ihnen in die Enge führen. Eine linear-kausale ätiologische Rekonstruktion ist nicht falsch, sondern (meist) unvollständig und kann deshalb irreführend sein.

Alle systemischen Argumente richten sich gegen die „Zerstückelung der Ökologie", gegen die Fixierung von Prozessen zu Dingen und gegen die Verfestigung von hergestellten zu unveränderlich vorgegebenen Einheiten; es sind Argumente für die Vervollständigung und für einen flexiblen Zugang. Unsere Sprache zerstückelt und fixiert, die Grammatik linearisiert, ohne daß wir uns entziehen könnten; die Konstruktion einer „idealen Sprache" ist nicht gelungen und wahrscheinlich eine Illusion; so bleibt nur die Kritik und die rekursive „Therapie" in der „normalen Sprache".

Kehren wir zu unserer Fragestellung nach der empirischen Untersuchung des Zusammenhanges zwischen Familienmerkmalen und psychischen Störungen bei Kindern und Jugendlichen zurück: Wir haben schöne Beispiele für die Umsetzung systemischen Gedankenguts in praktische Familientherapie (s. z. B. *DeShazer,* 1982; *Hoffman,* 1982). Die empirische Forschung zum selben Thema steht recht unvermittelt daneben. Meine *Thesen* zu dieser interessanten Diskrepanz sind folgende:
(1) Die empirische Forschung *muß* gesamtheitliche Systeme in einzelne Aspekte *zerstückeln* und Variablen *fixieren.* Anders ist sie nicht möglich*.
(2) Es ist Aufgabe der theoretischen Interpretation, diese Einengungen wieder aufzuheben. Wenn die empirischen Ergebnisse nur so genommen werden, „wie sie sich anbieten", dann besteht die Gefahr, daß sich die forschungsmethodischen Notwendigkeiten in eine Beschränkung der Theorie verwandeln. Empirische Ergebnisse stellen den untersuchten Gegenstand nicht dar, wie er wirklich ist, sondern sie sind nützliche Hinweise dafür, wie er verstanden werden kann.

Was dies im einzelnen bedeuten kann, soll in der vorliegenden Arbeit erprobt werden. Der Versuch, die empirischen Grundlagen des familientherapeutischen Ansatzes auszumachen, ist motiviert durch die Hoffnung, daß deutlichere Bezüge zwischen Empirie und Praxis hergestellt werden können. Dabei sollte die wissenschaftliche Interpretation der empirischen Ergebnisse der Praxis „entgegenkommen".

---

* Im Hinblick auf diese Schlußfolgerung wurde oben *Batesons* Rede von den „willkürlichen", aber für die Datenanalyse „nützlichen" Grenzen, die allzuleicht „Kampffronten" werden, zitiert. *Hoffman* läßt sich etwas allgemeiner trösten: „*Bateson* und seine Anhänger sagen, wir könnten ruhig weiter epistemologische Irrtümer begehen, solange wir wissen, daß wir sie begehen, sonst müßten wir vollständig schweigen. *Dell* bietet den Trost, solange wir uns bewußt seien, daß wir immer im Zusammenhang eines rekursiven Netzwerkes arbeiten, machte es nichts, welche Epistemologien wir gebrauchen oder welche Theorien wir annehmen: „Wichtig ist vor allem unser Bewußtsein, daß sowohl wir als auch unsere erwählte Theorie in rekursiver Weise an dem sich ergebenden und sich entwickelnden Ablauf der Ereignisse teilhaben." (*Hoffman,* 1982, S. 347 f.). Es ist m. E. durchaus von Bedeutung, welche Epistemologien wir gebrauchen.

1.3 Zusammenfassung: Ein Rahmenschema zur Darstellung der empirischen Befunde

Die vorliegenden Forschungsansätze, methodischen Möglichkeiten und empirischen Ergebnisse zur Frage des Zusammenhangs zwischen Familienmerkmalen und psychischen Störungen sind so vielfältig, daß das Übersichtsreferat sich auf einige wenige Aspekte beschränken muß. Das Ziel der Übersichtsdarstellung liegt darin – soweit dies möglich ist – die inhaltlichen Ergebnistendenzen der Forschung festzuhalten. D. h. es wird die Frage „Was kann uns die empirische Forschung über den Zusammenhang zwischen Familienmerkmalen und psychischen Störungen sagen? " bearbeitet. Dabei wird versucht, auch dann zu Schlußfolgerungen (im Sinne von vorläufigen Annahmen) zu gelangen, wenn die Ergebnisse noch nicht eindeutig sind oder wenn die vorliegenden Arbeiten noch mit vielen methodischen Problemen behaftet sind. Es geht also um die inhaltlichen Ergebnisse, um die Darstellung von empirisch begründeten Annahmen, die als vorläufiger Wissensstand genommen werden können. Der Bereich der abgedeckten Untersuchungen ist so breit, daß nicht auf die forschungsmethodischen Probleme eingegangen werden kann. Zum Thema liegen außerdem so viele Untersuchungen vor, daß in keiner Weise Vollständigkeit beansprucht werden kann. Es wird vielmehr so vorgegangen, daß zu jedem Bereich einige Untersuchungen exemplarisch angeführt werden.

Es handelt sich demnach nicht um ein Übersichtsreferat im gewohnten Sinne, in dem über einen bestimmten umgrenzten Forschungsbereich (z. B. kinderpsychiatrische Epidemiologie; Familien-Interaktions-Forschung; High-Risk-Forschung etc.), der in der Regel auch eine gewisse methodische Homogenität hat, möglichst vollständig berichtet wird. Es geht also nicht um die Darstellung eines *Forschungsbereiches,* sondern ausschließlich um die *inhaltliche Frage,* welche Annahmen über den Zusammenhang „Familie – psychische Störungen" als empirisch begründet gelten können.

Bei Übersichtsdarstellungen in der Psychologie werden Methoden und Ergebnisse zu einem bestimmten umgrenzten Forschungsbereich möglichst vollständig aufgelistet und diskutiert. Dabei hat man nicht selten den Eindruck, daß zwar ein unübersehbarer „Datenberg" vorliegt, die methodischen Probleme noch nicht annähernd gelöst sind und letztlich noch keine klaren inhaltlichen Schlußfolgerungen gezogen werden können. Solche Darstellungen verfolgen eine „empirische" Strategie, ihr Zweck liegt darin, dem Wissenschaftler ein möglichst vollständiges Resumee zum aktuellen Stand der Forschung zu geben; sie sind hilfreich für die Planung weiterer Untersuchungen, dem „Kliniker" aber sagen sie wenig. Die hier verfolgte Strategie könnte man in Abhebung davon als „theoretische" bezeichnen. Dabei wird versucht, die Ergebnisse zu einem vorläufigen Gesamtbild zu integrieren*.

---

* Wenn man die Forschung betrachtet, kann man zum Schluß kommen, daß man noch nichts weiß, da die Ergebnisse widersprüchlich sind, daß sie von der jeweils angewandten Methode abhängen und daß sie je nach Stichprobe sehr unterschiedlich aussehen. Gemessen an strengen methodischen Standards ist kaum etwas wirklich gesichert. Die Frage ist nur, ob man methodische Kriterien verabsolutiert oder dem inhaltlichen Forschungsziel dienlich macht (vgl. etwa die Diskussion zwischen *Doane* und *Jacob: Doane,* 1978; *Jacob & Grounds,* 1978). Worum es geht, kann auch durch die Abwandlung eines Juristenwitzes gezeigt werden:

Zwei Ballonfahrer fliegen in Wolken und wissen nicht mehr, wo sie sind. Da reißt die Wolkendecke etwas auf und sie sehen glücklicherweise unter sich einen Mann die Straße entlanggehen: „He, guter Mann, können Sie uns sagen, wo wir uns hier befinden? " Antwort: „Im Ballon". Die Ballonfahrer denken sich: Das kann nur ein guter Wissenschaftler gewesen sein, denn die Antwort war 1. präzise, 2. 100%ig richtig und 3. absolut unbrauchbar.

Dabei wird auf *allgemeine* Zusammenhänge Bezug genommen, d. h. es wird nicht nach spezifischen Familiengruppen oder einzelnen diagnostischen Gruppen (wie z. B. Schizophrene oder Asthma oder Anorexie) gefragt. Vielmehr

- wird die Beziehung zwischen psychischen Störungen überhaupt (bzw.: Schweregrad) und Familienmerkmalen und
- die Beziehungen zwischen den in der Kinderpsychiatrie und den Erziehungsberatungsstellen am *häufigsten* vorkommenden Störungsgruppen (aggressiv-ausagierende und ängstlich-gehemmte Syndrome und Übergangsformen zwischen ihnen) und der Familiensituation betrachtet.

Diese Ausrichtung wurde nicht zuletzt deshalb gewählt, weil gerade die häufigsten Störungsbilder (die zudem als vorwiegend psychisch oder sozial bedingt verstanden werden) in der familientheoretischen Literatur – im Vergleich zu Schizophrenien und einigen psychosomatischen Syndromen – recht stiefmütterlich behandelt werden.

Die betrachteten Kriterienvariablen sind also:
(1) Das Vorliegen bzw. der Schweregrad einer psychischen Störung beim Kind bzw. Jugendlichen und
(2) die qualitative Ausprägung der Störung: Aggressiv-ausagierende vs. ängstlich-gehemmte Syndrome.

Die betrachteten Umweltvariablen (Familienmerkmale) können in „objektive" („harte" Daten) und „subjektive" („weiche" Daten) bzw. interaktionale (prozessuale) Aspekte gegliedert werden. Im Zentrum der Betrachtung steht die *aktuelle* Familiensituation, daneben wird aber auch die familienbezogene Entwicklungsgeschichte berücksichtigt. So ergibt sich für die Darstellung der Forschungsergebnisse das folgende pragmatische* Schema in Abb. 5.

	Daten aus der Vorgeschichte	Aktuelle Situation
„Objektiv" (strukturell): „Harte" Daten	Objektive Familienmerkmale in der Vorgeschichte: z.B. Trennungen	Objektive aktuelle Familienmerkmale: z.B. „Vollständigkeit" der Familie (alleinerziehende Eltern)
„Subjektiv" (Interaktional; prozessual): „Weiche" Daten	Subjektive Familien-Merkmale in der Vorgeschichte: z.B. Erziehungsformen	Subjektive aktuelle Familienmerkmale: z.B. Ehekonflikte

Abb. 5 Pragmatisches Ordnungsschema zur Darstellung des Zusammenhangs zwischen psychischen Störungen bei Kindern und Jugendlichen und Familienmerkmalen: Ordnung der Familienvariablen

* Das Schema ist pragmatisch, insofern als die Grenzen zwischen „objektiv" und „subjektiv" bzw. „Vorgeschichte" und „Aktualität" nicht eindeutig zu ziehen sind. Es dient lediglich einer übersichtlichen Ordnung der Befunde.

Um nicht in eine *unkritische Überbewertung familiärer Faktoren* zu verfallen, wird in der Ergebnisübersicht auch am Rande auf andere pathogene Aspekte (individuelle Merkmale; körperliche Merkmale) verwiesen. Ebenfalls als Hintergrundsinformation (zu den Kriterienvariablen) werden die wichtigsten vorliegenden Ergebnisse zur Häufigkeit, zur Alters- und Geschlechtsverteilung und zum Verlauf von psychischen Störungen bei Kindern und Jugendlichen referiert.

Schließlich werden noch einige Ergebnisse zum Problem der Erfassung psychischer Störungen referiert und diskutiert; „Erfassung" bezieht sich dabei auf zwei Aspekte:

- Psychische Auffälligkeiten werden von verschiedenen Beurteilergruppen unterschiedlich wahrgenommen und bewertet („kognitiver" Aspekt);
- die Art und Weise, wie psychische Auffälligkeiten beurteilt werden, bestimmt die Inanspruchnahme von Institutionen der psychosozialen Versorgung (Zuweisung; Behandlung: „praktischer" Aspekt).

In empirischen Untersuchungen über psychische Störungen tauchen diese beiden Aspekte in der Regel als (auszuschaltende oder zu bewältigende) *methodische Probleme* auf. Unter dem systemtheoretischen Gesichtspunkt aber handelt es sich gleichermaßen um methodische wie um entscheidende inhaltliche Fragen: Was eine psychische Störung ist, wird rekursiv durch die gesellschaftlichen Rahmenstrukturen mitbestimmt. Genau genommen handelt es sich hier nicht um methodische Aspekte, die vom untersuchten Gegenstand ablösbar wären, sondern um die Darstellung des übergeordneten Systems, in dessen Kontext erst der Zusammenhang zwischen Familienmerkmalen und psychischen Störungen untersucht werden kann. Hier liegt das Pendant zu dem, was in der familientherapeutischen Praxis „Therapiesystem" genannt wird.

So ergeben sich für die Darstellung der empirischen Ergebnisse die folgenden Hauptabteilungen:

(a) Zum Problem der Erfassung von psychischen Störungen: Empirische Befunde zu methodischen Aspekten (bzw. zur Darstellung des empirischen Metasystems).

(b) Die Zielvariable: Psychische Störungen im Kindes- und Jugendalter – Häufigkeit, Verlauf, Alters- und Geschlechtsabhängigkeit.

(c) Pathogenetisch bedeutsame individuelle Merkmale.

(d) Pathogenetisch bedeutsame familienbezogene Merkmale in der Vorgeschichte.

(e) Pathogenetisch bedeutsame aktuelle Familienmerkmale.

2 *Zur Frage der Erfassung von psychischen Störungen: Empirische Ergebnisse zu methodischen Aspekten*

2.1 Zur Wahrnehmung und Beurteilung von psychischen Auffälligkeiten durch Eltern, Lehrer und Fachpersonal

2.1.1 Wahrnehmung von Auffälligkeiten durch verschiedene Beurteilergruppen

Die meisten Untersuchungen an großen Stichproben (wie z. B. epidemiologische Arbeiten) beziehen sich auf Lehrer- oder Elternbefragungen. Untersuchungen, in denen beide Informationsquellen verwendet wurden, lassen Rückschlüsse auf die Verläßlichkeit der gewonnenen Daten zu.

Remschmidt & Steinhausen (1983) verwendeten in ihrer Studie über griechische Gastarbeiterkinder als Maß für die Übereinstimmung zwischen Eltern und Lehrern Korrelationskoeffizienten (bezogen auf den Gesamtwert der Symptombelastung). Dabei ergaben sich relativ niedrige Korrelationen zwischen 0.32 und 0.51. Die deutlichen Diskrepanzen, die sich in diesen niedrigen Korrelationskoeffizienten ausdrücken, ergaben sich erst bei den zusammengefaßten Werten. Auf der Ebene von Einzelmerkmalen ergaben sich Übereinstimmungen zwischen 40 % und 95 %. Dies ist aber im wesentlichen darauf zurückzuführen, daß bei jedem einzelnen Merkmal die Ausprägung „unauffällig" weitaus am häufigsten vorkam.

Sehr deutlich wird die mangelnde Übereinstimmung von Eltern- und Lehrerangaben in den Ergebnissen von *Rutter* et al. (1970), die in der Isle-of-Wight-Studie Gruppen von Schülern definierten, die jeweils aufgrund der Lehrer- und der Elternurteile als auffällig (gestört) betrachtet werden mußten. Die beiden Gruppen zeigten nur eine Überlappung von 7 %. Trotz der erheblichen Unterschiede zwischen Mütter- und Lehrerurteilen zeigt sich, daß beide Informationsquellen (gemessen an klinischen Kriterien) relevant sind (vgl. *Rutter & Graham,* 1966). Sie beziehen sich aber offenbar auf unterschiedliche Verhaltens- und Erlebnisaspekte. Die Autoren selbst bieten hierfür zwei Erklärungsmöglichkeiten an:

(a) Die Unterschiede sind auf unterschiedliche Wahrnehmungskriterien zurückzuführen.

(b) Die Unterschiede werden dadurch erklärbar, daß Eltern und Lehrer die Kinder in unterschiedlichen Situationen (Schule vs. Elternhaus) kennen und beobachten.

Zu ähnlichen Ergebnissen gelangen *Shepherd* et al. (1973). Sie finden zwar signifikante Zusammenhänge zwischen auffälligem Verhalten in der Schule und zu Hause, aber „fast die Hälfte der Kinder, die aufgrund der Berichte ihrer Eltern in die auffällige Gruppe eingestuft wurden, waren in der Schule anscheinend unauffällig, während die Lehrer bei mehr als einem Drittel der zu Hause unauffälligen Kinder wenigstens ein Problemitem unterstrichen." (*Shepherd* et al., 1973, S. 108). Suchte man speziell nach den besonders auffälligen Kindern, so zeigte sich folgendes Ergebnis: Im Elternfragebogen hatten 10 % der Kinder 4 oder mehr auffällige Items, beim gleichen Prozentsatz hatten die Lehrer drei oder mehr Probleme unterstrichen. Bei beiden Gruppen ist anzunehmen, daß es sich um klar fehlangepaßte Kinder handelt, die beiden Gruppen waren aber nicht identisch: „Nur jedes fünfte Kind, das mit Hilfe des einen Fragebogens ermittelt wurde, war auch mit Hilfe des zweiten erkennbar." (*Shepherd* et al., 1973, S. 109; s. a. *Mitchell & Shepherd,* 1966. Nur etwa 20 % Überlappung.)

Im Vergleich dazu berichtet *Thalmann* (1971, S. 121) von relativ guten Übereinstimmungen zwischen Müttern und Lehrern (bei der Symptomliste und der Gesamteinschätzung des Schweregrades der Störung). Ein Grund für die hohen Übereinstimmungsraten kann darin liegen, daß die Mehrzahl der Kinder auf den Einzelsymptomen keine Belastung aufwiesen (vgl. oben analoge Ergebnisse von *Remschmidt & Steinhausen,* 1983); so gesehen wären die guten Übereinstimmungswerte ein methodisches Artefakt. Andererseits war die Datenerhebung in der Untersuchung von *Thalmann* relativ sorgfältig und ausführlich, was sicherlich die tatsächliche Reliabilität der Angaben erhöht.

Insgesamt gesehen verweisen die vorliegenden empirischen Ergebnisse auf deutliche Diskrepanzen zwischen den Angaben von Lehrern und Eltern. Diese Unterschiede können in einem interaktionalen Modell gut erfaßt werden, das zum einen
– die Beziehung zwischen Untersucher und Informant und
– die zwischen Informant und beurteiltem Kind
berücksichtigt.

Die Unterschiede zwischen Eltern- und Lehrerangaben werden durch drei Faktorenkomplexe erklärbar:
(1) Schule und Elternhaus sind verschiedene Verhaltensräume; Eltern und Lehrer erleben das Kind in unterschiedlichen Interaktionssituationen. Die Situationen unterscheiden sich durch andere Rollendefinitionen der Interaktionspartner, durch eine andere Beziehung zwischen ihnen (mehr oder weniger persönlich-informell), durch andere Aufgabenstellungen und einfach dadurch, daß Eltern und Lehrer – weil sie verschiedene Personen sind – ganz unterschiedliche Verhaltensangebote an das Kind herantragen, auf die das Kind in sehr unterschiedlicher Weise reagieren kann. (Vgl. auch *Shepherd* et al., 1973, S. 14.)
(2) Die Unterschiedlichkeit der Interaktionssituation und Beziehungen zwischen Lehrer bzw. Eltern und Kind impliziert unterschiedliche Erwartungen und Bewertungsmaßstäbe zum kindlichen Verhalten. Eltern und Lehrer haben unterschiedliche Vorerfahrungen und Normen, mit denen sie das Kind beurteilen. In der Schule stehen andere Kernmerkmale des Kindes (z. B. intellektuelle Leistungsfähigkeit, Konzentration) im Vordergrund, als zu Hause (Halo-Effekt).
(3) Die Unterschiede zwischen den beiden Interaktionsbereichen „Schule" und „zu Hause" schlagen sich auch in der Beziehung und Kommunikation zwischen Untersucher und Eltern bzw. Lehrern nieder: Es mag z. B. sein, daß Eltern die emotionalen Probleme ihres Kindes dissimulieren, um sich selbst damit zu entlasten, für Lehrer dagegen kann gerade die Feststellung von Verhaltensauffälligkeiten beim selben Schüler entlastend wirken. Die Beziehung des Lehrers zum Kind ist in den meisten Fällen distanzierter und damit auch „objektiver" als die der Eltern, andererseits ist der Lehrer für bestimmte Verhaltensbereiche des Kindes (z. B. unterrichtsstörendes Verhalten) besonders „verletzbar" oder „anfällig". Schließlich wird es dem Lehrer leichter sein, sich mit dem außenstehenden Untersucher zu identifizieren, was eine offene und ehrliche Kommunikation fördern dürfte. Für die Eltern dagegen führen Fragen zum Kind und seiner familiären Umwelt schnell in persönliche und intime Bereiche, die nur bei einem guten Kontakt genau und verläßlich erfragt werden können.

Zur Frage, ob Eltern oder Lehrer mehr Auffälligkeiten konstatieren, sind die Ergebnisse divergent: Bei *Shepherd* et al. (1973) konstatieren die Eltern mehr Auffälligkeiten als die Lehrer, bei *Reuter & Höcher* (1977) dagegen ist es eher umgekehrt: In deren Untersuchung an über 25 000 Schülern mit Fragebogen wurden auch bei einer Teilstichprobe etwa 700 Lehrer- und Elternfragebogen eingeholt. Dabei zeigte sich, daß die Lehrer insgesamt den psychischen Gesundheitszustand der Schüler ungünstiger einschätzten als die Eltern: Nach den Elternangaben hatten rund 23 % der Schüler psychische Störungen, nach den Angaben der Lehrer hatten in den Grundschulen rund 43 % und in der Sekundarstufe rund 33 % der Schüler psychische Störungen. Zwischen den Schülerantworten und den Elternangaben dagegen ergab sich eine relativ gute Übereinstimmung. Aufgrund ihrer Ergebnisse stellen *Reuter & Höcher* (1977) fest:

- Lehrer schätzen die psychische Gesundheit der Kinder eher negativer (kritischer) ein als die Eltern;
- Lehrer sind beobachtungsgenauer und
- haben weniger Verheimlichungstendenzen.

Daß diese Ergebnisse nicht ohne weiteres verallgemeinert werden können, zeigt die Studie von *Remschmidt & Steinhausen* (1981). Sie verwendeten im Rahmen einer epidemiologischen Studie an griechischen Gastarbeiterkindern unter anderem Elterninterviews und Lehrerbefragungen. Die Ergebnisse wurden mit einer Kontrollgruppe von deutschen Kindern verglichen. Durch Summierung der Nennungen von einzelnen Symptomen wurde eine Reihe von Psychopathologie-Dimensionen und ein Gesamtwert für die Symptombelastung berechnet. Dabei zeigte sich, daß im Elternurteil die griechischen Kinder weniger gestört sind als die deutschen Kinder. Genau umgekehrt ist die Tendenz bei den Lehrerurteilen: Von den Lehrern werden die griechischen Kinder (auf allen Dimensionen) als auffälliger eingestuft als die deutschen Kinder. Bei der getrennten Betrachtung der deutschen und der griechischen Stichprobe zeigt sich, daß bei den deutschen Kindern die Eltern das Verhalten der Kinder als auffälliger betrachten als die Lehrer. In der griechischen Stichprobe zeigen sich weniger deutliche Unterschiede zwischen Eltern und Lehrern; die vorhandenen Unterschiede aber weisen in die umgekehrte Richtung: Hier werden die Kinder von den Lehrern als auffälliger eingestuft als von den Eltern. *Remschmidt & Steinhausen* führen die gefundenen Unterschiede zum einen auf unterschiedliche Bewertungsmaßstäbe der Beurteiler und auf die jeweilige Situationsspezifität des kindlichen Verhaltens in der Schule bzw. zu Hause zurück (1981, S. 52 u. S. 54).

Zusammenfassend können wir festhalten, daß die Frage, ob Eltern oder Lehrer mehr Auffälligkeiten konstatieren, nicht generell beantwortet werden kann, sondern von weiteren Faktoren, insbesondere von der Art der Erhebung und von soziokulturellen Faktoren abhängig ist.

Daß die Anzahl der genannten Auffälligkeiten sehr stark von der Art der Befragung und des Kontaktes zwischen Untersucher und Informant abhängig ist, wird durch eine Reihe von Untersuchungen eindrucksvoll belegt:

In der Untersuchung von *Steuber* (1973; n = 621 Kinder) nannten die Lehrer

- spontan nur 58 % der insgesamt 157 auffälligen Kinder,
- bei einer ersten Rückfrage weitere 18 %
- und bei der Vorlage eines Symptomkataloges weitere 24 %.

In der Untersuchung von *Kohlscheen* (1975) an einer repräsentativen Stichprobe von 15 Grundschulen in Köln (1. Schuljahr) wurden von den Lehrern

– spontan 19,1 % der Kinder als auffällig/gestört bezeichnet,
– bei Vorlage eines Symptomkataloges nannten die Lehrer weitere 32,9 % als auffällig.

Kohlscheen meint zu diesem Ergebnis, es handele sich bei den ersten 19 % um die deutlich gestörten, bei den 33 % um die leicht gestörten Kinder.

Diese Ergebnisse gelten natürlich nicht nur für Lehrer-Befragungen, sondern ebenso für die Eltern: *MacFarlane* et al. (1954) verweisen darauf, daß nach ihren Ergebnissen die erfaßte Symptom-Häufigkeit von der Ausführlichkeit des Mutter-Interviews abhängt.

Die enorme Abhängigkeit der Ergebnisse von der Befragungsart (Intensität des Kontaktes und der Kommunikation) dürfte ein wesentlicher Grund für die mangelnde Verläßlichkeit und Validität vieler Untersuchungen sein. Bei etwas genaueren Befragungen (z. B. mit Hilfe von ausführlichen Symptomlisten) können schon alleine durch Zufälle in der Zusammenstellung der Symptomlisten erhebliche Unterschiede in den Untersuchungsergebnissen zustandekommen.

2.1.2 Wahrnehmung verschiedener Typen psychischer Störungen durch verschiedene Beurteilergruppen

Mit der Frage, welche Arten psychischer Auffälligkeiten eher oder „sensibler" wahrgenommen werden und welche eher „übersehen" werden, hat sich schon *Wickman* 1928 beschäftigt: Er hat Lehrer in Minneapolis danach befragt, welche Schüler ein problematisches Verhalten zeigen. Bei einer Analyse dieser Nennungen stellte er fest, daß hauptsächlich solche Schüler genannt wurden, die Verhaltensweisen zeigen, die „im Widerspruch stehen zu den Moralvorstellungen des Lehrers, seiner Autorität, der Ordnung in der Schule oder im Klassenraum, zu den geforderten Leistungsnormen oder die durch Schwierigkeiten mit anderen Kindern Störungen verursachen" (zit. n. *Shepherd* et al., 1973, S. 13). Lehrer stellten demnach hauptsächlich ein aktives aggressiv-ausagierendes Verhalten heraus, im Gegensatz dazu betonten klinische Fachleute nach den Ergebnissen von *Wickman* eher ängstlich-gehemmte Verhaltensweisen.

Die Ergebnisse von *Wickman* wurden vielfach bestätigt. *Shepherd* et al. nennen eine ganze Liste von Arbeiten, die sich mit diesem Problem beschäftigen (1973, S. 14).

Die Urteilstendenzen der Eltern bei Angaben zu psychischen Problemen der Kinder gehen in eine ähnliche Richtung wie die von Lehrern:

Jungmann et al. (1978) werteten die Ergebnisse der Basisdokumentation* in der Klinik für Kinder- und Jugendpsychiatrie der FU Berlin (Erhebungszeitraum März bis Dezember 1976) auch im Hinblick darauf aus, welche Probleme und Symptome des Kindes
– von den Eltern und welche
– von den klinischen Experten (Untersucher)
als bedeutsam betrachtet wurden.

Bei den meisten erfaßten Problembereichen neigten die klinischen Experten eher dazu, Auffälligkeiten festzustellen als die Eltern.

---

* Es handelt sich um eine frühere Version der Dokumentation, auf die sich der empirische Teil bei *Mattejat* (1985) stützt.

Die deutlichsten Unterschiede zwischen Experten und Eltern ergaben sich bei den Bereichen, die sich nicht auf das Kind, sondern auf die Umwelt bezogen, nämlich bei den Items

- Probleme der Bezugspersonen und
- spezielle Fragestellungen (worunter insbesondere familiäre Probleme fallen).

In diesen Bereichen sahen die Experten in vielen Fällen Probleme, die von den Eltern nicht gesehen wurden.

Deutliche Unterschiede ergaben sich außerdem im Symptombereich

- Abweichungen von Normen des Sozialverhaltens (mehr aktiv-ausagierend),

wo die Eltern häufiger als die Experten Auffälligkeiten bzw. Probleme wahrnahmen; in den Bereichen

- Abweichungen von Normen des Sozialverhaltens (mehr passiv-gehemmt) und
- Auffälligkeiten im emotionalen Bereich;

dagegen nahmen die Experten häufiger Auffälligkeiten wahr als die Eltern.

Bei den Problembereichen

- abnorme Gewohnheiten im körperlichen Bereich (z. B. Tics),
- Auffälligkeiten im Bereich der Körperfunktionen (z. B. Einnässen, motorische Unruhe) und auch bei
- Auffälligkeiten im Leistungsbereich

ergaben sich keine wesentlichen Einschätzungsunterschiede zwischen Eltern und klinischen Untersuchern.

Diese Ergebnisse entsprechen gut den anderen Ergebnissen in diesem Bereich. *Filipp & Schneewind* (1975) geben einen Überblick zur Problematik von Elternurteilen. Die Forschung hat gezeigt, daß die Elternurteile dann eine befriedigende Verläßlichkeit aufweisen, wenn sich die Angaben auf klar umgrenzbare und eindeutig beobachtbare Symptome (z. B. Daumenlutschen) beziehen. Zu einer Übersicht über die Verläßlichkeit von anamnestischen Daten siehe *Ehlers* (1981). *Butollo* et al. (1978, S. 3083) verweisen in diesem Zusammenhang darauf, daß der Fehler bei den Elternurteilen besonders bei kontaktscheuem, ängstlichem und überangepaßtem Verhalten des Kindes auftritt; aggressive und delinquente Kinder dagegen werden eher registriert, da sie der Umwelt eher zur Last fallen.

2.1.3 Wahrnehmung psychischer Auffälligkeiten in Abhängigkeit von anderen Faktoren

Die Wahrnehmung psychischer Auffälligkeiten ist von einer Reihe weiterer Faktoren abhängig, für die hier einige Beispiele genannt werden sollen.

Bezüglich der Geschlechtsverteilung deuten die vorliegenden Ergebnisse darauf hin, daß Fachpersonal und Lehrer bei Jungen (in der allgemeinen Tendenz) eher dazu neigen, Auffälligkeiten festzustellen als bei Mädchen (speziell im Grundschulalter). So fand z. B. *Douglas* (1964) („Douglas-National-Sourvey“), daß Lehrerinnen Knaben kritischer hinsichtlich der Fähigkeiten, Leistungen und des Verhaltens einschätzen als Mädchen. Besonders betroffen von einer solchen kritischen Lehrerhaltung waren Jungen aus der Unterschicht.

Die Tendenz bei Lehrern, Jungen kritischer einzuschätzen als Mädchen, könnte (neben der tatsächlich höheren Belastung von Jungen) mit dazu beitragen, daß Jungen insgesamt gesehen in den psychiatrischen Kliniken, Erziehungsberatungsstellen etc. gegenüber Mädchen stark überrepräsentiert sind. Denn bei Elternbefragungen ergaben sich zumindest teilweise keine Unterschiede zwischen Jungen und

Mädchen in der Gesamthäufigkeit von psychischen Auffälligkeiten (s. *Shepherd* et al., 1973).

Daß die unterschiedliche Wahrnehmung psychischer Auffälligkeiten in Abhängigkeit vom Geschlecht des Kindes nicht nur mit größeren Schwierigkeiten der Jungen bei der Anpassung an die Anforderungen der Grundschule zusammenhängt, sondern allgemeinere Probleme (keine spezifischen Schulprobleme) repräsentiert, zeigt die Untersuchung von *Welding* (1975). Sie untersuchte Kinder im Vorschulalter (2–6 Jahre alt; n = 1 372). Von den Erzieherinnen wurden insgesamt 13 % der Kinder als auffällig bezeichnet. Dieser Wert liegt ähnlich wie der von *Heindorf* et al. (1967) (ebenfalls Kindergartenkinder). Von den auffälligen Kindern waren 64,6 % Jungen und 35,4 % Mädchen*.

Häufig kann keine lineare Beziehung zwischen der Wahrnehmung psychischer Auffälligkeiten und den Faktoren, die diese Wahrnehmung bestimmen, festgestellt werden. Die wahrnehmungsbestimmenden Faktoren interagieren in einer komplexen Weise miteinander. Die Untersuchungen von *Shepherd* et al. (1973) und von *Lapouse & Monk* (1958; 1964) z. B. verweisen auf eine Interaktion zwischen den Faktoren

- Befragungsmethode bzw. Informant,
- erfaßter Störungsbereich und
- soziale Schicht.

Shepherd et al. (1973) fanden in den Elternbefragungen keine Schichtunterschiede. Die Annahme, daß diese Unterschiede darauf zurückzuführen sind, daß andere Verhaltensbereiche im Vordergrund stehen, wird durch die Ergebnisse von *Lapouse & Monk* (1958; 1964) bestätigt, die keine Unterschiede zwischen den sozialen Schichten beim Gesamtscore fanden, wohl aber Unterschiede hinsichtlich der schulischen Anpassung, die bei Unterschichtskindern eher schlechter ist als die von Kindern aus höheren Schichten.

Daß sich bei der Beurteilung von psychischen Auffälligkeiten auch gruppenspezifische Beurteilertendenzen abbilden können, zeigt z. B. eine Untersuchung von *Remschmidt & Mattejat* (1981), in der Medizinstudenten und Studenten der Sozialpädagogik Videoaufnahmen von Familieninterviews mit einem psychisch gestörten Kind beurteilen sollten. Die beiden Beurteilergruppen unterschieden sich sehr deutlich in ihren Urteilen, was von den Autoren auf unterschiedliche Wahrnehmungs- und Beurteilungsstrategien zurückgeführt wird.

2.1.4 Zusammenfassung: Ein Interpretationskonzept für die gefundenen Unterschiede

Welches kindliche Verhalten den Eltern als auffällig erscheint und welches mitgeteilt oder verschwiegen wird, hängt ab von einer Fülle von Faktoren, unter anderem von

- den soziokulturell bestimmten Werthaltungen,
- der Ausdrucks- und Urteilsfähigkeit der Eltern,
- dem Interesse der Eltern,
- den psychologischen Dispositionen der Eltern,
- und der Einstellung gegenüber dem Kind.

---

* Die höheren Vorstellungsraten von Jungen sind natürlich in erster Linie auf eine höhere tatsächliche Prävalenz bei den Jungen zurückzuführen (vgl. die folgenden Abschnitte).

Nicht nur die Eltern, auch andere Beurteilergruppen, wie Lehrer oder klinisches Fachpersonal, sind bei ihren Urteilen von solchen und ähnlichen Faktoren bestimmt. Ein Bewußtsein für diese Zusammenhänge ist für die praktische klinische Arbeit schon in der initialen Diagnostik von zentraler Bedeutung, Aussagen über psychische Auffälligkeiten oder Störungen eines Kindes oder Jugendlichen sind Ergebnis und Ausdruck eines komplexen Interaktions- und Beziehungssystems, das wie in Abb. 6 schematisiert werden kann.

Die Informationen, die der klinische Untersucher überhaupt erhält, sind abhängig von
- individuellen Merkmalen des Kindes (z. B. Schweregrad der Störung, Art der Störung (z. B. körperliche vs. psychische Auffälligkeiten; aggressiv-ausagierende vs. ängstlich-gehemmte Störungen),
- von den individuellen Merkmalen der Bezugspersonen (Eltern, Lehrer etc.), z. B. deren Einstellungen, Normen, Dispositionen,
- von der Beziehung und Interaktion zwischen dem Kind (bzw. Jugendlichen) und diesen Beziehungspersonen (z. B. persönliche Distanz bzw. Betroffenheit) und schließlich
- von der Interaktion zwischen dem Untersucher selbst und dem Kind und seinen Bezugspersonen.

Alle diese Aspekte interagieren sehr eng; die Schlußfolgerungen des „Klinikers" aus den erhaltenen Informationen sind abhängig von seinen eigenen Einstellungen und Dispositionen.

Bei diesen Prozessen sind besonders die folgenden Aspekte zu berücksichtigen:
- In welcher Weise ist der Beurteiler vom symptomatischen Verhalten selbst betroffen (aggr.-ausagierendes und störendes Verhalten vs. ängstlich-gehemmtes Verhalten)? In dieser Hinsicht stehen gegenüber klinischem Personal in ambulanten Einrichtungen, die kaum selbst von dem problematischen Verhalten betroffen sind, Eltern und Lehrer – mit unterschiedlichem Schwerpunkt – in einer ähnlichen Situation.
- Wie eng ist die persönliche Beziehung zwischen dem Kind und dem Beurteilenden (z. B. Identifikation; Schuldzuschreibungen; Dissimulationstendenzen)? In dieser Hinsicht sind in der Regel die Eltern gegenüber dem Klinikpersonal oder anderen Bezugspersonen herausgehoben.
- Wie sind die Beurteilungsnormen, die Einstellungen, die Sozialisation und Vorbildung der Beurteilenden?

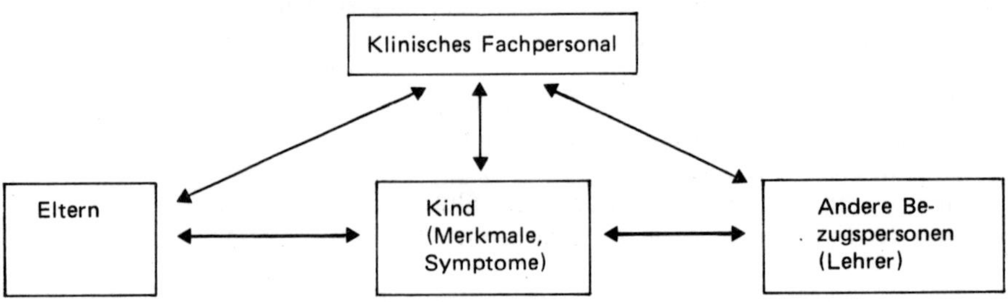

Abb. 6 Der Kontext von Aussagen über psychische Auffälligkeiten bei einem Kind/Jugendlichen in der klinischen Diagnostik

Die Identifikation, Wahrnehmung, Definition und Beurteilung von psychischen Auffälligkeiten ist im Gesamtzusammenhang dieser Struktur zu sehen. Die Zuweisung zu Institutionen der psychosozialen Versorgung ist hiervon abhängig. Wegen dieser Faktoren sind klinische Inanspruchnahmepopulationen nicht unbedingt repräsentiv für psychisch gestörte Kinder und Jugendliche überhaupt. Empirische Ergebnisse hierzu werden im folgenden Abschnitt referiert.

Doch zunächst seien die Einzelergebnisse noch zusammengefaßt:

(1) Elternangaben und Lehrerangaben weichen häufig sehr stark voneinander ab. Dies ist auf drei Gründe zurückzuführen:

(a) Die Urteile von Eltern und Lehrern beziehen sich auf unterschiedliche Interaktionssituationen,

(b) die Wahrnehmungsstrukturen und Beurteilungskriterien von Eltern und Lehrern unterscheiden sich und

(c) schließlich ist die Beziehung (Interaktion) zwischen klinischem Untersucher und Lehrern anders geartet als die zwischen Untersucher und Eltern.

(2) Die Forschung liefert keine konsistenten Angaben darüber, ob Eltern oder Lehrer psychische Auffälligkeiten bei Kindern eher (bzw. sensibler) oder häufiger wahrnehmen. Im Vergleich zu Eltern und Lehrern neigt klinisches Fachpersonal am ehesten dazu, psychische Auffälligkeiten wahrzunehmen und psychische Störungen zu konstatieren. Diese allgemeine Durchschnittstendenz gilt aber nicht für alle Störungsbilder. Dies ist wohl auf das größere Fachwissen und die in der Praxis sensibilisierte Wahrnehmung zurückführbar. Einer solchen wohlwollenden Interpretation sollte die kritische Anmerkung zur Seite gestellt werden, daß klinisches Fachpersonal in der ernsthaften Gefahr steht, vorschnell psychische Störungen zu diagnostizieren (allgemeine Psychiatrisierung; Fachidiotentum; Legitimation der eigenen Tätigkeit).

(3) Die Angaben von Eltern oder Lehrern hängen sehr stark von der Befragungsmethode ab. Besonders bei Lehrern oder Erziehern konnte gezeigt werden, daß Angaben über psychische Auffälligkeiten mit der Ausführlichkeit der Befragung deutlich ansteigen: Je ausführlicher gefragt wird, um so mehr Auffälligkeiten werden berichtet. Man kann annehmen, daß bei sehr ausführlichen Befragungen die Urteile von Lehrern sich den Urteilen von klinischem Fachpersonal annähern.

(4) Fragt man danach, in welcher inhaltlichen Hinsicht sich die Urteile von klinischem Personal von den Urteilen der Eltern und Lehrer abheben, so sind drei Aspekte bemerkenswert:

(a) Lehrer und Eltern neigen eher dazu, aggressiv-ausagierende Störungen zu konstatieren, klinisches Personal dagegen hebt eher ängstlich-gehemmte Syndrome hervor.

(b) Eltern sind eher dazu geneigt, das Kind als „Ort“ des Problems zu definieren, Kliniker sehen dagegen häufiger in der Familie (und anderen psychosozialen Umständen) das Problem.

(c) Bei objektiven („harten“) Verhaltensitems (Symptomen) ist die Übereinstimmung zwischen klinischem Fachpersonal und Eltern (bzw. Lehrern) höher als bei subjektiven („weichen“) Items.

2.2 Psychische Störung und Vorstellung in einer Institution der psychosozialen Versorgung (Inanspruchnahme- und Zuweisungsprobleme)

2.2.1 Das Verhältnis zwischen auffälligen Kindern und den einer therapeutischen Institution zugewiesenen Kindern

Früh wurde schon erkannt (s. z. B. *McFie,* 1934), daß Inanspruchnahme und wahre Prävalenz auseinanderfallen, und daß der klinische Eindruck deshalb nur bedingt die tatsächlichen Verhältnisse widerspiegelt. In diesem Zusammenhang verwies *Kanner* (1948) darauf, daß die Bedeutung von Symptomen in der Klinik häufig falsch eingeschätzt wird. (Vgl. hierzu auch die Arbeit von *Schenk,* 1978.) Auf die Frage *McFie*s (1934), „ob nicht ein zu großer Anteil der für eine Behandlung ausgesuchten Kinder diejenigen waren, die eine Belästigung für die Eltern oder Lehrer darstellten und weniger die Kinder, die eine mangelhafte soziale oder Persönlichkeitsentwicklung aufwiesen" (zit. n. *Shepherd* et al., 1973, S. 13), wurde bereits hingewiesen.

In einer Reihe von Untersuchungen wurde die wahre Prävalenz mit der Inanspruchnahme verglichen (s. z. B. *Rutter, Tizard & Whitmore,* 1970; *Shepherd* et al., 1973; *Thalmann,* 1971; *Steuber,* 1973; *Kohlscheen,* 1975). In der Isle-of-Wight-Studie von *Rutter* et al. (1970) wurden nur rund 20 % der psychisch gestörten Kinder in irgendeiner Weise (z. B. durch den Hausarzt oder in einer Sonderschule oder durch Fachärzte etc.) betreut, nur etwa 10 % der psychisch gestörten Kinder waren in einer speziellen psychiatrischen Behandlung. In der Untersuchung von *Kohlscheen* (Köln, Schulanfänger) zeigte sich, daß von den Kindern, bei denen eine Vorstellung beim Fachmann für notwendig erachtet wurde, nur 7,9 % tatsächlich vorgestellt wurden. Auch andere Untersuchungen kommen zu ähnlichen Ergebnissen, so daß man davon ausgehen kann, daß nur etwa 10 % der psychisch gestörten Kinder einer diagnostischen bzw. therapeutischen Institution zugewiesen werden (vgl.: *Petri,* 1979, S. 28; *Ryle* et al., 1965; *Wolff,* 1971). *Thalmann* (1971) kommt zu etwas günstigeren Zahlen, was wohl auf die sozioökologische Struktur seiner Stichprobe, die Altersgruppe und den Umstand, daß nur Jungen untersucht wurden, zurückgeführt werden kann*.

2.2.2 Individuelle Faktoren, die die Zuweisung beeinflussen: Schweregrad, Alter und Geschlecht

Zunächst sollte man annehmen, daß die Vorstellung in einer Institution mit dem Schweregrad der psychischen Störung des Kindes zusammenhängt. *Thalmann* (1971) fand einen solchen signifikanten Zusammenhang zwischen der Symptombelastung (Anzahl und Schweregrad der Symptome) und der Anzahl (Häufigkeit) der Vorstellungen bei Fachleuten. Dabei ist aber zu berücksichtigen, daß 47 % der schwer gestörten Jungen und 75 % der mäßig gestörten überhaupt nicht vorgestellt worden waren.

Eine der besten Untersuchungen zur Frage der Zuweisung von Kindern und Jugendlichen in Institutionen ist die von *Shepherd* et al. (1973) in der Grafschaft

---

* Analoge Probleme wie bei der Zuweisung zu Kliniken finden sich bei der Zuweisung von Kindern zum schulpsychologischen Dienst durch die Schulverwaltung. Eine Übersicht hierzu findet sich bei *Friedrich* (1975).

Buckinghamshire. In dieser Untersuchung werden zwei (nach Hauptproblem, Alter, Geschlecht, sozioökonomischem Status) parallelisierte Gruppen,
- eine Kliniksgruppe (Child Guidance Clinic) und
- eine Kontrollgruppe (mit ebenfalls gestörten, aber nicht vorgestellten Kindern)

miteinander verglichen.

Betrachtet man die Einschätzungen des Fachpersonals zum Schweregrad der Störung, dann lag die Kliniksgruppe im Schweregrad etwas höher als die Kontrollgruppe (nicht statistisch signifikant). Aufgrund der Elternfragebogen (Anzahl der Symptome) aber ergaben sich keine Unterschiede zwischen den Gruppen. Ansonsten ergaben sich bei den individuellen Merkmalen der Kinder keine bedeutsamen Gruppenunterschiede. *Shepherd* et al. folgern daraus, daß der Schweregrad der Störung nicht der wesentlichste Grund dafür sein kann, daß ein Kind einer psychiatrischen Behandlung zugeführt wird. Dabei ist sicherlich richtig, daß der Schweregrad nicht der einzige Grund für eine Vorstellung ist. Wie *Thalmanns* Ergebnisse zeigen, wächst aber mit zunehmendem Schweregrad verständlicherweise die Vorstellungswahrscheinlichkeit.

Bezüglich der Geschlechtsverteilung in Kliniken und ähnlichen Institutionen ist zu bedenken, daß Fachpersonal und Lehrer bei Jungen (in der allgemeinen Tendenz) eher dazu neigen, Auffälligkeiten festzustellen, als bei Mädchen (speziell im Grundschulalter). Dies könnte (neben der tatsächlichen höheren Belastung von Jungen) mit dazu beitragen, daß Jungen insgesamt gesehen in den psychiatrischen Kliniken, Erziehungsberatungsstellen etc. so deutlich überrepräsentiert sind. Im Gegensatz zur geschlechtsspezifischen Urteilertendenz bei Lehrern aber ergaben sich in manchen Untersuchungen bei Elternbefragungen (zumindest teilweise) keine Unterschiede zwischen Jungen und Mädchen in der Gesamthäufigkeit von psychischen Störungen (s. *Shepherd* et al., 1973).

Betrachtet man die kombinierte Alters- und Geschlechtsverteilung von psychischen Störungen, dann ist zu bedenken, daß zwar die Interaktion zwischen Geschlecht und Alter in klinischen Populationen (Inanspruchnahme-Populationen) gesichert ist: Vor der Pubertät sind die Jungen deutlich überrepräsentiert, nach der Pubertät kehrt sich dieses Verhältnis um. Dies muß aber nicht die tatsächliche Verteilung in der Gesamtbevölkerung widerspiegeln; man denke nur z. B. daran, daß delinquente männliche Jugendliche häufig überhaupt nicht mehr in den Institutionen der psychosozialen Versorgung auftauchen, sondern ausschließlich von der Polizei oder der Justiz „verwaltet“ werden.

2.2.3 Psychosoziale Faktoren, die die Zuweisung beeinflussen

Shepherd et al. (1973) untersuchten die Frage, ob sich ihre beiden Gruppen
- die Kliniksgruppe (Child Guidance Clinic) und
- die parallelisierte Kontrollgruppe (mit ebenfalls gestörten, aber nicht vorgestellten Kindern)

außer im Schweregrad der individuellen Störung auch in den Merkmalsbereichen
- objektive Umweltmerkmale,
- objektiv-strukturelle Familienmerkmale und
- aktuelle familiäre Beziehungsmerkmale

unterscheiden. Die Kontrollkinder hatten das *selbe* Hauptproblem im Verhalten, dasselbe Alter, Geschlecht und den selben sozioökonomischen Status.

Bezüglich der Umweltfaktoren ergaben sich folgende Ergebnisse:
- Der Zugang (Entfernung etc.) zur Klinik zeigte keinen Zusammenhang zur Inanspruchnahme.
- Bei der sozialen Schicht ergab sich ein leichter Zusammenhang: Kinder aus höheren Schichten waren in der Kliniksgruppe gegenüber Unterschichtskindern leicht überrepräsentiert.

Bei den strukturellen oder „objektiven" Familienfaktoren ergaben sich beim
- Alter der Eltern,
- der Berufstätigkeit der Mutter,
- der Geschwisterposition
- und bei der Familiengröße

keine klaren Zusammenhänge zur Vorstellungsneigung. Ein sehr deutlicher Zusammenhang aber zeigte sich zu
- Trennungserlebnissen, die in der Kliniksgruppe sehr viel häufiger vorkamen. Besonders häufig waren hier Kinder mit Vaterverlusten durch Scheidung der Eltern oder Tod des Vaters.

Außer bei den Trennungserlebnissen ergaben sich bei den objektiven Familienvariablen nur geringe Unterschiede zwischen Kliniks- und Kontrollgruppe.

Die aktuellen familiären Beziehungsfaktoren wurden durch eine Befragung der Mütter erfaßt. In diesem Bereich ergaben sich die klarsten Unterschiede zwischen Kliniks- und Kontrollkindern:

Der deutlichste Unterschied ergab sich bei der mütterlichen Einstellung gegenüber den Problemen des Kindes:
- Mütter der Klinikskinder machten sich in sehr viel stärkerem Ausmaß Sorgen über die Probleme ihrer Kinder und
- standen diesen Problemen auch hilfloser gegenüber.
- Dagegen waren in der Kontrollgruppe solche Mütter häufiger, die zwar Probleme bei ihren Kindern bemerkten, aber der Ansicht waren, daß diese unvermeidbar seien.

Es zeigte sich außerdem, daß
- die Eltern der Klinikskinder häufiger berichteten, daß sie gegenüber ihrem Kind Strafmittel gebrauchten,
- die Eltern der Kontrollkinder waren öfter der Meinung, daß sie ihren Kindern Beruhigung, Ermunterung und Unterstützung böten.

Schließlich
- bezeichneten sich die Mütter der Klinikskinder häufiger als „nervös" und klagten häufiger über Angstgefühle als die Mütter der Kontrollgruppe.
- Bei den Vätern (meist Mütterangaben) ergaben sich dagegen hinsichtlich dieser Merkmale keine Unterschiede.

Petri (1979, S. 30/31), der in seiner Arbeit die Bedeutsamkeit der sozialen Schicht für psychische Erkrankungen im Kindes- und Jugendalter aufzeigen will, folgert aus den Ergebnissen von *Shepherd* et al. m. E. etwas vorschnell,
- daß nicht die Art und Schwere der psychischen Störung bei der Zuweisung entscheidend sind,
- sondern sozioökonomische Faktoren.

Bei den Ergebnissen von *Shepherd* et al. (1973) ist aber zu bedenken, daß die beiden verglichenen Gruppen auch hinsichtlich des Hauptproblems paarweise zugeordnet waren. Verglichen mit der Gesamtbevölkerung zeigen die Klinikskinder klar eine höhere Symptombelastung. Psychische Auffälligkeiten stellen deshalb einen wichtigen Faktor für die Vorstellung dar, es ist allerdings nicht der einzige. Bezüglich der Unterschiede hinsichtlich des sozialen Status verweist *Petri* (1979) darauf, daß sie gut in die ansonsten bekannten Befunde aus der Medizin-Soziologie integrierbar sind: Zwischen den sozialen Schichten bestehen Unterschiede

- im Krankheitsverhalten und
- in den institutionellen Barrieren (vgl. z. B. *Siegrist & Bertram,* 1970/1971; *Koschorke,* 1973).

Für die Bedeutsamkeit der sozialen Schicht bei der Inanspruchnahme von Institutionen der psychosozialen Versorgung sprechen auch die Ergebnisse von *Steuber* (1973), der in einer nichtrepräsentativen Erhebung in zwei Göttinger Schulen (Schule A = untere Schichten; Schule B = obere Schichten stärker vertreten), herausfand, daß von den auffälligen Kindern

- aus der Schule A rund 30 %,
- aus der Schule B rund 11 %

einer Untersuchung durch den Fachmann zugeführt wurden.

Daß dieses Ergebnis nicht ohne weiteres zu verallgemeinern ist, zeigt die Studie von *Remschmidt* et al. (1974), in der die Verteilung der sozialen Schichten in der Klinikspopulation der Marburger Kinderpsychiatrischen Universitätsklinik mit der Schichtverteilung in der Gesamtbevölkerung verglichen wurde. In der Klinik waren Kinder und Jugendliche aus der unteren Unterschicht und unteren Mittelschicht (5stufiges Schichtmodell) gegenüber der Gesamtbevölkerung überrepräsentiert. Dies ist sicherlich auf die spezifische Struktur der psychosozialen Versorgung in diesem Gebiet zurückzuführen: Die Klinik hat einen großen Teil von organisch bedingten Krankheiten zu versorgen (Neurologie); bei den psychiatrischen Störungen sind die Patienten im Vergleich zum Klientel von Erziehungsberatungsstellen eher stärker gestört. Viele Zuweisungen kommen von praktischen Ärzten. Ein Teil der Patienten sind Gutachtenfälle, unter ihnen z. B. viele delinquente Jugendliche, bei denen wiederum die Unterschicht überrepräsentiert ist.

Die Ergebnisse von *Thalmann* zu dieser Frage erlauben eine differenziertere Einschätzung zur Frage der Inanspruchnahme. In dieser Untersuchung zeigten sich folgende Ergebnisse:

- Die Vorstellung in einer Institution (Erziehungsberatungsstelle, Arzt, Psychiater) korreliert deutlich mit dem Grad der Störung.
- Die Zuweisung ist in differenzierter Weise schichtabhängig. Die mäßig und stark gestörten Kinder
- aus der Oberschicht und Mittelschicht wurden zu 49 %,
- aus der Unterschicht zu 27 %

einem Fachmann vorgestellt.

Dabei wandten sich die Unterschichts-Eltern eher an praktische Ärzte, weniger an Erziehungsberatungsstellen oder Fachärzte.

2.2.4 Zusammenfassung und Diskussion

Die Ergebnisse können nun zusammengefaßt werden; wegen ihrer weitgehenden Implikationen werden einige Diskussionsbemerkungen angefügt.

(1) Es wird nur ein relativ geringer Prozentsatz der Kinder und Jugendlichen, die von klinischem Fachpersonal als psychisch gestört und behandlungsbedürftig betrachtet werden, in Institutionen der psychosozialen Versorgung vorgestellt oder behandelt.

(2) Welche Kinder in vorhandenen Institutionen vorgestellt werden, ist abhängig
- von der Infrastruktur der psychosozialen Versorgung (z. B. Kooperation zwischen Hausarzt oder Lehrer und speziellen Institutionen, wie Erziehungsberatungsstellen oder kinderpsychiatrische Kliniken) und
- von Faktoren des Kindes (individuelle Faktoren) und seiner Familie bzw. psychosozialen Umgebung.

Diese beiden Faktorenkomplexe interagieren: Es ist z. B. eine Interaktion zwischen den Faktoren „Alter/Geschlecht des Kindes" und „psychosoziale Institution" oder zwischen den Faktoren „soziale Schicht der Familie" und „psychosoziale Institution" aufweisbar.

(3) Die wichtigsten zuweisungsrelevanten Faktoren beim Kind und seiner unmittelbaren Umwelt sind:
- Der Schweregrad der psychischen Störung des Kindes;
- soziale Plazierungsmerkmale der Familie (sozialer Status; Unterprivilegierung etc.);
- Interaktions- und Beziehungsmerkmale der Familie und die psychische Verfassung der Eltern.

Individuelle und psychosoziale Faktoren sind etwa gleich wichtig bei der tatsächlichen Zuweisung. Bei den psychosozialen Faktoren legen die Ergebnisse von *Shepherd* et al. (1973) nahe, daß die soziale Schicht eine etwas geringere Rolle spielt als familieninteraktionale Aspekte, denen wahrscheinlich eine größere Bedeutung zukommt.

Diese Ergebnisse haben recht weitreichende Implikationen: Man könnte das unter (1) genannte Ergebnis in einem Zuweisungsmodell wie in Abb. 7 darstellen.

Das Modell und seine Aussage „In den Institutionen werden psychisch gestörte Kinder vorgestellt – nur (leider) nicht alle" sind unvollständig. Durch das Weglassen wesentlicher Komponenten wird ein Aspekt, nämlich die (als individuelles Problem begriffene) psychische Störung des Kindes zu einem unverrückbar und objektiv vorgegebenen Faktor verfestigt. Seine implizite Handlungsanleitung („Warum werden nicht 100 % zugewiesen?") ist irreführend. Das Modell ist allenfalls bei schwersten psychischen Erkrankungen adäquat, wo die individuelle Störung der ausschlaggebende Faktor für die Vorstellung ist (z. B. akute Schizophrenien). Für solche Fälle aber ist die Vorstellungsquote sehr hoch.

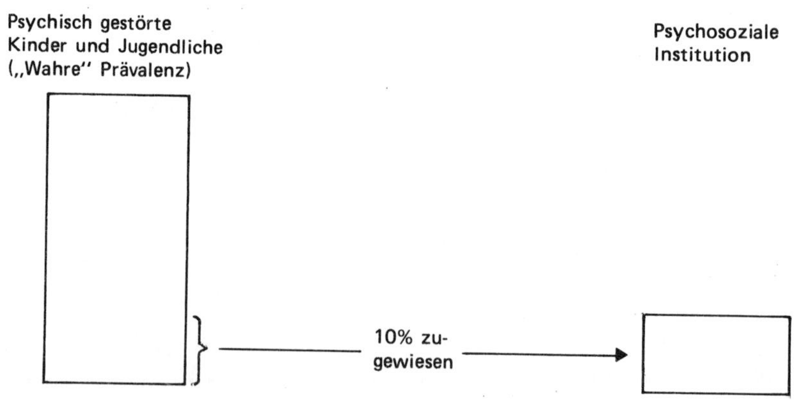

Abb. 7 Eindimensionales lineares Zuweisungsmodell

Das Vorhandensein der Institution* ermöglicht erst die konkrete Definition des Problems, das in der Regel im Kind „verortet“ wird, obwohl die familiäre Situation (Familienbeziehungen; soziale und psychische Verfassung der Eltern) in der Mehrzahl der Fälle ebenso entscheidend, häufig sogar bedeutsamer für die Vorstellung ist.

Kinder, Jugendliche und Familien kommen in die Institution X, weil sich
- bei ihnen eine Lage entwickelt hat,
- die jemand als psychiatrisches oder klinisch-psychologisches Problem definiert, für das die Institution X zuständig ist.

Pointiert gesagt: Der „Kliniker“ sammelt *nicht* Erfahrungen mit psychisch gestörten Kindern, sondern mit *institutionsaffinen* Problemen.

Die rekursive Bestimmung

„Klinisch-psychologische bzw. psychiatrische Probleme sind solche, für die Institutionen (bzw. Personen) der Art X zuständig sind und
Institutionen der psychosozialen Versorgung sind Einrichtungen, in denen man sich mit psychiatrischen bzw. klinisch-psychologischen Problemen beschäftigt“

verweist darauf, daß sich klinisch-psychologische bzw. psychiatrische Problemstellungen in der Interaktion von mindestens drei Komponenten *konstituieren:*
- Dem Kind bzw. Jugendlichen (allgemeiner: der Patient),
- seinem psychosozialen Umfeld und
- dem gesellschaftlichen Kontext mit den institutionellen Versorgungsmöglichkeiten.

Dabei kennzeichnen „Kind/Jugendlicher“, „psychosoziales Umfeld“ und „Institution“ keine vorgegebenen Entitäten, sondern *Merkmalsausschnitte,* wobei sich die „herausgeschnittenen“ Sektoren überschneiden. Diese drei Merkmalsbereiche sind einander nicht nebengeordnet, sondern logisch und entwicklungssystematisch einander nachgeordnet: Das Kind ist Teil seiner psychosozialen Umwelt, das „Therapiesystem“ umfaßt gleichermaßen die Institution wie das soziale System des Kindes.

Reduziert man diesen komplizierten dynamischen Konstitutions- und Interaktionszusammenhang auf eine einzige lineare Relation, kommt man zu abstrusen Ergebnissen wie

„Es gibt in Wirklichkeit (!) gar keine psychischen Störungen, die sogenannten psychischen Störungen werden erst durch die gesellschaftlichen Ideologien und Institutionen der psychosozialen Versorgung produziert.“

oder

„Nicht das Kind ist gestört oder krank, sondern die Eltern/die Familie/die soziale Umwelt“.

Als allgemeine Aussagen sind sie genauso verkürzt, und deshalb irreführend und gefährlich, wie das in Abb. 7 dargestellte Modell. Die lineare Verortung des Fehlers und der Schuld führt in die Enge.

Das „institutionsaffine Problem“ existiert in der Intersektion der drei genannten Merkmalsbereiche und läßt sich nicht auf einen Sektor reduzieren. Die erfahrungswissenschaftliche Analyse aber ist auf eine solche Sektorisierung des Gesamtzusam-

---

* Zur Institution zählen die konkret vorhandenen Einrichtungen wie das mit ihnen verknüpfte Wissen und Können und die mit ihnen indirekt verbundenen gesellschaftlichen Werte und Ideologien.

menhanges angewiesen – anders ist sie nicht möglich. Die Theorie hat die Aufgabe, diese empirische Operationalisierung zu Sektoren durchsichtig zu machen und dadurch zu relativieren. Die Aussage

> „Psychisch Kranke sind diejenigen, die sich in einer psychiatrischen Klinik behandeln lassen"

ist – abgesehen von ihrem zynischen* Beigeschmack – atheoretisch, sie macht aus einer fragwürdigen Operationalisierungsprozedur eine Aussage über den Untersuchungsgegenstand**.

Dabei handelt es sich nicht bloß um eine akademische Diskussion. Es macht einen praktischen Unterschied, wie der Therapeut an seine Aufgabe herangeht und ob er die wesentlichen Komponenten seiner Problemstellung,

- das psychische Problem des Kindes,
- die Interaktions- und Beziehungsprobleme des mikrosozialen Systems
- und das Therapieproblem, von dem er selbst ein Teil ist,

aufnimmt. Das therapeutische Vorgehen ist unmittelbar davon abhängig (vgl. etwa *Hoffmans* [1982] Darstellung des systemischen Ansatzes der Mailänder Arbeitsgruppe um *Palazzoli*).

Mit dem Verweis auf die praktisch-therapeutische Relevanz epistemiologischer Überlegungen können wir zum Ausgangspunkt der Diskussion zurückkehren. Das in Abb. 7 schematisch dargestellte Ergebnis wird nicht selten *zu Recht* zum Anlaß einer Argumentation für die Erweiterung der psychosozialen Versorgung genommen, etwa im Sinne eines Aufbaues von neuen Einrichtungen. Eine solche Argumentation ist aber nur dann stichhaltig, wenn die Vorstellung bzw. Behandlung in solchen Institutionen (Erziehungsberatungsstellen; Kinderpsychiatrische Kliniken) für die betroffenen Kinder und Familien eine echte Hilfe darstellt; dies wäre dann der Fall, wenn die Therapieerfolgsquote günstiger ist, als die Quote der Spontanremissionen. Leider ist diese Voraussetzung nicht immer gegeben. Der Ausbau der psychosozialen Versorgung ist dann sinnvoll und gerechtfertigt, wenn mit ihm eine qualitative Verbesserung der Hilfsangebote verbunden ist. Eine qualitative Verbesserung muß aber nicht immer „mehr desselben" – in unserem Falle etwa mehr Institutionen, mehr Therapie – heißen***.

2.3 Zum Krankheitswert psychischer Auffälligkeiten (Abgrenzung: psychisch auffällig vs. psychisch unauffällig)

Die Fragen nach der Wahrnehmung psychischer Auffälligkeiten durch verschiedene Beurteilergruppen, nach dem Verhältnis zwischen „wahrer" und behandelter Prävalenz und nach den Faktoren, die die Vorstellung beeinflussen, haben einen sehr engen Zusammenhang zur grundlegenden Problematik der Definition psychischer Störungen oder psychischer Krankheiten. Psychiatrie und klinische Psychologie ha-

---

* Verdeutlicht: „Wer so dumm ist, in eine psychiatrische Klinik (oder gar eine Psychotherapie etc.) zu gehen, der muß nicht mehr ganz richtig sein."

** Die Definition wurde für die empirische Forschung (Operationalisierung) ernsthaft vorgeschlagen. *Schenk* (1977; 1978) diskutiert diese Frage ausführlich.

*** Vgl. *Watzlawick* et al. (1974), die das „Mehr-desselben-Prinzip" unter die Lupe nehmen; ihre Argumentation gegen die „totalitäre" Kommunikation kann sinngemäß auch auf die Ideologie der totalen Therapie oder der totalen Psychiatrie angewandt werden.

ben psychische Störungen zu ihrem Gegenstand, die Gegenstandsbestimmung aber kann nicht als apriorische Festlegung geschehen, sondern ist eine immer neu zu stellende Aufgabe der theoretischen Reflexion und empirischen Forschung.

Zur Diskussion um den Begriff der psychischen Störung bzw. Krankheit oder die Bestimmung psychischer „Normalität" existiert eine Fülle theoretischer Literatur, in der traditionelle psychiatrische Denkformen, die am „medizinischen" Krankheitsmodell orientiert sind, auf ihre historischen, gesellschaftlichen und wissenschaftstheoretischen Hintergründe kritisch untersucht werden (s. z. B. *Szasz,* 1974; 1976). Dabei hat man nicht selten den Eindruck, daß sich die Diskussion in der Demonstration ideologischer Standpunkte festfährt und den Kontakt zur klinischen Praxis ebenso wie zur Forschung verliert. Davon unbenommen hat die Psychiatrie-Kritik zu einer Sensibilisierung für die kontextuelle Relativität psychiatrischer Probleme geführt, als positives Ergebnis kann die Einsicht in die Doppelsinnigkeit psychiatrischer Phänomene als Realität *und* Definition, als faktische wie normative Gegebenheiten festgehalten werden. Zu einer Übersicht über die Grundlagenproblematik, die hier nicht im einzelnen dargestellt werden kann, siehe z. B. *Schenk* (1977; 1978) oder *Kendell* (1978).

Die Abgrenzung zwischen psychischer Normalität und psychisch Abnormem ist nicht nur eine wissenschaftstheoretisch fundamentale Aufgabe, sondern für die klinische Praxis – etwa im Sinne der Behandlungsbedürftigkeit (psychisch gestört = behandlungsbedürftig) – von ebenso grundlegender Bedeutung. Wenn man nach der Behandlungsbedürftigkeit fragt, wird schnell klar, daß psychische Störungen nicht unabhängig vom gesellschaftlich-historischen Kontext (z. B. von den Behandlungsmöglichkeiten) definiert werden können. In diesem Zusammenhang wurde immer wieder darauf hingewiesen, daß die Perspektive der „Kliniker" in vieler Hinsicht verzerrt sein kann, etwa wenn Symptome (z. B. Daumenlutschen; Enuresis), die in bestimmten Altersgruppen sehr häufig vorkommen, als Zeichen für eine neurotische Fehlentwicklung genommen werden oder anamnestische Daten aus der Vorgeschichte ein pathognostischer Wert zugeschrieben wird, den sie in Wirklichkeit nicht besitzen. *Rutter, Tizard & Whitmore* (1970, S. 178) meinen sicherlich zu Recht, daß die Tendenz, jeden als psychiatrisch „krank" zu betrachten, ein erhebliches Hindernis für den Fortschritt in der Psychiatrie darstellt.

Wie in der Praxis, so stellt sich die Aufgabe einer Definition von „psychischer Störung" ebenso in der Forschung, wo „psychische Störung" als zentrale Bezugsvariable operationalisiert werden muß. Lösungsvorschläge hierzu sind immer problematisch, so daß *Thalmann* von der „Unmöglichkeit, psychische Gesundheit und Krankheit zugleich operational und sachlich angemessen zu definieren" (1971, S. 22) spricht*.

---

* Der „Operationalisierungsdruck" in der empirischen Forschung kann dazu verführen, daß „Realität" und „operationalisiert darstellbare Realität" gleichgesetzt werden. Ein ausschließlich am empirisch Fixierbaren orientierter theoretischer Ansatz reduziert sich auf ein eindimensionales Modell, in dem die Doppelschichtigkeit von Verhaltensphänomenen verloren geht. *Thalmann* (1971, S. 21) stellt in diesem Zusammenhang zwei Zitate gegenüber: *T. Parsons* definiert psychische Gesundheit als „Zustand optimaler Leistungsfähigkeit eines Individuums für die wirksame Erfüllung der Rollen und Aufgaben, für die es sozialisiert worden ist", umgekehrt definiert er psychische Krankheit als „Unfähigkeit, die Erwartungen sozialer Rollen zu erfüllen". *H.E. Richter* dagegen meint, „daß harmonistische Gesundheitsvorstellungen im Sinne einer kritiklos glücklichen Anpassung von Individuen oder Familien an schädliche gesellschaftliche Verhältnisse kein taugliches Psychotherapeuten-Leitbild sind".

Für die Forschung gibt es hierzu keine idealen Lösungen; forschungspraktisch geht es darum, für eine bestimmte Untersuchung eine Abgrenzung zwischen psychisch unauffälligen (normalen) und auffälligen (pathologischen) Phänomenen zu finden. Eine solche Abgrenzung kann niemals an sich richtig oder falsch sein, sondern ist – jeweils relativiert auf den Forschungszweck – mehr oder weniger sinnvoll oder adäquat. Definiert man das selbe Merkmal „psychische Störung" nicht dichotom (vorhanden vs. nicht vorhanden), sondern differenzierter, dann geht es darum, den Schweregrad der psychischen Störung (bzw. Ausmaß, in dem eine psychische Störung vorhanden ist) zu skalieren. Für die empirische Forschung sind demnach die

- Fragen nach der Abgrenzung zwischen „normal" und „psychisch gestört"
- und nach der Bestimmung des Schweregrades psychischer Störungen

identisch, sie unterscheiden sich nur durch ihr Skalenniveau. Dies bedeutet, wenn das Ausmaß psychischer Gestörtheit erfaßt ist, kann per definitionem festgelegt werden, bis zu welchem Schweregrad noch „normales" Verhalten vorliegt und ab welchem Schweregrad von „psychischer Störung" (etwa als Behandlungsnotwendigkeit) gesprochen werden soll.

Die Bestimmung psychischer Gestörtheit geht immer auch von der Symptomatik oder – anders ausgedrückt – von den individuellen psychischen Problemen des Kindes bzw. Jugendlichen aus. Dabei besteht Einigkeit darüber, daß Einzelsymptome für sich alleine genommen nur sehr wenig aussagen können. *MacFarlane, Allen & Honzik* (1954) etwa verwiesen darauf, daß

- das vorübergehende Auftreten von psychopathologisch relevanten Symptomen
- oder auch die Persistenz von Einzelsymptomen

wenig darüber aussagen können, ob ein Kind psychisch gestört ist oder nicht. Und sie betonen, daß in der klinischen Praxis und daran anschließenden Studien die Gefahr der Überbewertung von Einzelsymptomen besteht (vgl. *Petri,* 1979).

Rutter, Tizard & Whitmore (1970, S. 211) haben in der Isle-of-Wight-Studie ebenfalls die Frage untersucht, ob man von einzelnen Symptomen auf psychische Störungen schließen kann. Hierzu verglichen sie die Symptombelastung bei den als psychisch gestört eingeschätzten Kindern mit der Kontrollgruppe. Die deutlichsten Unterschiede zwischen beiden Gruppen zeigten sich bei den antisozialen Items (Symptomen) und bei Items, die sich auf Probleme im sozialen Kontakt, auf unruhig-aggressives Verhalten und auf Konzentrationsstörungen beziehen. Die Items, die sich auf ängstlich-gehemmtes Verhalten beziehen, differenzierten weniger gut zwischen den psychisch gestörten und den Kontrollkindern. (Bei den Elternbefragungen ergaben sich hier Unterschiede, bei der Lehrerbefragung jedoch kaum.) Keine konsistenten Zusammenhänge ergaben sich zwischen den Items

- Daumenlutschen
- Nägelbeißen und
- Items, die sich auf somatische Symptome beziehen

und der Zuordnung in die Gruppe der psychisch gestörten vs. normalen Kinder.

Insgesamt kommen *Rutter, Tizard & Whitmore* (S. 214) aufgrund ihrer Ergebnisse zu folgendem Schluß:

„. . . es ist selten – wenn überhaupt je – sicher, psychische Abnormalität auf der Grundlage eines einzelnen Symptoms zu diagnostizieren. Fast jedes Verhalten kann . . . bei normalen Kindern in einer vorübergehenden Phase ihrer Entwicklung auftreten. Im individuellen Fall muß die klinische Bedeutsamkeit jedes einzelnen Verhaltensitems immer beurteilt werden unter Bezug auf die Bedeutsamkeit des

Verhaltens für das Kind, den Kontext, in dem sich das Verhalten zeigt, die Faktoren, die ihm vorausgehen oder es begleiten, seine Auswirkungen auf die psychische Gesamtentwicklung des Kindes, seine Dauer und seine Adäquatheit hinsichtlich des Entwicklungsstadiums, in dem das Kind steht. Kein einzelnes Symptom ist ein pathognomischer Indikator für eine psychische Störung.“ (*Rutter, Tizard & Whitmore,* 1979, S. 214).

Die Bestimmung des Schweregrades einer psychischen Störung oder die Antwort auf die Frage, ob eine psychische Störung überhaupt vorliegt oder nicht, ist demnach ein sehr komplexer Prozeß der Informationsverarbeitung, in dem sehr viele Einzelmerkmale eine Rolle spielen, die einzelnen Symptome müssen unter Bezug auf den Gesamtkontext interpretiert werden. Komplexe Merkmale dieser Art können in unmittelbarer Form nur als Beurteilungen durch qualifizierte „Experten“ erfaßt werden.

Dabei stellt sich die Frage, ob diese Expertenurteile hinreichende Zuverlässigkeit und Gültigkeit besitzen. Bei der Beurteilung, ob eine psychische Störung vorliegt oder nicht, scheinen die vorliegenden Erfassungsmöglichkeiten hinreichend verläßlich zu sein. (Vgl. hierzu die Reliabilitätsstudien zum multiaxialen Klassifikationsschema von *Rutter* et al. [1975], den Sammelband von *Remschmidt & Schmidt* [1983], die Arbeit von *Remschmidt* et al. [1983]; und die Untersuchung von *van Goor* [1983].)

Die globale Beurteilung des Schweregrades psychischer Störung auf einer abgestuften Rangskala bereitet mehr Schwierigkeiten. In der Studie von *Shepherd* et al. (1973, S. 138) z. B. war die Übereinstimmung zwischen den fünf Beurteilern (Fachkräfte) bei der Einschätzung des Schweregrades auf einer 5-Punkte-Skala mangelhaft: Von 100 Beurteilungen stimmten nur bei 3 Kindern alle Beurteiler überein; bei 20 Kindern stimmten 4 Beurteiler überein, bei 59 Kindern waren es 3 und bei 18 Kindern war die Übereinstimmung noch schlechter. *Rutter, Tizard & Whitmore* (1970) meinen, daß der Schweregrad auf jeden Fall in einem Diagnosenschema erfaßt werden sollte, betonen aber auch die erheblichen Schwierigkeiten, die damit verbunden sind. Mittlerweile haben aber die Bemühungen um eine globale Erfassung des Schweregrades zu hinreichend verläßlichen Einschätzungsskalen geführt (vgl. DSM III: American Psychiatric Association, 1980; *Steinhausen,* 1983).

Einige Probleme bei der Erfassung psychischer Gestörtheit kann man dadurch angehen, daß man dieses komplexe inferentielle Merkmal in einzelne Merkmalskomponenten, die eher der unmittelbaren Beobachtung zugänglich (und damit weniger inferentiell) sind, aufzuschlüsseln. Die zwei wichtigsten Merkmale, die den Schweregrad einer Störung reflektieren, sind [*Rutter, Tizard & Whitmore,* 1970, S. 188]):

- Das Ausmaß der Funktionsbeeinträchtigung des Individuums
- und die Dauer der Störung.

Rutter, Tizard & Whitmore verweisen ausdrücklich darauf, daß durch die Erfassung dieser beiden Bereiche aber der intuitive Begriff des Schweregrades nur annähernd (nicht genau) abgebildet wird, man denke z. B. nur an die Psychosen.

Das Ausmaß der Funktionsbeeinträchtigung wurde in vielen Untersuchungen als „Anzahl der erfaßten Symptome“ operationalisiert. Obwohl mit diesem Vorgehen eine Reihe von Problemen verbunden ist (die Schweregradbestimmung ist damit ja sehr stark von der Konstruktion der Symptomliste abhängig), hat sich dieses Vorgehen – zumindest bei der Untersuchung großer Stichproben – bewährt: Die Anzahl der Symptome ist zumindest ein grober Indikator für den Schweregrad der psychischen Störung. Dieses Vorgehen kann weiter differenziert werden, wenn man die einzelnen Symptome nicht dichotom, sondern in abgestufter Form (höheres Skalenniveau) erfaßt. *Thalmann* (1971, S. 21) etwa wendet ein Vorgehen an, in dem einerseits aufgrund der Symptomatik eines Kindes die Behandlungsnotwendigkeit beurteilt wird (Einschätzung). Die Kinder wurden aber außerdem auch nach Anzahl und Schwere der Symptome geordnet, so daß ein Bezug zu anderen epidemiologischen Untersuchungen möglich wurde.

Eine weitere Differenzierung ergibt sich, wenn man die Symptomatik auf die Häufigkeit der jeweiligen Symptome in einer bestimmten Altersgruppe, die Altersnorm also, bezieht. Bei diesem Vorgehen werden nur die relativ seltenen Symptome in einer Altersgruppe als pathognostisch bedeutsam betrachtet. Konkret geschieht dies durch die Festlegung eines „Cut-off"-Wertes. Ein „Cut-off"-Wert von 10 % z. B. bedeutet: Wenn ein Symptom in einer Altersstufe seltener als bei 10 % der Kinder auftritt, wird es als psychopathologisch relevant gewertet. *Lapouse & Monk* z. B. legten in ihren Untersuchungen einen „Cut-off"-Wert von 25 % zugrunde. *Shepherd* et al. (1973) bezogen ihren Cut-off-Wert gleichermaßen auf die Alters- und Geschlechtsnorm: Jedes Verhalten, das bei einem bestimmten Alter und Geschlecht in weniger als in 10 % der Fälle auftrat, wurde als pathognomonisch relevant betrachtet. *Achenbach* (1978; 1979; *Achenbach & Edelbrock,* 1979) wertet bei seinen Psychopathologie-Skalen für Kinder (Basis: Eltern-Fragenbogen) nur Symptom-Häufigkeiten ab einem Prozentrang von 98 (entspricht Cut-off-Wert von 2 %) als pathologisch.

Die Symptombelastung und noch mehr die auf elementare Kontextvariablen (Alter, Geschlecht) relativierte Symptombelastung können als empirische Explikationsversuche (Operationalisierungen) des von *Rutter* et al. (1970) „Ausmaß der Funktionsbeeinträchtigung" genannten Merkmals genommen werden. Als zweiter zentraler Aspekt des Schweregrades psychischer Störungen nennen *Rutter* et al. die Dauer der Störung. Alle Kinder zeigen zu irgendeinem Zeitpunkt „auffälliges" Verhalten oder „Symptome". Entscheidend ist die Frage, wie mit diesen Auffälligkeiten umgegangen wird, die Bewältigungsmöglichkeiten und der Verlauf.

Die Variable „Dauer der Symptomatik" ist aufgrund der vorliegenden Ergebnisse sehr bedeutsam für eine richtige Einschätzung des Krankheitswertes von Symptomen. Dies lenkt den Blick von Querschnittsuntersuchungen auf Untersuchungen im zeitlichen Längsschnitt (z. B. epidemiologische Längsschnittuntersuchungen; Katamnesen u. ä.). Erst die Kenntnis des weiteren Verlaufes erlaubt eine adäquate Einschätzung der psychopathologischen Relevanz von Symptomen und auch von Umweltfaktoren.

2.4 Zur Einteilung von psychischen Störungen bei Kindern und Jugendlichen (Abgrenzung verschiedener Typen psychischer Störungen)

Auf die Frage nach dem Schweregrad und der Behandlungsbedürftigkeit von psychischen Störungen überhaupt folgt logisch die nach der spezifischen qualitativen Ausprägung der Störung. Für die klinisch-therapeutische Praxis steht dabei eine Analyse der Bedingungszusammenhänge der Störung – etwa in psychoanalytischen, verhaltenstherapeutischen oder systemtheoretischen Kategorien – im Vordergrund. Dabei ist jede Problemkonstellation höchst individuell, keine gleicht der anderen.

Wohl aber sind Ähnlichkeiten, Entsprechungen, typische Muster, die besonders häufig vorkommen, ausmachbar, so daß psychopathologische Phänomene in Syndrome gruppierbar sind. Die psychiatrische Diagnose kann in diesem Zusammenhang als komprimierte Beschreibung oder zumindest Benennung des vorliegenden Störungsmusters verstanden werden.

Außer auf die traditionelle Krankheitsauffassung in der Psychiatrie zielte die bereits oben angesprochene Psychiatrie-Kritik vornehmlich auf eine Praxis in der Psychiatrie, die kaum über diagnostische Etikettierung hinaus gelangte. Dabei wurde teilweise die Diagnosenstellung selbst als pathogener Mechanismus dargestellt und für eine „Abschaffung" psychiatrischer Diagnosen plädiert. Eine solche praxisferne Argumentation verwechselt Ursache und Wirkung: Es mag sein, daß man sich mangels sinnvoller therapeutischer Möglichkeiten „aufs Diagnostizieren" verlegt hat; die Abschaffung der Diagnostik aber ermöglicht noch längst keine Therapie – ohne diagnostische Erkenntnisbildung ist eine gezielte Therapie unmöglich. Dabei sollte der „Kliniker" aber im Auge haben, daß er es nicht bloß mit individuellen Problemen zu tun hat, sondern mit einer gesamthaften psychosozialen Problemkonstellation, in die er selbst mit einbezogen ist.

Kendell (1978) gibt einen guten Überblick über die Diskussion zur psychiatrischen Diagnosenstellung und nennt die wichtigsten Gründe, warum Diagnosen unverzichtbar sind:

- Diagnosen und ausführliche Analysen bzw. „persönliche Formulierungen" sind keine Alternativen, sie dienen unterschiedlichen Zwecken.
- Die diagnostische Klassifikation dient der praktischen Kommunikation in der Klinik; für Forschungsarbeiten sind Diagnosen ebenfalls unverzichtbar.

Achenbach & Edelbrock (1978) geben einen Überblick über eine große Zahl von Untersuchungen, in denen auf empirischem Wege versucht wird, psychopathologische Auffälligkeiten bei Kindern und Jugendlichen in deskriptive oder phänomenologische Gruppen (Syndrome, Cluster, Faktoren etc.) zu ordnen. Sie unterscheiden dabei zwischen

- umfassenden „Breit-Band"-Syndromen (große diagnostische Gruppierungen) und
- spezifischen Syndromen (enger gefaßte diagnostische Gruppen).

Unabhängig von der Datenquelle (Fachpersonal, Lehrer, Eltern) können dabei zwei diagnostische Hauptgruppen als empirisch bestätigt gelten:

- Die ängstlich-gehemmten Syndrome („Overcontrolled syndromes") und
- die aggressiv-ausagierenden Syndrome („Undercontrolled syndromes").

Zwei weitere Syndrome, „Pathological detachement" und „Learning problems" sind empirisch weniger gut belegt. Zu ähnlichen Schlußfolgerungen wie *Achenbach & Edelbrock* gelangt *Quay* (1972) in seiner Übersichtsarbeit. Er stellt fest, daß sich die psychischen Störungen bei Kindern und Jugendlichen aufgrund der empirischen Untersuchungen in 4 Hauptgruppen ordnen lassen:

(1) „Conduct disorder" (aggressiv-ausagierende Syndrome; Verhaltensstörungen)
(2) „Personality disorder" (passiv-gehemmte Syndrome; emotionale Störungen)
(3) „Immaturity" (Entwicklungsverzögerungen und -Störungen)
(4) „Socialized delinquency" (sozialisierte Delinquenz).

Dabei stellen die ersten beiden die Hauptgruppen dar, die dritte und bes. die vierte Gruppe sind viel seltener. *Butollo* et al. (1978, S. 3088) berichten über eine Studie bei Kindern, wo sich die zwei Hauptfaktoren

- „ängstlich-zurückgezogenes Verhalten" und
- „hyperaktiv-antisoziales Verhalten"

ergaben.

Die meisten diagnostischen Kategorien in der Psychiatrie wurden nicht aus solchen empirischen Forschungsprojekten gewonnen, sondern aufgrund der klinischen Anschauung als typologische Konzepte entwickelt. Bei dieser Kategorienbildung hatten häufig theoretische Überlegungen etwa zur Ätiologie der jeweiligen Störung einen zentralen Stellenwert (man denke z. B. an die zentralen Begriffe „Psychose", „Neurose", „Psychopathie"; „endogen", „exogen", „psychogen" etc.). Im Gegensatz zu den angesprochenen empirischen Untersuchungen, die sich ausschließlich auf deskriptive Merkmale psychischer Auffälligkeiten beziehen, gehen in die traditionellen diagnostischen Begriffe andere Aspekte (Dauer der Störung; ätiologische Überlegungen; Überlegungen zum Schweregrad; theoretische Konzepte) mit ein. Gerade bei Kindern aber stoßen die traditionellen psychiatrischen Diagnosen auf ihre Grenzen: Für den größten Teil der psychisch auffälligen Kinder sind diese Begriffe nicht angemessen; diese Schwierigkeit hatte für die Kinderpsychiatrie den positiven Aspekt, daß empirisch gewonnene Kategorien und die praktische klinische Diagnosenstellung einander angenähert wurden.

Rutter, Tizard & Whitmore (1970, S. 179) plädieren für einen deskriptiven oder phänomenologischen Ansatz zur Einteilung von psychischen Störungen bei Kindern und Jugendlichen (vgl. hierzu *Rutter,* 1965). Obwohl ein solcher Ansatz durchaus theoretische Nachteile hat (vgl. *A. Freud,* 1966), liegt nach *Rutter* sein Hauptvorteil in seiner prädiktiven Kraft (s. *Rutter,* 1965). Ein weiterer entscheidender Vorteil liegt natürlich darin, daß bei einem deskriptiven Vorgehen klare Definitionen und empirische Operationalisierungen möglich sind.

In der Isle-of-Wight-Studie verwendeten *Rutter, Tizard & Whitmore* 7 diagnostische Hauptkategorien:

(1) Neurotische Störungen (emotionale Störungen bzw. ängstlich-gehemmte Syndrome): „Neurotic disorders";
(2) Verhaltensstörungen (dissoziale Störungen bzw. aggressiv-ausagierende Syndrome): „Conduct disorders";
(3) Gemischte emotionale und Verhaltensstörungen: „Mixed conduct and neurotic disorders";
(4) Entwicklungsstörungen (einschließlich Enuresis): „Developmental disorders";
(5) Hyperkinetisches Syndrom*: „Hyperkinetic syndrome";
(6) Psychosen des Kindesalters (einschließlich Autismus): „Childhood-psychoses";
(7) Persönlichkeitsstörungen: „Personality disorders".

* In meiner empirischen Arbeit zum selben Thema (*Mattejat,* 1985) wird die Diagnose „Hyperkinetisches Syndrom" mit anderen Verhaltensstörungen zusammengefaßt. Die Frage, ob eine solche Zusammenfassung sinnvoll ist, soll hier deshalb kurz erörtert werden, denn in den für die Kinderpsychiatrie wichtigsten Klassifikationssystemen (DSM III: s. American Psychiatric Association, 1980; Multiaxiales Klassifikationsschema [MAS]: s. *Remschmidt & Schmidt,* 1977) werden dissoziale Verhaltensstörungen und hyperkinetische Syndrome getrennt klassifiziert. Aber epidemiologische Untersuchungen, wie die von *Sandberg* et al. (1978; 1980) haben gezeigt, daß hyperkinetische Symptome und andere Verhaltensauffälligkeiten sehr häufig gemeinsam vorkommen, daß die beiden diagnostischen Gruppen also einen sehr großen Überschneidungsbereich haben. Die Untersuchung von *Sandberg* et al. (1980) verweist außerdem darauf, daß beide Störungsbilder sehr ähnliche familiale und neuropsychologische Korrelate haben. Andererseits ergab sich aber der Hinweis, daß Kinder mit durchgängig (alle Situationen übergreifendem) hyperkinetischem Verhalten sich von den Kindern mit anderen Verhaltensstörungen in neuropsychologischen Tests klar unterscheiden. Ansetzend an diesen Überlegungen wurden die Daten der Isle-of-Wight-Studie von *Schachar* et al. (1980) neu analysiert. Dabei ergab sich, daß

Die ersten drei Gruppen kamen mit Abstand am häufigsten vor: Emotionale Störungen, Verhaltensstörungen und Mischformen aus beiden zusammengenommen machten bei Jungen und Mädchen gleichermaßen rund 90 % aller psychiatrischen Störungen aus.

Rutter, Tizard & Whitmore verglichen (als Überprüfung der Validität der diagnostischen Kategorisierung = Konstruktvalidität) die Häufigkeit der einzelnen Symptome bei den 3 wichtigsten diagnostischen Kategorien

- emotionale Störungen,
- Verhaltensstörungen und
- gemischte emotionale und Verhaltensstörungen.

Die Symptomhäufigkeiten in diesen Gruppen wurde außerdem mit den Symptomhäufigkeiten in der Kontrollgruppe psychiatrisch unauffälliger Kinder verglichen.

Dabei zeigte sich, daß

- Symptome aus dem ängstlich-gehemmten Bereich (neurotische Symptome; Symptome für emotionale Störungen) sich in allen drei diagnostischen Gruppen fanden,
- aggressiv-ausagierende Symptome (Schulschwänzen, Lügen, Stehlen, destruktives und aggressives Verhalten) dagegen im wesentlichen auf die Verhaltensstörungen und die gemischten Störungen begrenzt waren.

Zwischen emotionalen Störungen und Verhaltensstörungen gibt es also erhebliche Überschneidungen. *Rutter, Tizard & Whitmore* verweisen darauf, daß für die Unterscheidung wesentlich ist, daß sich

- emotionale Störungen und
- Verhaltensstörungen

in ihrem psychosozialen und bes. familiären Hintergrund und auch in ihrer Prognose deutlich unterscheiden. Die gemischten emotionalen und Verhaltensstörungen liegen zwischen beiden Gruppen, meist etwas näher an den Verhaltensstörungen. Die Ergebnisse aus Längsschnittstudien unterstützen die Unterscheidung zwischen emotionalen und Verhaltensstörungen: Verhaltensstörungen haben eine weitaus schlechtere Prognose als emotionale Störungen und falls die psychische Störung über längere Zeit anhält, besteht die Tendenz, daß der Störungstyp gleich bleibt (emotionale *oder* Verhaltensstörung). Es ist insbesondere sehr selten, daß emotional gestörte Kinder in der Adoleszenz oder im Erwachsenenalter aggressiv-ausagierende Syndrome (Verhaltensstörungen) entwickeln; der Umkehrschluß gilt allerdings nicht: Es ist sehr wohl möglich, daß verhaltensgestörte Kinder im weiteren Verlauf emotionale Störungen entwickeln (vgl. *Rutter,* 1981).

In den beiden für die Kinder- und Jugendpsychiatrie wichtigsten diagnostischen Klassifikationsvorschlägen (DSM III: American Psychiatric Association, 1980; MAS: *Remschmidt & Schmidt,* 1977) sind die diagnostischen Gruppierungen, so

---

situationsbezogene Überaktivität kaum einen differenzierenden Wert hat, Kinder mit durchgängiger situationsübergreifender Überaktivität aber unterschieden sich von denen mit anderen Verhaltensstörungen durch stärkere kognitive Behinderungen, einen höheren Schweregrad und eine schlechtere Prognose der Störung. Daraus kann geschlossen werden, daß die Diagnose „Hyperaktives Syndrom" dann eine sinnvolle Kategorie ist, wenn sie durch ein Kernmerkmal „*durchgängige* Überaktivität" (evtl. noch durch andere neuropsychologische und kognitive Merkmale, wie Aufmerksamkeitsstörung, Teilleistungsschwächen) definiert ist.

wie sie sich aus den oben genannten empirischen Untersuchungen ergaben und wie sie von *Rutter* et al. (1979) verwendet wurden, enthalten*.

* Das multiaxiale Klassifikationsschema geht auf die Arbeitsgruppe um *Rutter* zurück (vgl. *Remschmidt & Schmidt*, 1977).

3 *Die Zielvariable: Psychische Störungen im Kindes- und Jugendalter: Häufigkeit, Verlauf, Alters- und Geschlechtsabhängigkeit*

3.1 Häufigkeit psychischer Störungen

Angaben über die Häufigkeit von psychischen Störungen sind direkt davon abhängig, wie „psychische Störung" in der jeweiligen Untersuchung definiert wird, ab welchem Schweregrad der Auffälligkeiten also eine bedeutsame Behinderung bzw. Behandlungsnotwendigkeit angenommen wird.

Hauptsächlich aus diesem Grunde schwanken die Angaben über den Prozentsatz der Kinder und Jugendlichen, bei denen eine Untersuchung bzw. Behandlung durch einen Fachmann (Erziehungsberatung, Kinderpsychiatrie etc.) als notwendig erachtet wird, in der Literatur sehr stark, sie liegen zwischen 5 % und 30 % oder noch höher.

In der Isle-of-Wight-Studie von *Rutter* et al. (1970) zeigten sich bei 7 % der 10- bis 12jährigen Kinder „psychische Störungen, die so schwerwiegend waren, daß sie eine Behinderung im sozialen Bereich zur Folge hatten" (*Rutter* et al., 1977, S. 241). In der Nachuntersuchung an den dann 14- bis 15jährigen Jugendlichen lag die Störungsrate geringfügig höher, nämlich bei 7,7 %. Bei der Vergleichsstudie von *Rutter* et al. in einem Londoner Innenstadtbezirk mit einem hohen Anteil an besonders belasteten Familien ergaben sich doppelt so hohe Raten an Verhaltensabweichungen, psychischen Störungen und spezifischen Leseschwächen (vgl. *Rutter* et al., 1973; 1975). Andere Untersuchungen kommen zu vergleichbaren, teilweise (speziell bei Jungen) etwas höheren Störungsraten.

So fand *Stott* (1964) an einer Untersuchung an 6- bis 15jährigen, daß
- 11 % der Jungen starke Verhaltensstörungen und
- 19 % der Jungen mäßige Verhaltensstörungen

aufwiesen. In der Untersuchung von *Pringle* et al. (1966) an 11 000 Siebenjährigen zeigten sich bei
- rund 16 % der Jungen starke,
- 25 % mäßige Verhaltensstörungen.

Ähnliche Störungsraten werden für Kindergartenkinder angegeben. In der Untersuchung von *Welding* an Kindern im Vorschulalter (2–6 Jahre alt; n = 1 372) wurden insgesamt 13 % der Kinder als auffällig bezeichnet. Der Wert liegt ähnlich wie der von *Heindorf* et al. (1967) (ebenfalls Kindergartenkinder).

Aufgrund dieser Untersuchungen kann man davon ausgehen, daß – relativ unabhängig von der Altersgruppe – zwischen 5 und 15 % der Kinder und Jugendlichen psychische Störungen aufweisen. Die Störungsrate wird in Gebieten mit einer unproblematischen Sozialstruktur geringer sein als in besonders belasteten Gebieten (Slums o. ä.). Berücksichtigt man noch temporäre Syndrome und Spontanremissionen, dann kann man mit *Petri* (1979, S. 38 f.) davon ausgehen, daß mindestens 5–10 % der Kinder und Jugendlichen psychische Störungen aufweisen. Wie schon die Formulierung von *Rutter* et al. (1970) andeutet, sind in einer solchen Schätzung nur die eindeutig behandlungsbedürftigen Kinder erfaßt, bei denen aufgrund der Störung eine klare Beeinträchtigung der Lebensführung und Entwicklung des Kindes vorliegt.

Diese Aussage kann durch die Ergebnisse von *Thalmann* (1971) an einer Stichprobe von 150 7–10jährigen Jungen illustriert werden. In der Tab. 1 sind die Ergebnisse von *Thalmann* und die einer schwedischen Untersuchung von *Jonsson & Kälvesten* (1964), die mit der gleichen Methodik durchgeführt wurde, aufgeführt.

Tab. 1 Prozentuale Verteilung des Schweregrades der psychischen Störung in den Untersuchungen von *Thalmann* und *Jonsson & Kälvesten* auf einer 5stufigen Einschätzungsskala (nach *Thalmann*, 1971, S. 68)

	Thalmann	*Jonsson & Kälvesten*
symptomfrei	22 %	21 %
leicht symptombelastet	29 %	23 %
mäßig symptombelastet	29 %	31 %
stark belastet: Problemkinder (psychoth. Behandl. notwendig)	19 %	23 %
stark belastet: Anstaltsfälle	1 %	2 %

In diesen Untersuchungen machen die „stark belasteten" Kinder 20 % bzw. 25 % der Stichproben aus. Gegenüber den Untersuchungen der Arbeitsgruppe um *Rutter* ist das Kriterium „Psychotherapie notwendig" wahrscheinlich etwas weiter gefaßt.

Auch bei der Frage nach der Häufigkeit verschiedener Arten von psychischen Störungen sind die einzelnen Untersuchungen wegen sehr unterschiedlicher diagnostischer Zuordnungen schwer vergleichbar. In sehr vielen Studien werden nur Einzelsymptome und der globale Schweregrad erfaßt, die Kinder werden aber nicht in größere diagnostische Gruppen klassifiziert. In der Isle-of-Wight-Studie wurden allerdings solche diagnostischen Zuordnungen durchgeführt. Von 2 199 Kindern (10–12 Jahre) wurden 126 (= 5,7 %; mit Korrekturschätzung: 6,8 %) als psychisch gestört eingeschätzt (*Rutter, Tizard & Whitmore*, 1970). Außerdem waren 2,5 % der Kinder intellektuell retardiert und 3,7 % zeigen spezifische Leseschwächen, etwas über 6 % der Kinder hatten also Leistungsprobleme (*Rutter* et al., 1970). Die beiden Gruppen der psychiatrisch Gestörten und der Kinder mit Leistungsschwächen überschneiden sich. In der Tab. 2 ist die Gruppe der psychiatrisch auffälligen Kinder nach Diagnosen aufgeschlüsselt.

Die Tabelle zeigt, daß 90 % aller psychisch gestörten Kinder den diagnostischen Hauptgruppen „emotionale Störungen" oder „Verhaltensstörungen" oder Mischformen aus beiden zugeordnet werden können. Die beiden Hauptsyndrome sind dabei etwa gleich stark (jeweils ein Drittel) vertreten. Die anderen von *Rutter* et al. verwendeten Diagnosen kommen sehr selten vor.

Vergleichbare Zahlen ergeben sich, wenn man die Angaben aus Inanspruchnahmepopulationen betrachtet:

Im Bericht der Bundeskonferenz für Erziehungsberatung (1975), in dem die Jahresstatistiken von 1973 und 1974 (von 65 bzw. 64 EBs) mit 26 641 Fällen ausgewertet wurden, wurden sieben Auffälligkeitsbereiche erfaßt. Die drei am häufigsten genannten Auffälligkeitsbereiche waren

- der emotionale Bereich mit 23 %,
- der Bereich des sozialen Verhaltens mit 26 % und
- der Leistungsbereich mit 26 %.

Tab. 2 Verteilung der Diagnosen bei den psychiatrisch gestörten Kindern von 10 bis 12 Jahren in der Isle-of-Wight-Studie (*Rutter, Tizard & Whitmore,* 1970, S. 182. Mit freundlicher Genehmigung der Longman Group Ltd., Harlow, Essex, GB)

	absolut	Prozent
emotionale Störungen (ängstl.-gehemmte Syndr.)	43	34 %
Verhaltensstörungen (aagr.-ausag. Syndr.)	43	34 %
gemischte emotionale und Verhaltensstörungen	27	22 %
sonstige Störungen (HKS, Enuresis, Psychosen, Pers.-Störungen)	13	10 %
Summe	126	100 %

3.2 Geschlechtsabhängigkeit

Zur Geschlechtsverteilung fanden z. B. *Heindorf* et al. (1967) an 10 Kindergärten und 3 Vorschulklassen der Stadt Halle, in der zwischen 1960 und 1964 pro Kind 3 Untersuchungen durchgeführt wurden, bei den als psychisch auffällig eingestuften Kindern ein Geschlechtsverhältnis von 2 : 1. In der Untersuchung von *v. Harnack* (1953; 1958), einer Längsschnittstudie an 2 391 Hamburger Schulanfängern, von denen nach 4 Jahren 55 % nachuntersucht wurden, ergaben sich deutliche Geschlechtsunterschiede: Bei leichten Störungen war das Geschlechtsverhältnis 2 : 1, bei schweren Störungen sogar 4 : 1. In der Untersuchung von *Kohlscheen* (1975; erste Klassen) waren von den verhaltensauffälligen Kindern
- 69,2 % Jungen und
- 30,8 % Mädchen.

Werry & Quay (1971) untersuchten die Symptom-Häufigkeit bei den Schülern der ersten 3 Klassen aller Grundschulen (5- bis 8jährige Kinder) in Urbana (Ill.) auf der Grundlage von Lehrerurteilen. Jungen hatten insgesamt mehr Symptome als Mädchen; bei Jungen zeigen sich mehr Symptome des Ausagierens, bei Mädchen mehr neurotische Symptome (ängstlich, schüchtern, depressiv). In der Untersuchung von *Frederking* (1975) im Rahmen einer schulärztlichen Untersuchung in Mannheim (527 Kinder; Durchschnittsalter 10 1/2 Jahre) ergaben sich ähnliche Tendenzen: Jungen zeigten signifikant mehr Aggressivität, soziale Fehlanpassung, Bettnässen, motorische Unruhe, Nägelkauen und Sprachfehler, Mädchen zeigten mehr Angstsymptome. Auch in der Untersuchung von *Shepherd* et al. (1973) wurden Jungen von den Lehrern insgesamt als auffälliger eingeschätzt. Die Auffälligkeiten konzentrierten sich bei den Jungen auf Unruhe, mangelndes Interesse, Aggressivität, mangelnde Mitarbeit, Lügen, Stehlen, psychomotorische Symptome wie z. B. Tics, Stottern und andere Sprechstörungen. Mädchen dagegen wurden signifikant häufiger als still und verschlossen beschrieben. Nicht nur psychiatrische Auffälligkeiten sind bei Jungen häufiger: In den jüngeren Altersgruppen zeigten Mädchen auch die besseren Schulleistungen. In den älteren Altersgruppen dreht sich dieses Verhältnis eher um. Insbesondere bei der Leseleistung sind bei den jüngeren Kindern die Jungen deutlich schlechter, bei älteren Gruppen sind die Unterschiede nicht mehr so deutlich, hier bleiben die Jungen aber im Durchschnitt noch etwas schlechter (s. *Shepherd* et al., 1973).

In der Isle-of-Wight-Studie, in der 10- bis 12jährige Kinder untersucht wurden, fanden *Rutter, Tizard & Whitmore* (1970) bei einer Reihe von Symptomen signifikante Geschlechtsunterschiede, in fast allen Fällen zeigten dabei die Jungen häufiger Symptome.

Fragt man nach der Verteilung der diagnostischen Kategorien in dieser Studie, so ergibt sich bei den psychisch gestörten Kindern das in Tab. 3 dargestellte Bild.

Tab. 3 Häufigkeiten verschiedener Diagnosen in der Isle-of-Wight-Studie (10–12jährige Kinder), aufgeschlüsselt nach Geschlecht (nach *Rutter, Tizard & Whitmore,* 1970, S. 182. Mit freundlicher Genehmigung der Longman Group Ltd., Harlow, Essex, GB)

	Jungen		Mädchen	
	abs.	%	abs.	%
emotionale Störungen (ängstl.-gehemmte Syndr.)	17	21 %	26	59 %
Verhaltensstörungen (aggr.-ausag. Syndr.)	34	42 %	9	20 %
gemischte emotionale und Verhaltensstörungen	22	27 %	5	11 %
sonstige Störungen (HKS, Enuresis, Psychosen, Pers.-Störungen)	9	10 %	4	10 %
Summe	82	100 %	44	100 %

Aus der Tabelle wird sehr schön das Geschlechtsverhältnis von 2 : 1 bei psychischen Störungen insgesamt deutlich. Dieses Übergewicht der Jungen ist ausschließlich auf die Verhaltensstörungen (und die mit emotionalen Störungen verbundenen Verhaltensstörungen) zurückzuführen, bei den emotionalen Störungen dagegen sind die Mädchen überrepräsentiert. Entsprechende Ergebnisse fanden auch *MacFarlane* et al. (1954), *Lapouse & Monk* (1958, 1964), *Wolff* (1971) und *Chazan & Jackson* (1971, 1974).

Die Ergebnisse der vorliegenden Untersuchungen zur Geschlechtsverteilung bei Kindern und Jugendlichen sind damit konsistent und eindeutig:

(1) Jungen leiden häufiger unter psychischen Störungen als Mädchen. Von den psychisch gestörten Kindern sind 2/3 (oder sogar mehr) Jungen und etwa 1/3 Mädchen.

(2) Dieses Geschlechtsverhältnis gilt besonders für Kinder, in der Adoleszenz verschiebt sich das Verhältnis: Psychische Störungen bei Mädchen werden häufiger.

(3) Zur Art der Symptomatik ist festzuhalten:
Bei Jungen finden sich mehr aggressiv-ausagierende Syndrome, bei Mädchen mehr ängstlich-gehemmte Syndrome. Genauer kann festgestellt werden:

(a) Emotionale Störungen sind vor der Pubertät etwa gleich verteilt, in manchen Untersuchungen bei Mädchen etwas häufiger. Ab der Pubertät und bes. im Erwachsenenalter sind emotionale Störungen beim weiblichen Geschlecht deutlich häufiger.
(b) Aggressive und andere Verhaltensstörungen sind bei Jungen wie auch bei erwachsenen Männern sehr viel häufiger als beim weiblichen Geschlecht (s. a. *MacCoby & Jacklin,* 1974; *Frodi* et al., 1977).

Zur Frage, wie diese ausgeprägten Geschlechtsunterschiede zustandekommen, gibt die Forschung einige Hinweise: Jungen reagieren anfälliger (vulnerabler) auf Umweltbelastungen, wie familiäre Disharmonie oder andere Familienprobleme (vgl. *Rutter,* 1970). Antisoziales Verhalten bei Jungen z. B. ist in disharmonischen Familien deutlich häufiger als in harmonischen Familien, bei Mädchen zeigt sich dieser Zusammenhang dagegen nicht. Diese Ergebnisse von *Rutter* wurden auch durch die Untersuchungen von *Emery & O'Leary* (1980), *Porter & O'Leary* (1980), *Hetherington* et al. (1978, 1979) und *Block* et al. (1980) repliziert. *Rutter* (1981) interpretiert diese Ergebnisse als eine konstitutionell bedingte größere Empfänglichkeit (Vulnerabilität) der Jungen auf psychischen Streß, die ihre Parallele in der empirisch gut belegten größeren Vulnerabilität von Knaben auf körperliche Belastungen hat.

Betrachtet man Inanspruchnahmepopulationen, so zeigen sich auch hier ähnliche Verhältnisse wie in epidemiologischen Studien: In der Untersuchung von *Brandt* (1967), in der die Daten von 12 städtischen Erziehungsberatungsstellen aus den 12 Berliner Bezirken erfaßt wurden (602 Kinder), ergab sich hinsichtlich der Geschlechtsverteilung ein Verhältnis von 2/3 Jungen zu 1/3 Mädchen. Im Bericht der Bundeskonferenz für Erziehungsberatung (1975), in dem die Jahresstatistiken von 1973 und 1974 (von 65 bzw. 64 EBs) mit 26 641 Fällen ausgewertet wurden, ergab sich ein Geschlechtsverhältnis von 2 zu 1. Ab dem 14. Lebensjahr zeigt sich ein deutlicher Anstieg der Anzahl der Mädchen.

Die Geschlechtsverschiebung ab der Pubertät zeigt sich bei Inanspruchnahmepopulationen deutlicher als in repräsentativen Studien. In der Nachuntersuchung der Isle-of-Wight-Studie an den 14- bis 15jährigen (*Rutter* et al., 1977) war das Geschlechtsverhältnis bei den psychisch Gestörten noch immer 2 zu 1. Bei diesen psychischen Störungen der 14- bis 15jährigen stellten etwa 40 % persistente Störungen dar, die schon in der Grundschulzeit bestanden, etwa 60 % der erfaßten Störungen hatten sich in der Pubertät neu entwickelt. Wenn sich bei Inanspruchnahmepopulationen das Geschlechtsverhältnis von psychischen Störungen deutlicher verschiebt als in epidemiologischen Untersuchungen, so kann dies durch eine andere „Zuweisungskarriere" bei Jungen erklärt werden. Insbesondere ist zu bedenken, daß die höheren Störungsraten bei den Jungen ausschließlich auf die Verhaltensstörungen zurückzuführen sind, die emotionalen Störungen sind bei Mädchen häufiger, besonders deutlich wird dies in der Adoleszenz. Außerdem spielt der Umstand eine Rolle, daß Störungen im Verhaltensbereich persistenter sind als emotionale Störungen. So ist es z. B. wahrscheinlich, daß viele Jungen, die in der Grundschulzeit Verhaltensstörungen aufwiesen, in der Pubertät bereits nicht mehr in der Familie, sondern in speziellen Einrichtungen (Heime; Langzeiteinrichtungen) leben und deshalb nicht mehr in ambulanten Institutionen vorgestellt werden müssen.

Ein anderer Grund für die Geschlechtsverschiebung bei Inanspruchnahmepopulationen könnte darin liegen, daß viele dissoziale Jungen ab der Pubertät nicht mehr zu einer Vorstellung motiviert werden können, daß sie aber stattdessen – nach einer Verschärfung der Probleme – in Gefängnissen landen.

3.3 Altersabhängigkeit und Verlauf (Persistenz)

3.3.1 Altersabhängigkeit

Einzelne Symptome treten je nach Altersstufe in unterschiedlicher Häufigkeit auf und haben deshalb – je nach dem Alter des Kindes – eine sehr unterschiedliche psychopathologische Bedeutung. Bei einigen Symptomen, wie z. B. der Enuresis nocturna, besteht eine sehr eindeutige lineare Altersabhängigkeit, bei vielen anderen Symptomen sind die Zusammenhänge nicht so deutlich. Gute Übersichten zum Altersverlauf von einzelnen Symptomen geben z. B. *Shepherd* et al. (1973) oder *Achenbach & Edelbrock* (1981) (s. a. *Achenbach,* 1982).

In einem engen Zusammenhang zur Frage des Altersverlaufes von Einzelsymptomen steht die Frage, ob die Symptombelastung insgesamt (Schweregrad von psychischen Auffälligkeiten) mit dem Alter zusammenhängt. Bezüglich der Gesamthäufigkeit von Symptomen ergibt sich in einer Reihe von epidemiologischen Untersuchungen die Tendenz, daß jüngere Kinder mehr Symptome zeigen als ältere Kinder. Dementsprechend finden sich in Längsschnittuntersuchungen zumindest auf der Symptomebene im Durchschnitt deutliche Remissionstendenzen. In der Untersuchung von *Shepherd* et al. (1973), die 3- bis 4jährige untersuchten und nach etwa 2 1/2 Jahren nachuntersuchten (Elternfragebogen), waren von den ursprünglich auffälligen Kindern (= Kinder mit 4 oder mehr Symptomen) in der Nachuntersuchung ca. 50 % nicht mehr auffällig (weniger als 4 Symptome).

Bei
- 71 % der Jungen und
- 74 % der Mädchen

hatte sich der Gesamtauffälligkeitsscore verringert; bei
- 16 % der Jungen und
- 11 % der Mädchen

war er angestiegen. Von den ursprünglich unauffälligen Kindern (weniger als 2 auff. Items) waren nur sehr wenige auffällig geworden. Im Durchschnitt konnte aber auch keine Besserung festgestellt werden. Bei 18 % dieser Kinder ergab sich eine Erhöhung des Symptomscores. In der Untersuchung von *Heindorf* et al. (1967) an 10 Kindergärten und 3 Vorschulklassen der Stadt Halle, in der zwischen 1960 und 1964 pro Kind 3 Untersuchungen durchgeführt wurden, ergab sich im Längsschnitt ein leichter Rückgang psychischer Störungen. Analoge Ergebnisse wie *Shepherd* et al. fanden *Cummings* (1946) und *Lapouse & Monk* (1964).

Es wäre unsinnig, aus diesen Ergebnissen zu schließen, daß jüngere Kinder (im Durchschnitt) stärkere psychische Störungen aufweisen als ältere Kinder. Bei der Interpretation der Ergebnisse, die recht konsistent erscheinen, ist zu bedenken, daß die psychopathologische Bedeutsamkeit der festgestellten Auffälligkeiten oder Symptome je nach Altersstufe unterschiedlich zu gewichten ist: Die selbe Verhaltensvariante, die bei jüngeren Kindern noch nicht als pathologisch betrachtet wird, ist bei älteren Kindern (tendenziell) eher als psychopathologisch bedeutsam zu werten*. Eine bestehende Verhaltensabweichung besitzt um so größere prognostische Bedeutung für die weitere Entwicklung des Kindes (Gefahr der Chronifizierung), je älter das Kind ist. Und schließlich verengt sich ja auch der tatsächliche Toleranzbereich der Umwelt gegenüber Verhaltensauffälligkeiten mit zunehmendem Alter der Kinder (man denke z. B. nur an die Anforderungen in der Schule).

Die Frage nach dem Zusammenhang zwischen Alter und Symptombelastung kann auch gezielter gestellt werden: Können besonders „kritische" Altersstufen identifiziert werden, in denen psychische Auffälligkeiten häufiger sind bzw. die Wahrscheinlichkeit für das Auftreten psychischer Störungen besonders groß ist?

Wegen forschungsmethodischer Probleme sind die Angaben aus den einzelnen Untersuchungen hierzu sehr unterschiedlich. So stellten *Lapouse & Monk* (1958; 1964) im 6. bis 8. Lebensjahr einen der Gipfel der Spannungssymptome fest. *MacFarlane* et al. (1954) stellten

– einen ersten Angstgipfel im 3.–4. Lebensjahr und
– einen zweiten Angstgipfel im 11. Lebensjahr fest.

Bei *Thalmann* (1971), der 7- bis 10jährige Jungen untersuchte, waren die 9jährigen in der Problemkindergruppe am stärksten vertreten; das Ergebnis war aber nicht statistisch signifikant. Genau dasselbe Ergebnis hatten *Jonsson & Kälvesten* (1964). *Thalmann* schließt daraus, daß es kein spezielles Problemalter gibt. Auch *Shepherd* et al. (1973) fanden einen Symptomgipfel bei den Neunjährigen; die Anzahl der auffälligen Items sank in dieser Untersuchung nach dem 9. Lebensjahr, bei den 15jährigen aber stieg die Anzahl der Symptome wieder etwas an.

In der Isle-of-Wight-Studie, in der 10-, 11- und 12jährige Jungen und Mädchen untersucht wurden, stellten *Rutter, Tizard & Whitmore* (1970) bei einer Reihe von Symptomen eine Altersabhängigkeit fest: Viele Symptome nahmen bei den 12jährigen ab, teilweise war der Häufigkeitsgipfel bei den 11jährigen. In der Nachuntersuchung an den 14- bis 15jährigen Jugendlichen war die Rate der psychischen Störungen etwas höher. Ein solcher leichter Anstieg in der Adoleszenz könnte als Ausdruck besonderer Umbruchprozesse (Adoleszenzkrise) verstanden werden. Die auffälligsten Veränderungen in der Nachuntersuchung der Isle-of-Wight-Studie bei den Einzelsymptomen war der starke Anstieg von depressiven Symptomen. Dies steht auch in einem engen Zusammenhang zur Geschlechtsabhängigkeit: Während bei Kindern emotionale Störungen etwa gleich häufig sind, sind im Erwachsenenalter depressive Störungen bei Frauen etwa doppelt so häufig wie bei Männern (vgl. *Rutter,* 1981).

Aufgrund der vorliegenden Ergebnisse können keine klaren Schlußfolgerungen zur Frage nach besonders kritischen oder gefährdeten Altersstufen gezogen werden. *Butollo* et al. (1978) etwa schließen, daß Fünfjährige in einem besonders kritischen Alter für Verhaltensauffälligkeiten bzw. psychische Störungen seien. *Petri* (1979, S. 33 f.) dagegen schließt aus den vorliegenden Untersuchungen auf zwei Gipfel in der Häufigkeit von Symptomen:

1. Gipfel: 6.– 9. Lebensjahr;
2. Gipfel: 13.–16. Lebensjahr.

Den ersten Belastungsgipfel erklärt er sich mit den Belastungen der ersten Schuljahre als Auslöser für neurotische Dispositionen; den 2. Gipfel mit biologischen und

* Dies gilt nicht nur für „Kindersymptome", wie Enuresis oder Daumenlutschen, sondern auch für Probleme, die in allen Altersstufen vorkommen können, wie ängstlich-gehemmte oder aggressiv-ausagierende Symptome.

sozialen Umbruchprozessen in der Adoleszenz. Aus klinischer Sicht ist die Annahme, daß die Belastungen in der Grundschulzeit einerseits und in der Pubertät andererseits zur Verstärkung von psychischen Auffälligkeiten führen, sicherlich einleuchtend. Beim ersten Problemkomplex sind die Jungen sehr viel stärker betroffen, beim zweiten Problembereich treten (besonders in den Inanspruchnahmepopulationen) die Mädchen stärker in den Vordergrund.

Zahlenmäßig sind in den Inanspruchnahmepopulationen meistens die Grundschulkinder am stärksten vertreten. Im Bericht der Bundeskonferenz für Erziehungsberatung (1975), in dem die Jahresstatistiken von 1973 und 1974 (von 65 bzw. 64 EBs) mit 26 641 Fällen ausgewertet wurden, ergab sich die folgende Altersverteilung:

- Vorschulalter 20 % (etwa bis 5 Jahre),
- Grundschulalter 44 % (etwa 6 bis 10 Jahre),
- Hauptschulalter 27 % (etwa 10 bis 14 Jahre),
- darüber 9 % (etwa ab 15 Jahre).

Am stärksten waren die 6–10jährigen vertreten, mit einem deutlichen Gipfel bei den 7–9jährigen. Vergleichbare Ergebnisse finden sich auch in anderen Inanspruchnahme-Populationen.

3.3.2 Verlauf (Persistenz)

Zur Frage, wie anhaltend (persistent) psychische Störungen bei Kindern und Jugendlichen sind, geben *Shepherd* et al. (1973; S. 16 ff.) einen Überblick über die relativ wenigen entwicklungspsychologisch und prospektiv angelegten Längsschnittuntersuchungen. Dagegen gibt es relativ viele katamnestische Untersuchungen (Nachuntersuchungen) von Kindern, die an therapeutische Institutionen verwiesen wurden (zu einer Übersicht über solche Studien siehe *Robins,* 1970); auch *Shepherd* et al. nennen eine große Zahl dieser Untersuchungen (1973, S. 17). Dabei wurden aber meist nur die behandelten Kinder nachuntersucht, selten wurden behandelte und nicht behandelte Kinder verglichen; bei den festgestellten Besserungen – die häufig auf die Behandlung zurückgeführt werden – dürften viele Spontanremissionen enthalten sein.

In seinem Sammelreferat über follow-up-Studien resumiert *Robins* (1972), daß erst ab dem 6. Lebensjahr eine gewisse Stabilität von Verhaltensauffälligkeiten feststellbar ist. *Westman* et al. (1967) fanden aber, daß bereits Anpassungsprobleme im Kindergarten signifikant mit späteren Anpassungsproblemen korrelieren.

Rutter et al. (s. *Rutter,* 1981) untersuchten im Jahre 1965 10jährige auf der Isle-of-Wight und führten in den Jahren 1968/69 bei den nunmehr 14–15jährigen eine Nachuntersuchung durch. Dabei zeigten sich die folgenden Ergebnisse:

- Von den ursprünglich antisozial diagnostizierten Kindern waren etwa 3/4 der Kinder wieder auffällig, viele davon allerdings jetzt emotional gestört oder mit gemischten emotionalen und Verhaltensstörungen. (Eine differentielle Prognose ist schwer zu stellen.)
- Von den emotional gestörten Kindern war nur noch knapp die Hälfte (46 %) auffällig. Die Persistenz war gegenüber den Kindern mit antisozialen Störungen (noch 75 % auffällig) signifikant geringer. Wichtig ist außerdem, daß keines der ursprünglich emotional gestörten Kinder in der Nachuntersuchung als antisozial eingestuft wurde (gute differentielle Prognostizierbarkeit).
- Insgesamt zeigten die Kinder, die mit 10 Jahren als auffällig eingestuft wurden, 4 Jahre später eine deutlich höhere Störungsrate als die Kontrollgruppe. Von

den ursprünglich gestörten waren 3/5 noch immer psychisch gestört und 2/5 remittiert.

- Besonders deutlich wird dies, wenn man zwischen persistierenden und vorübergehenden psychischen Störungen unterscheidet. Von den ursprünglich unauffälligen Kindern entwickelten nur 5,3 % persistierende psychische Störungen, bei den ursprünglich als psychisch gestört eingeschätzten Kindern dagegen zeigten im weiteren Verlauf 51,7 % persistierende Störungen!

In der Londoner Untersuchung der Arbeitsgruppe um *Rutter* (s. *Rutter,* 1981), in der die Störungsraten etwa doppelt so hoch waren wie in der Isle-of-Wight-Studie, waren die Remissionsraten ähnlich: Von den ursprünglich emotional gestörten Kindern waren in der Nachuntersuchung etwa 2/3 remittiert und bei den Verhaltensgestörten etwa 1/3.

Diese Ergebnisse stehen repräsentativ für viele andere Untersuchungen. *Clarizio* (1969) zieht aus seiner Literaturübersicht die folgenden Schlußfolgerungen:

- Aggressiv-ausagierende Syndrome (soziopathisches Verhalten) sind relativ persistent,
- ängstlich-gehemmte (neurotische) Syndrome dagegen sind eher transitorisch.

(Vgl. *Butollo* et al., 1978, die auf Literatur zu diesem Thema verweisen.)

Fragt man danach, welche einzelnen Items (Symptome) mit einem Persistieren der Störung zusammenhängen, so ergibt sich auch hier ein relativ klares Bild: In der Isle-of-Wight-Studie waren die Items „Überaktivität" und „Aufmerksamkeitsstörung" am stärksten mit einer Persistenz gekoppelt. Dieses Ergebnis wurde von *Richman* et al. (1980), die Kinder vom 3. bis zum 8. Lebensjahr longitudinal untersuchten, repliziert: Überaktivität erwies sich als der beste Prädiktor für ein Persistieren der Störung. In der Isle-of-Wight-Studie zeigten persistierende psychische Störungen außerdem einen engen Zusammenhang zu Sprachentwicklungsverzögerungen, intellektueller Behinderung und zu Leseschwierigkeiten. *Rutter* (1981) schließt daraus, daß diese deutliche Beziehung zwischen kognitivem und behavioralem Bereich wahrscheinlich grundlegende Entwicklungsmechanismen reflektiert (vgl. etwa *Kohlberg* et al., 1970).

Neben diesen individuellen Faktoren, die die weitere Entwicklung von psychischen Störungen beeinflussen, ist es für die Behandlung (und Prävention) von psychischen Störungen wichtig, die Bedeutsamkeit von Umweltfaktoren für den Verlauf psychischer Störungen zu kennen.

Shepherd et al. (1973) z. B. versuchten in ihrer Untersuchung (Nachuntersuchung) herauszufinden, welche Umweltfaktoren zu einer Erhöhung und welche zu einer Verminderung des Gesamtauffälligkeitsscores führten (z. B. wurde der Einfluß von Variablen, wie Geschlecht, Alter, Schule, soziale Schicht, Arbeitszeit der Mutter, Geschwisterposition, Krankheiten in der Familie untersucht). Behandelte und unbehandelte Kinder wurden in der Nachuntersuchung zusammengefaßt betrachtet, da sich die Gruppen kaum unterschieden. Es zeigte sich insofern ein Zusammenhang zum sozioökonomischen Status, als die Kinder von ungelernten Arbeitern die geringste Besserungsrate aufwiesen (41 % gebessert im Vergleich zu 73 % gebesserten Kindern, deren Väter Facharbeiter waren). Zur Familiengröße ergab sich kein Zusammenhang. Bei der Stellung in der Geschwisterreihe ergab sich überraschenderweise ein Effekt:

- Bei jüngsten Kindern dauern die Störungen am ehesten an,
- bei ältesten Kindern am wenigsten,
- mittlere Kinder nehmen eine mittlere Position ein.

Die Autoren meinen, daß die Gegenwart von jüngeren Geschwistern wohl häufiger zu vorübergehenden Störungen führt. Wahrscheinlich wirken sich solche Belastungen im Grundschulalter auch deutlicher aus als in der Adoleszenz. Bezüglich der Berufstätigkeit der Mutter zeigten sich folgende Tendenzen: Kinder, deren Mütter (zum Zeitpunkt der Nachuntersuchung) berufstätig waren, zeigen eine etwas geringere Besserungsrate, verglichen mit den Kindern von nicht berufstätigen Müttern. Die höchste Besserungsrate wurde bei solchen Kindern festgestellt, deren Mütter zu keinem Zeitpunkt berufstätig waren. Das stärkste Andauern der Störungen wurde bei solchen Kindern festgestellt, deren Mütter ihren Beruf aufgegeben hatten (möglicherweise wegen der Schwierigkeiten mit dem Kind oder wegen anderer ungünstiger Umstände). Die psychische und körperliche Gesundheit der Eltern hatte auch tendenziell einen Einfluß auf den Verlauf: Dort, wo die Mutter auch in der Nachuntersuchung angab, „nicht in guter Verfassung" zu sein, persistierten die Störungen der Kinder eher. Besserung beim Kind wurde durch eine Besserung bei der Mutter begleitet. Schließlich ergab sich auch ein Hinweis über den Zusammenhang zwischen elterlicher Einstellung gegenüber dem Kind und dem Verlauf: Wenn die Eltern angaben, daß sie auf die Probleme mit dem Kind ursprünglich mit Ärger reagierten, zeigte sich ein signifikant stärkeres Persistieren der Störung als bei Eltern, die ursprünglich wegen der Probleme des Kindes besorgt oder geängstigt waren. Die von *Shepherd* et al. festgestellten Zusammenhänge sind recht schwach, sie können aber trotzdem als vorläufige Hinweise verstanden werden. Wenn sich in dieser Untersuchung nur schwache Tendenzen abzeichneten, so mag dies auch an der Untersuchungsmethodik liegen (Elternfragebogen mit relativ grob gefaßten Variablen).

Wie *Shepherd* et al., so untersuchten auch *Power* et al. (1974) die Frage, in welcher Weise die Umweltfaktoren den weiteren Verlauf von psychischen Auffälligkeiten beeinflussen. Sie fanden heraus, daß bei Delinquenten, die aus zerrissenen und disharmonischen Elternhäusern stammten, die Wahrscheinlichkeit für ein Rezidivieren oder Persistieren der Symptomatik deutlich höher war, als bei Delinquenten aus geordneten Elternhäusern. *Rutter* (1981) schließt aus diesen und anderen Untersuchungen (*West & Farrington,* 1977; epidemiologische Studien seiner Arbeitsgruppe auf der Isle-of-Wight und in London), daß

- psychische Störungen und Kriminalität bei den Eltern,
- Disharmonie in der Familie und
- gestörte Eltern-Kind-Beziehungen

die Wahrscheinlichkeit für ein Persistieren der Störung erhöhen.

Ein Merkmalskomplex, der für die Entwicklung psychischer Störungen zentral ist, wurde bisher noch nicht diskutiert: Einer der besten Prognosefaktoren für das Vorliegen oder spätere Auftreten von psychischen Störungen sind schlechte Beziehungen zu anderen Kindern. (Hierfür sprechen die Ergebnisse von *Mensh* et al., 1959; *Roff,* 1961; *Westman* et al., 1967; *Rutter* et al., 1970; *Cowen* et al., 1972, 1973; *Rutter,* 1981; *Roff* et al., 1972; *Sundby & Kreyberg,* 1968; *Jenkins* et al., 1980). In einer eigenen Untersuchung konnte ich zeigen, daß sogar der Therapieerfolg von Kindern in stationärer Behandlung in einer sehr engen Beziehung zu den sozialen Beziehungen des Kindes (zu den Mitpatienten und zum Stationspersonal) steht (*Mattejat,* 1983). In der Untersuchung von *Richman* et al. (1980) dagegen konnte sich kein Zusammenhang zwischen den sozialen Beziehungen zu Gleichaltrigen und dem Verlauf der psychischen Störung herstellen lassen. Dies ist wohl darauf zurückzuführen, daß es sich in dieser Untersuchung um sehr junge Kinder (ab 3 Jahren) handelte, bei denen die Beziehungen zu Gleichaltrigen noch keine so bedeutsame Rolle spielen. Ab dem Schulalter aber – in dem sich das Kind zunehmend auf die Gleichaltrigen hin orientiert – werden die „Peer-Beziehungen“ für die Prognose des Verlaufs bedeutsam.

Die vorliegenden Ergebnisse zum Verlauf psychischer Störungen bei Kindern können nun zusammengefaßt werden:
(1) Einzelne Symptome sind relativ instabil und haben geringen prognostischen Wert (bes. „Kindersymptome“). Die psychische Auffälligkeit insgesamt dagegen ist (ähnlich wie globale Temperamentscharakteristiken) stabiler. (Zum relativ geringen prognostischen Wert von Einzelsymptomen vgl. etwa die Untersuchung von *Shepherd* et al., 1973.)
(2) Die Persistenz (Stabilität bzw. prognostische Relevanz) von psychischen Störungen steigt (ähnlich wie z. B. bei der Intelligenz) mit dem Alter an.
(3) Die Anzahl der Symptome, die gleichzeitig bei einem Kind vorkommen, ist ein guter Indikator für die spätere Fehlanpassung (hierfür sprechen die Ergebnisse von *Rutter* et al., 1970; *Shepherd* et al., 1973; *Werry & Quay,* 1971). Außerdem sind durchgängige und situationsübergreifende Störungen eher persistent als situationsspezifische Störungen (s. *Campbell* et al., 1977; *Schachar* et al., 1980). *Robins* (1966; 1978) hat in diesem Zusammenhang gezeigt, daß die Prognose für antisoziales Verhalten sich dann verschlechtert, wenn es sich entweder durch viele verschiedene Symptome oder in vielen verschiedenen Situationen manifestiert.
(4) Außerdem spielt die Dauer des Problemverhaltens (Chronifizierung) eine wichtige Rolle für die Persistenz (vgl. *Herbert,* 1974). Je chronifizierter eine Störung ist, um so größer ist die Wahrscheinlichkeit, daß sie weiter persistiert. (Zu Punkt (3) und (4) siehe auch *Butollo* et al., 1978.)
(5) Emotionale Störungen bei Kindern (ängstlich-gehemmte Syndrome) haben eine deutlich geringere Persistenz als Verhaltensstörungen (aggressiv-ausagierende Syndrome).
(6) Psychische Störungen, die mit kognitiven Defiziten, Teilleistungsschwächen mit Aufmerksamkeitsstörungen oder Hyperaktivität assoziiert sind, haben tendenziell eine höhere Persistenz als psychische Störungen ohne solche Behinderungen.
(7) Belastende Familienverhältnisse (psychische Störungen der Eltern, Disharmonie) verschlechtern die Prognose von psychischen Störungen bei Kindern.
(8) Der Verlauf von psychischen Störungen ist schließlich von den Beziehungen des Kindes zu den Gleichaltrigen abhängig: Gute Beziehungen sprechen für eine günstigere, unbefriedigende Beziehungen (Ablehnung) für eine ungünstigere Prognose.

Die Persistenz psychischer Störungen ist demnach vom Lebensalter des Kindes, vom Schweregrad der Störung, von der Chronifizierung, vom Typ der Störung, vom Vorhandensein kognitiver Defizite und von den Beziehungen in der Familie und zu Gleichaltrigen abhängig. Schon im Kindes- und Jugendalter ist eine beträchtliche Persistenz psychischer Störungen feststellbar, allerdings nicht auf der Ebene von Einzelsymptomen. Der Schlußfolgerung von *Butollo* et al. (1978), Persistenz sei eher die Ausnahme als die Regel, kann deshalb nur im Hinblick auf Einzelsymptome zugestimmt werden*.

---

* s. S. 48

Für den praktisch arbeitenden „Kliniker" ist natürlich neben der Frage nach dem Einfluß individueller und Umweltfaktoren auf den Verlauf die Frage nach der Behandlungseffektivität von besonderem Interesse, auf die hier deshalb am Rande eingegangen werden soll. Daß der Behandlungseffekt in der Regel eher überschätzt wird, zeigt z. B. *Levitt* (1957) auf, der zwischen behandelten und nicht behandelten Fällen (Child guidance clinics) verglich. In beiden Gruppen zeigten etwa 2/3 der Kinder nach 5–6 Jahren deutliche Besserungen.

Zu ähnlichen Ergebnissen, die für eine deutliche spontane Remissionstendenz sprechen, gelangten auch eine Reihe anderer Untersuchungen (s. hierzu *Shepherd* et al., 1973). Auch in ihrer eigenen Untersuchung konnten *Shepherd* et al. (1973) bezüglich der Verbesserung keine deutlichen Unterschiede zwischen Kliniks- und Kontrollgruppe feststellen. In beiden Gruppen wurden knapp 2/3 als „gebessert" eingeschätzt. In Tab. 4 sind die Besserungsraten im einzelnen aufgeführt. Der Abstand zwischen Vor- und Nachuntersuchung betrug etwa 2 1/2 Jahre.

Tab. 4 Besserungsraten von behandelten und nicht behandelten Kindern in der Untersuchung von *Shepherd* et al. (1973)

	behandelte Kinder	nicht behandelte Kinder
gebessert	65 %	61 %
unverändert	18 %	30 %
verschlechtert	16 %	9 %

Interessant in der Tab. 4 ist die relativ hohe Verschlechterungsrate bei den behandelten Kindern! Zwischen der Häufigkeit der Kliniksbesuche (Child guidance clinic) oder der Zahl der therapeutischen Sitzungen und der Veränderung konnte in dieser Untersuchung keine konsistente Beziehung hergestellt werden. Auch zwischen dem Schweregrad der Störung einerseits und der Anzahl der durchgeführten Sitzungen und dem therapeutischen Erfolg zeigte sich keine Beziehung. Es zeigte sich aber, daß bei allen Schweregraden der Anteil der als gebessert Beurteilten am größten bei den Kindern war, die weniger als 6 Sitzungen psychiatrischer Behandlung erhielten. Dieses Ergebnis spricht unmittelbar für die Durchführung von *Kurztherapien*. Die Autoren merken hierzu allerdings an: „Die vorliegende Untersuchung

* *Fußnote zu S. 47:* Der Eindruck darüber, ob psychische Störungen persistent sind oder nicht, hängt sehr stark von der Darstellung der Ergebnisse ab. Sehr häufig werden Korrelationskoeffizienten verwendet. Wie irreführend oder zumindest verzerrend solche Darstellungen sein können, zeigt *Rutter* (1981) auf: In der British National Child Development Study (*Ghodsian* et al., 1980) ergab sich zwischen den Erhebungen bei den 7jährigen und den 16jährigen eine relativ geringe (aber signifikante) Korrelation von 0,31 (Schul-Fragebogen). Wenn man dagegen fragt, wie viele von den 16jährigen psychisch Auffälligen bei den 7jährigen Fragebogenwerte über dem Prozentrang 50 hatten (Schulfragebogen), ergibt sich ein völlig anderer Eindruck: Von den auffälligen 16jährigen hatten 92 % als 7jährige einen PR über 50! Je nach Auswertungsweise kann sich aus den selben Daten ein sehr unterschiedliches Bild ergeben. Es besteht eine erhebliche Konsistenz bei Verhaltensauffälligkeiten, die sich aber in der Regel nicht in Korrelationskoeffizienten abbilden kann.

gibt keinen Aufschluß über die Effektivität oder Ineffektivität einer Langzeit-Intensivtherapie, da von nur wenigen Kindern behauptet werden konnte, daß sie dergleichen erhalten hatten." (*Shepherd* et al., 1973).

4 *Pathognostisch bedeutsame individuelle Merkmale*

4.1 Individuelle Merkmale in der Vorgeschichte

Die individuellen Merkmale, die mit psychischen Störungen zusammenhängen, stehen hier nicht im Zentrum der Betrachtung. Bei der Frage nach den familiären Bedingungen und Begleitumständen psychischer Störungen von Kindern und Jugendlichen sind aber die individuellen Entwicklungsaspekte (zumindest als Hintergrunds- und Kontrollvariablen) mitzudenken, wenn man nicht in eine unkritische Überbewertung familiärer Faktoren geraten will.

Bezüglich körperlicher Merkmale wurde am häufigsten der Zusammenhang zwischen prä-, peri- und postnatalen Belastungen und psychischen Auffälligkeiten untersucht. Dabei nahm das Konzept der frühkindlichen Hirnschädigung bzw. einer daraus folgenden minimalen zerebralen Funktionsstörung eine zentrale Rolle ein. Die schon von *Still* (1902) postulierte Annahme eines Zusammenhanges zwischen Hirnschädigung und psychischen Störungen bei Kindern ist durch eine sehr große Zahl von empirischen Untersuchungen in konsistenter Weise belegt (vgl. hierzu die Übersicht von *Butollo* et al., 1978; s. a. *Lempp,* 1967; 1978). *Pasamanick & Knobloch* (1960) z. B. führen viele Untersuchungsergebnisse über den Zusammenhang zwischen psychischen Störungen und Komplikationen während der Schwangerschaft und Geburt auf. Auch *Thalmann* (1971, S. 142 ff.) fand einen Zusammenhang zwischen Geburtskomplikationen bzw. -Anomalien und dem Ausmaß der Symptombelastung der untersuchten Jungen. Repräsentativ für den Zusammenhang zwischen Hirnschädigung und psychischen Störungen bei Kindern sind die Ergebnisse der Isle-of-Wight-Studie von *Rutter* et al. (1970). In dieser Studie wurde die Frage untersucht, ob psychische Störungen bei Kindern mit Hirnschädigungen tatsächlich häufiger sind als bei Kindern mit anderen körperlichen Behinderungen ohne Hirnschädigung. Die Ergebnisse zeigten, daß die Häufigkeit von psychiatrischen Störungen bei der Gruppe der Hirngeschädigten deutlich höher war als bei der Vergleichsgruppe, dies sogar dann, wenn die Gruppen nach IQ und anderen relevanten Faktoren balanciert wurden.

Solche Untersuchungsergebnisse wurden nicht selten so interpretiert, als ob Hirnschädigungen oder ähnliche körperliche Belastungen in der frühen Kindheit ursächliche Faktoren für die Entstehung von psychischen Auffälligkeiten seien. Eine solche Interpretation ist schon deshalb sehr fragwürdig, da frühkindliche körperliche Belastungen oder Hirnschädigungen häufig mit anderen Belastungen assoziiert sind. Die komplexe Vermaschung verschiedener Belastungsfaktoren wird in den Ergebnissen von *Thalmann* (1971) deutlich, die repräsentativ für viele ähnliche Untersuchungsergebnisse stehen: Er fand einen signifikanten Zusammenhang zwischen dem Ausmaß der Symptombelastung und

- dem körperlichen Gesundheitszustand,
- früheren Krankenhaus- oder Erholungsaufenthalten,
- der Häufigkeit der Krankenhausaufenthalte und
- der Dauer der Krankenhausaufenthalte.

Diese Aufstellung zeigt nicht nur, daß körperliche und psychische Gesundheit kovariieren; körperliche Krankheiten führen wiederum sekundär zu psychischen

Belastungen (z. B. Trennung durch Krankenhausaufenthalte), die wiederum die Entwicklung psychischer Störungen begünstigen.

Die Frage danach, in welcher Weise frühkindliche Hirnschädigungen die Entwicklung von psychischen Störungen bei Kindern begünstigen und ob es sich dabei um direkte Effekte (Hirnschädigung ⟶ psychische Störung) handelt oder um Effekte, die durch andere Faktoren vermittelt sind, wurde von der Arbeitsgruppe um *Rutter* genauer untersucht (vgl. hierzu die Diskussion von *Rutter,* 1981). Es wurde z. B. gegen Untersuchungen, in denen Hirnschädigung als ein Risikofaktor für die Entwicklung von psychischen Störungen dargestellt ist, eingewandt, daß bei Hirngeschädigten häufig körperlich sichtbare Stigmatisierungen vorliegen und die höhere Störungsrate auf die Reaktionen der Umwelt zurückzuführen sind. *Seidel* et al. (1975) untersuchten diese Frage an einer Stichprobe Londoner Kinder und verglichen Kinder, deren Stigmatisierung auf Hirnschädigung zurückzuführen war, mit solchen Kindern, die sichtbare Behinderungen ohne Hirnschäden (z. B. Poliomyelitis) aufwiesen. Wiederum waren psychische Störungen bei den hirngeschädigten Kindern häufiger.

Zur genaueren Abklärung der Verursachungsmechanismen können Unfallkinder untersucht werden, die vor dem Unfall keine psychischen Auffälligkeiten aufwiesen. *Rutter* et al. (1980) und *Brown* et al. (1980) untersuchten diese Frage, indem sie zwei Gruppen von Unfallkindern miteinander verglichen,

- eine Gruppe mit Hirntraumen und
- eine orthopädische Kontrollgruppe,

die hinsichtlich ihres Verhaltens vor dem Unfall (und hinsichtlich ihrer familiären Merkmale) vergleichbar waren. Bei einer Nachuntersuchung nach etwas über zwei Jahren zeigten die hirngeschädigten Kinder eine doppelt so hohe Rate an psychiatrischen Störungen als die Kontrollgruppe. *Rutter* schließt daraus, daß die Hirnschädigung ein kausaler Faktor für die Entstehung von Verhaltensstörungen ist.

Der Kausalschluß kann noch genauer überprüft werden, wenn man die Frage untersucht, ob die Wahrscheinlichkeit für eine psychische Störung linear vom Ausmaß der Hirnschädigung abhängt. Die Ergebnisse der Isle-of-Wight-Studie (*Rutter* et al., 1970) und auch die Hirntraumen-Studie von *Brown* et al. (1980) stützen diese Vermutung, allerdings sind die Zusammenhänge recht schwach. *Rutter* schließt daraus, daß wohl kausale Bezüge vorhanden sind, die psychischen Auffälligkeiten aber nicht als direkte, sondern komplex vermittelte Folge der Hirnschädigung zu verstehen sind. Er faßt diese Ergebnisse folgendermaßen zusammen: Zwischen Hirnschädigungen und psychischen Auffälligkeiten finden sich Zusammenhänge, die Kausalverbindung ist aber eher indirekt als direkt (*Rutter,* 1981). Diese Schlußfolgerung unterscheidet sich von *Rutter*s Interpretation der Zusammenhänge zwischen kognitiven Defiziten und Verhaltensauffälligkeiten, wo insgesamt eine engere Beziehung besteht und ein größerer direkter Effekt angenommen werden kann (vgl. *Chadwick* et al., 1980).

Zur Frage, ob Hirnschädigung (oder bestimmte Typen von Hirnschädigung) mit bestimmten Typen von Verhaltensauffälligkeiten assoziiert sind, sind die Ergebnisse der Forschung wenig aussagekräftig. *Shaffer* et al. (1974) z. B. verwendeten differenzierte quantitative Verhaltensmaße und konnten keine klaren Zusammenhänge finden. Es finden sich allerdings relativ konsistente Hinweise, daß Enthemmung im Sozialverhalten mit Hirnverletzungen assoziiert ist. *Brown* et al. (1980) und *Shaffer* et al. (1980) fanden Hinweise dafür, daß Schädigungen im rechten Frontallappen mit affektiven Störungen korreliert sind.

Wenn auch ein – zumindest über andere Merkmale vermittelter – Zusammenhang zwischen Hirnschädigung und psychischer Störung bei Kindern als gesichert gelten kann, so ist dieses Forschungsergebnis noch recht allgemein. Schon das Konzept der Hirnschädigung und seine Operationalisierung birgt eine Reihe von ungelösten Schwierigkeiten und die kausalen Mechanismen sind noch ungeklärt. In diesem Zusammenhang muß davor gewarnt werden, daß in der klinischen Praxis beim einzelnen Patienten psychische Störungen durch eine minimale zerebrale Funktionsstörung erklärt werden. Die Bedeutsamkeit der frühkindlichen Hirnschädigung für die Entwicklung psychischer Störungen wurde z. T. erheblich überschätzt. Der Arbeitskreis um *Prechtl* kommt in diesem Zusammenhang zum Schluß, daß Prognosen für ein einzelnes Kind nicht möglich sind (*Prechtl,* 1972; *Kalverboer* et al., 1973; *Kalverboer,* 1975).

Eine andere Forschungsrichtung befaßt sich mit der Frage, ob frühzeitig erfaßbare Persönlichkeitsmerkmale einen Zusammenhang zur späteren Entwicklung psychischer Störungen aufweisen.

Wichtige Arbeiten zu diesem Bereich sind die von
- *Thomas* et al. (1968) („New York Studie"),
- *Bronson* (1966),
- *Buss & Plomin* (1975), (*Butollo* et al., 1978, S. 3088).

Als wichtigste schon in der frühen Kindheit erfaßbare Temperamentsfaktoren wurden:
- Aktivität,
- Intensität der Reaktion,
- Annäherung

identifiziert. In der „New York Studie" von *Thomas* et al. war der Faktor „Intensität der Reaktion" der beste Prädiktor für ausagierende Verhaltensweisen. Der Prädiktorwert dieser Variablen für das Auftreten psychischer Störungen ist aber noch unzureichend erforscht. In eine ähnliche Richtung gehen *Eysenck*s Arbeiten zu den Persönlichkeitsdimensionen „Neurotizismus" und „Introversion – Extraversion" (s. z. B. *Eysenck,* 1977).

Während die gefundenen Zusammenhänge zwischen
- körperlichen Belastungen (insbes. Hirnschädigung)
- und Temperaments- oder Persönlichkeitsvariablen

einerseits und psychischen Störungen andererseits relativ schwach sind, wurden von der Forschung deutliche und eindeutige Zusammenhänge zwischen Entwicklungsrückständen z. B. kognitiver, motorischer oder sprachlicher Art oder Teilleistungsstörungen und späteren psychischen Störungen festgestellt. Zu einer genaueren Darstellung dieser Zusammenhänge siehe den folgenden Abschnitt zu den aktuellen individuellen Merkmalen.

4.2 Aktuelle individuelle Merkmale

Fragt man danach, welche aktuellen Merkmale mit psychischen Störungen assoziiert sind (gleichzeitiges Vorliegen), so zeigen die vorliegenden Untersuchungen konsistent, daß psychisch auffällige Kinder signifikant häufiger auch einen ungünstigeren körperlichen Zustand aufweisen: Der Grad der körperlichen und der seelischen Gesundheit korrelieren (*Shepherd* et al., 1973; *Thalmann,* 1971).

Ähnlich klar ist der Zusammenhang zwischen Schulleistungen und psychischen Störungen: Viele Untersuchungen fanden einen negativen Zusammenhang zwischen der Schulleistung und psychischen Störungen (z. B. *Westman* et al., 1967; *Thalmann,* 1971; *Battle & Lacey,* 1972). Auch *Shepherd* et al. (1973) kommen in ihrer Untersuchung zum Ergebnis, daß Verhaltensprobleme in der Schule mit geringen Schulleistungen einhergehen. (Zu ähnlichen Befunden siehe *Scott,* 1958; *Chazan,* 1963.) Besonders deutlich ist dieser Zusammenhang bei hyperaktiven Jungen (s. *Battle & Lacey,* 1972).

In diesem Kontext liegt die Frage nahe, ob die schlechteren Schulleistungen auf primäre kognitive Defizite bei den Kindern mit psychischen Störungen zurückzuführen sind, oder ob die niedrigere Schulleistung alleine auf die psychische Störung zurückzuführen ist – wie dies etwa bei Hypermotorikern beobachtet werden kann. Die Ergebnisse von *Thalmann* (1971) legen nahe, daß beide Aspekte eine Rolle spielen. In seiner Untersuchung ergaben sich die folgenden Befunde:

- Jungen, die nach Ansicht ihrer Lehrer gut begabt waren, zeigten eine geringere Symptombelastung als die weniger Begabten;
- noch deutlicher aber war das Ergebnis, daß Kinder, deren Schulleistung ihrer Begabung entsprach, weniger symptombelastet waren als solche, bei denen die Schulleistung nach dem Urteil der Lehrer hinter der Begabung zurückblieb.

Das Ergebnis, daß psychisch gestörte Kinder einen signifikant niedrigeren Intelligenzquotienten haben als nicht gestörte Kinder, das sich in vielen epidemiologischen Untersuchungen zeigte, wird durch die Befunde von *Brody* et al. (1973) relativiert, die diesen Zusammenhang nur bei hyperaktiv-impulsiven Kindern, nicht aber bei ängstlich-zurückgezogenen Kindern fanden. In der Untersuchung von *Bower* (1960) zeigte sich außerdem, daß dieser Zusammenhang nur für Gruppentests gilt, nicht aber bei Einzeltestungen auffindbar war.

In der Zusammenschau sprechen diese Ergebnisse dafür, daß

- kognitiv oder intellektuell behinderte Kinder mit einer größeren Wahrscheinlichkeit psychische Störungen entwickeln als normal Intelligente,
- daß aber (z. B. auch normal begabte) psychisch gestörte Kinder in ihrer Leistung anfälliger und leichter störbar sind.

Die Arbeitsgruppe um *Rutter* hat diese Fragen genauer untersucht und dabei besonders auch den Zusammenhang zwischen spezifischen Teilleistungsschwächen und psychischen Störungen betrachtet.

In der Isle-of-Wight-Studie (*Rutter* et al., 1970) ergab sich ein deutlicher Zusammenhang zwischen

- intellektuellen Behinderungen und
- spezifischen Leseschwächen einerseits

und psychischen Störungen. Emotionale und Verhaltensstörungen waren bei diesen Kindern häufiger. Besonders deutlich war der Zusammenhang bei den legasthenen Kindern: Ein Drittel dieser Gruppe zeigte klinisch relevantes antisoziales Verhalten (Verhaltensstörungen). *Rutter* et al. meinen hierzu (S. 241), „daß delinquentes Verhalten eine Art Kompensationsmechanismus als Antwort auf schulisches Leistungsversagen darstellte“. Analoge Zusammenhänge ergaben sich auch an der Londoner Untersuchung (*Berger* et al., 1975) an 10jährigen Kindern. Bei der Nachuntersuchung auf der Isle of Wight an 14jährigen zeigte sich ebenfalls dieser Zusammenhang bei den Jugendlichen mit Störungen, die seit der Kindheit andauerten (persistente Störungen), bei den in der Adoleszenz neu aufgetretenen Störungen dagegen war dieser Zusammenhang nicht zu finden (vgl. *Rutter,* 1977, S. 241

u. S. 255). Mit diesen Ergebnissen bestätigt sich der enge Zusammenhang zwischen Legasthenie und Delinquenz, auf den *Curt Weinschenk* schon seit langer Zeit in persönlich engagierter und wissenschaftlich fundierter Weise hinweist (s. *Weinschenk,* 1965; 1981).

Richman et al. (1980) schließlich fanden in ihrer longitudinalen Untersuchung an 3- bis 8jährigen Kindern relativ starke Korrelationen zwischen

- Überaktivität, Sprachentwicklungsverzögerung, kognitiven Defiziten und Leseschwierigkeiten einerseits und
- psychischen Störungen andererseits (vgl. *Rutter,* 1981).

Zusammenfassend kann festgehalten werden:

(1) Zwischen dem körperlichen Zustand (körperlichen Behinderung) und der psychischen Verfassung (psychischen Störungen) zeigen sich korrelative Zusammenhänge.

(2) Kinder mit psychischen Störungen haben signifikant schlechtere Schulleistungen als nicht gestörte Kinder.

(3) Dieser Zusammenhang ist auf drei Effekte zurückzuführen:

(a) Psychisch Gestörte haben im Durchschnitt eine niedrigere Intelligenz (relativ schwacher und nicht für alle Gruppen gleichermaßen gültiger Zusammenhang).

(b) Psychische Störungen gehen häufig einher mit Teilleistungsschwächen, wie z. B. Legasthenie. Dies gilt insbesondere für Störungen bei Kindern im Grundschulalter und für in der Kindheit beginnende persistente Störungen. Besonders gut belegt ist der Zusammenhang zwischen Legasthenie und aggressiv-ausagierenden Störungen (Delinquenz).

(c) Kinder mit psychischen Störungen sind in ihrer Leistungsfähigkeit und -bereitschaft besonders anfällig, was dazu führt, daß auch die Schulleistung vor normal begabten Kindern mit psychischen Störungen beeinträchtigt wird.

Die Forschungsergebnisse – insbesondere die zu den Teilleistungsschwächen – verweisen damit darauf, daß der kognitive (Fähigkeiten und Fertigkeiten) und der behavioral-emotionale Entwicklungsbereich eng miteinander verschränkt sind.

5 *Pathognostisch bedeutsame familienbezogene Merkmale in der Vorgeschichte*

5.1 Pathogenetisch relevante Merkmale in der Familie (Familienanamnese i. e. S.)

5.1.1 Psychiatrisch relevante Auffälligkeiten in der Familie

Zu jeder fundierten Anamnesenerhebung bei psychischen Störungen von Kindern und Jugendlichen gehört die Frage nach psychischen Auffälligkeiten in der weiteren Familie. Psychiatrische Störungen und Krankheiten, bei denen eine familiäre Häufung bekannt und empirisch gesichert ist, reichen von Oligophrenien, Epilepsien, Legasthenien bzw. Dyslexie, Enuresis über Stottern zu Depressionen und Suizidversuchen bis hin zu Schizophrenien. Dabei dürften erbliche Komponenten (genetische Transmission) und die „soziale Vererbung" durch interaktionale Transmission je nach Krankheitsbild ein unterschiedliches Gewicht besitzen. In deutlichster Weise ist die genetische Komponente z. B. bei verschiedenen Schwachsinnsformen oder bei Psychosen nachgewiesen (vgl. hierzu z. B. *Lenz,* 1980 oder die einschlägigen Handbücher, wie *Pongratz,* 1977; 1978).

Aber auch bei den häufigsten kinderpsychiatrischen Störungen, den aggressiv-ausagierenden und den emotional-gehemmten Syndromen (typischen „psychogenen" Störungen also) sind genetische Prädispositionen nachgewiesen (vgl. hierzu *Schepank,* 1974; 1976). Trotzdem kann man mit *Rutter* (1966) annehmen, daß die Erblichkeit bei den meisten dieser Auffälligkeiten (aggressiv-ausagierende Störungen des Sozialverhaltens; emotionale Störungen) von Kindern und Jugendlichen nicht entscheidend ist, obwohl die Eltern von psychisch auffälligen Kindern gehäuft psychische Störungen aufweisen. Diese Häufung ist in erster Linie durch psychosoziale Weitervermittlung zu erklären; *Ehrenwald* (1958) spricht in diesem Zusammenhang von „Pseudovererbung" (s. a. *Slater & Cowie,* 1971; *Kaplan,* 1976; vgl. hierzu auch *Butollo* et al., 1978). Auf die Frage der genetischen Determination soll hier nicht weiter eingegangen werden, sie ist nicht Thema dieser Arbeit.

5.1.2 Entwicklungsgeschichte der Eltern

In den von der Psychoanalyse geprägten familientherapeutischen Ansätzen spielt traditionsgemäß die Rückschau auf die Entwicklungsgeschichte eine wesentliche Rolle. *Boszormenyi-Nagy* hat die biographische Betrachtung auf mehrere Generationen erweitert und gezeigt, wie individuelle Probleme als Ausdruck von Familienproblemen, die sich über mehrere Generationen hinweg entwickelt haben, verstanden werden können (*Boszormenyi-Nagy & Spark,* 1981; vgl. auch die „Mehrgenerationen-Perspektive" bei *Stierlin* et al., 1977). Zu diesen – für Familientherapeuten – sehr naheliegenden Überlegungen gibt es noch relativ wenige empirische Untersuchungen.

Dazu zählt die Arbeit von *Thalmann* (1971), der in seinem Elterninterview einige Aspekte der Kindheit der Eltern und der Beziehung zwischen Eltern und Großeltern erfaßt hat:

Die Items

- „Vollständigkeit der Herkunftsfamilie der Mutter“ und
- „eheliche Harmonie bei den Großeltern mütterlicherseits und väterlicherseits“

zeigten einen leichten Zusammenhang zur Symptombelastung der untersuchten Jungen.

Dieser indirekte Einfluß der Herkunftsfamilien der Eltern auf die untersuchten Kinder wurde von *Thalmann* noch genauer betrachtet und es zeigte sich, daß

- Mütter und Väter angaben, strenger erzogen worden zu sein, wenn die eheliche Harmonie in ihren Herkunftsfamilien gering war
- und die Mütter und Väter identifizierten sich mit dem Erziehungsstil ihrer Eltern, wenn das Familienleben harmonisch war.
- Mütter, deren Herkunftsfamilie harmonisch war, bezeichneten sich seltener als nervös und depressiv als die Mütter, die über ein disharmonisches Familienleben ihrer Herkunftsfamilie berichteten.
- Zwischen der ehelichen Harmonie der Großeltern und der Eltern der untersuchten Jungen zeigte sich bei *Thalmann* (im Gegensatz zur Untersuchung von *Jonsson & Kälvesten*, 1964, die mit einer ähnlichen Methodik durchgeführt wurde) ein deutlicher Zusammenhang.

Das Ergebnis, daß nervöse oder depressive Mütter ihre Herkunftsfamilien eher als disharmonisch schildern, ist besonders bemerkenswert, da ja ein direkter und gut belegter Zusammenhang zwischen psychischen Störungen bei der Mutter und den Kindern bekannt ist.

Thalmann (1971) setzte diese anamnestischen Daten in Beziehung zur Symptombelastung der untersuchten Jungen. Dabei ergab sich ein klarer Zusammenhang zwischen der Gefühlsbeziehung der Mutter zu ihrer eigenen Mutter und der Symptombelastung der untersuchten Jungen: Mütter, die zu ihrer eigenen Mutter eine sehr enge und herzliche Beziehung hatten, hatten im Durchschnitt auch die Jungen mit der geringsten Symptombelastung. (Bei den anderen untersuchten Beziehungen [Mutter – GVmts.; Vater – GEvts.] ergaben sich ähnliche, jedoch statistisch nicht signifikante Tendenzen.) *Thalmann* interpretiert diese Ergebnisse wohl richtig, wenn er meint, daß sie die Hypothese vom „sozialen Erbe“ stützen.

Ein anderer Fragenkomplex in seiner Untersuchung bezog sich auf den Erziehungsstil der Großeltern gegenüber den Eltern (von den Eltern erlebte Erziehung). Eltern, die angaben, streng erzogen worden zu sein, haben tendenziell Kinder mit einer höheren Symptombelastung als Eltern, die selbst eine nachsichtige Erziehung erlebt haben. Ablehnung und Zustimmung zum Erziehungsstil der eigenen Eltern korrelierte nicht mit der Symptombelastung der Kinder.

Deutlichere Zusammenhänge ergaben sich bei der Kombination der Fragen nach dem Erziehungsstil der Großeltern und der Frage, ob die Eltern diesem von ihnen erlebten Erziehungsstil zustimmen oder ihm ablehnend gegenüberstehen:

- Streng erzogene Eltern, die dem Erziehungsstil ihrer Eltern zustimmen und mild erzogene Eltern, die den Stil ihrer Eltern ablehnen, haben im Durchschnitt stärker symptombelastete Kinder als
- Eltern, die streng erzogen wurden und diesen Erziehungsstil ablehnen oder solche, die mild erzogen wurden und diesem Erziehungsstil zustimmen.

Bei diesen Ergebnissen kann man annehmen, daß sie Aussagen über das von den Eltern erlebte positiv-stützende („milde“) bzw. eher ablehnende („strenge“) Erziehungsklima in ihren Herkunftsfamilien darstellen und darüber, welchen Erziehungsstil sie nun selbst praktizieren (indirekt dargestellt als Identifikation mit den Eltern

oder Ablehnung des Erziehungsstils der eigenen Eltern). So gesehen, laufen *Thalmanns* Ergebnisse auf die folgenden zwei Feststellungen hinaus:
(1) Positiv-stützende Eltern haben Kinder mit einer im Durchschnitt geringeren Symptombelastung als bestrafungsorientierte Eltern.
(2) Der Erziehungsstil der Eltern wird mitgeprägt durch das von ihnen in ihrer eigenen Kindheit erlebte Erziehungsklima. Diese Prägung kann dabei
- positiv, im Sinne einer identifikatorischen Weitertradierung oder auch
- negativ, im Sinne einer distanzierenden Abhebung des eigenen Erziehungsstils gegenüber dem Erziehungsstil in der Herkunftsfamilie

geschehen.

Für eine mehrgenerationale Perspektive sprechen auch die Befunde von *Robins* (1966), die feststellte, daß Eltern, die früher einmal in einer Erziehungsberatungsstelle vorgestellt worden waren (individuelle oder familiäre Probleme), im Vergleich zur Kontrollgruppe häufiger psychisch gestörte Kinder hatten. Einen transgenerationalen Effekt weisen auch die Untersuchungen von *Frommer & O'Shea* (1973) aus: Mütter, die in ihrer Kindheit dauernd oder vorübergehend von ihren Eltern getrennt wurden, hatten in ihrer eigenen Familie (im Vergleich zu einer Kontrollgruppe) mehr Eheprobleme und schon im ersten Lebensjahr ihrer Kinder größere Schwierigkeiten mit ihnen.

5.2 Familienbezogene Belastungen in der Entwicklungsgeschichte des Kindes

5.2.1 Psychosoziale Merkmale im Zusammenhang mit der Schwangerschaft und Geburt

5.2.1.1 Alter der Mutter bei Geburt

Das Gebäralter der Mutter liegt am häufigsten zwischen dem 20. und 30. Lebensjahr; bei Kindern mit Müttern unter oder über diesem Bereich liegt vermutlich ein erhöhtes Risiko für psychische Störungen vor (vgl. *Pongratz,* 1973, S. 197), klar nachgewiesen ist dies für besonders junge Mütter.

Jonsson (1967) fand, daß die Eltern von delinquenten Jungen im Durchschnitt fünf Jahre jünger waren als die Eltern der Vergleichsgruppe. *Dührssen* (1958) verglich Heimkinder und Kinder in Pflegefamilien mit Kindern, die von ihren leiblichen Eltern aufgezogen wurden. Wie nicht anders zu erwarten, waren bei den Heim- und Pflegekindern junge leibliche Mütter überrepräsentiert. (Vgl. hierzu auch *Thalmann,* 1971, S. 139 ff.). Dabei hat es sich zu einem erheblichen Teil um nichteheliche Kinder gehandelt, deren Mütter mit der Erziehung des Kindes überfordert waren.

Bei *Thalmann* ergab sich ebenfalls eine leichte Tendenz in der Richtung, daß die Kinder von besonders jungen Eltern häufiger Verhaltensstörungen aufwiesen. *Thalmann* verweist allerdings darauf, daß Schulbildung des Vaters und Alter des Vaters bei der Geburt des Kindes korrelieren: Junge Väter haben im Vergleich zu älteren Vätern eine niedrigere Schulbildung (SÖS).

Aus den Ergebnissen kann zunächst geschlossen werden, daß das Alter der Eltern bei der Geburt der Kinder (bzw. der sich daraus ergebende Altersabstand Eltern – Kind) eine Variable darstellt, die mit einer ganzen Reihe anderer Variablen, z. B. dem sozioökonomischen Status und der Ehelichkeit der Geburt, korreliert. Das erhöhte Risiko für Kinder besonders junger Mütter dürfte deshalb primär auf die häufiger problematischen Gesamtumstände der Geburt und schwierigere Lebenssituation solcher Mütter zurückzuführen sein.

5.2.1.2 Erwünschtheit der Schwangerschaft/Einstellung zur Geburt des Kindes

Auf die Einstellung zur Geburt des Kindes wird traditionell bei der praktisch-klinischen Anamnesenerhebung ein großer Wert gelegt und aus den erhaltenen Angaben werden nicht selten weitreichende Schlüsse gezogen. Dabei wird jedoch übersehen, daß die Verläßlichkeit von Angaben zu diesem Merkmal sehr gering ist. Die therapeutische Praxis zeigt, daß die Eltern erst oft nach einem längeren Prozeß, in dem sich eine Vertrauensbasis entwickelt hat, Probleme im Zusammenhang mit der Geburt des Kindes äußern können. Wegen der großen Probleme bei der Erfassung des Merkmals der Erwünschtheit des Kindes liegen aus der Forschung wenige klare Angaben vor. Häufig zitiert wird die Arbeit von *Wallin* et al. (1950), aus der sich der Hinweis ergibt, daß unerwünschte Kinder eher psychische Störungen entwickeln (*Pongratz,* 1973, S. 198 f.). In der Untersuchung von *Thalmann* (1976, S. 145 ff.) ergaben sich hinsichtlich der Einstellung zur Geburt keine deutlichen Ergebnisse. Zwischen den „nicht sehr erfreuten" Eltern, den Eltern, die das Kind zwar nicht geplant, dann aber doch akzeptiert hatten und den „sehr erfreuten" Eltern ergab sich kein Unterschied hinsichtlich der Symptombelastung des Kindes. Die bei Geburt abgelehnten Kinder zeigten zwar eine höhere Symptombelastung, eine statistische Absicherung war jedoch wegen der geringen Fallzahl nicht möglich.

5.2.1.3 Ehelichkeit der Geburt

Aus repräsentativen epidemiologischen Untersuchungen ergibt sich der Hinweis, daß unehelich geborene Kinder ein höheres Risiko für die Entwicklung psychischer Störungen aufweisen (s. z. B. *West & Farrington,* 1973; *Crellin* et al., 1971). Dieser Effekt ist aber in manchen Untersuchungen nur schwach ausgeprägt. *Thalmann* (1971) fand ebenfalls einen leichten Zusammenhang zwischen der Ehelichkeit der Geburt des Kindes und der Symptombelastung: Unehelich Geborene waren etwas stärker symptombelastet. Betrachtet man nur aggressiv-ausagierende Störungen, so ist dieser Zusammenhang sehr viel deutlicher (*West & Farrington,* 1973).

Klarer als in repräsentativen epidemiologischen Untersuchungen prägt sich die Variable „Ehelichkeit der Geburt" bei Inanspruchnahmepopulationen aus: Bei klinischen Populationen sind uneheliche Kinder in der Regel deutlich überrepräsentiert. So ergaben sich in der Untersuchung von *Brandt* (1967), in der die Daten von 12 städtischen Erziehungsberatungsstellen aus den 12 Berliner Bezirken erfaßt wurden (602 Kinder), bezüglich der Merkmale
- nichteheliche Geburt,
- unvollständige Familie und
- Berufstätigkeit der Mutter

deutliche Unterschiede gegenüber der Verteilung in der Gesamtbevölkerung.

Die deutliche Überrepräsentation unehelicher Kinder in Inanspruchnahmepopulationen ist durch eine Summierung von zwei Effekten zu erklären:
- Unehelich geborene Kinder haben ein etwas erhöhtes Risiko für psychische Störungen;
- unabhängig davon scheint es so zu sein, daß unehelich Geborene eher in einer psychosozialen Institution vorgestellt werden. Mögliche Gründe hierfür liegen z. B. darin, daß unehelich Geborene häufiger bei Ämtern registriert sind (z. B.

Amtsvormundschaften u. ä.), noch wichtiger ist, daß die Mütter von unehelichen Kindern häufiger Alleinerziehende sind, bei denen sich zusätzliche Belastungen ergeben und die auch häufig leichter verunsicherbar sind.

5.2.2 Psychosoziale Merkmale der Entwicklungsgeschichte des Kindes

5.2.2.1 Betreuungs- und Familiensituation (Trennungen, Kontinuität der Betreuung, Heimaufenthalte, Zerbrechen der Familie, Todesfälle)

Eine der wichtigsten Forschungsbereiche zu den sozialen Entwicklungsbedingungen in der frühen Kindheit stellt die an die Arbeiten von *Spitz* (1945; 1967) anknüpfende „Hospitalismusforschung", die Untersuchung der Auswirkungen von „broken homes" und anderen Trennungserlebnissen dar. *M. Pfaundler* machte schon 1906 erste Angaben über Hospitalismuserscheinungen bei Kindern („kachetisierende Pflegeschäden"; vgl. *Pongratz,* 1973, S. 207). *R. Spitz* (s. 1945; 1967) fand bei Kindern, die im ersten Lebensjahr hospitalisiert wurden, schwerste Schädigungen. Bei längeren Trennungen von der Mutter (über 6 Monaten) waren die Störungen besonders schwerwiegend. Nachfolgende Untersuchungen kamen zu ähnlichen Ergebnissen (s. z. B. *Bowlby,* 1952; *Dührssen,* 1958; s. a. die Übersichtsarbeit von *Berger,* 1973 und die hervorragende Übersicht von *Rutter,* 1978, zu diesem Thema).

In seiner Übersichtsarbeit hebt *Beiser* (1972, S. 163) als wesentlichsten Aspekt bei der Entwicklung von psychischen Störungen die Frage nach einer konstanten Beziehungsperson des Kindes hervor. Das Fehlen oder eine plötzliche Störung (Unterbrechung, Trennung) einer kontinuierlichen Betreuung des Kindes („mothering") stellt einen der wesentlichsten Risikofaktoren dar, der zu psychischen Störungen sehr unterschiedlicher Ausprägungsformen führen kann; am deutlichsten erscheinen mit diesem Risikofaktor aggressiv-dissoziale Störungen assoziiert.

Die pathogene Relevanz von längerfristigen Trennungen von den Eltern und insbesondere von einem Zerbrechen der Familie („broken homes") wird durch eine sehr große Zahl von Untersuchungen eindeutig belegt (vgl. die Diskussion von *Rutter,* 1981). *Rutter, Tizard & Whitmore* (1970, S. 261) z. B. fanden auf der Isle-of-Wight, daß Kinder aus „broken homes" (Tod, Scheidung etc.) signifikant häufiger psychische Störungen aufweisen als die Kontrollkinder.

Von den vielen Untersuchungen, die sich auf diese Fragestellungen beziehen, seien hier nur einige wenige referiert, in der Absicht, die Komplexität der scheinbar so eindeutigen und klaren Befunde aufzuzeigen.

Shepherd et al. (1973) stellen heraus, daß Trennungserlebnisse sehr unterschiedlich wirken können, was u. a. von Faktoren wie der Dauer der Trennung, dem Alter und Entwicklungsstand des Kindes bei der Trennung, dem Grund der Trennung (Krankheit des Kindes; Scheidung; Tod), der Art und Weise der Trennung, der Häufigkeit von Trennungserlebnissen und der subjektiven Einstellung zur Trennung (z. B. Trauerreaktionen) abhängig ist. Ihre empirischen Ergebnisse zeigen, daß die Auffälligkeit mit der Anzahl der Trennungserlebnisse steigt. Sie untersuchten außerdem die Frage, ob die Trennung von Vater und Mutter eine unterschiedliche pathogenetische Bedeutung hat. Zwischen der Gesamtauffälligkeit des Kindes und den Trennungen ergab sich folgender Zusammenhang:

– Keiner abwesend	– – –	niedrigster Störungsscore
– Vater abwesend		↓
– Mutter abwesend		
– Beide (zu versch. Zeiten abwesend)	– – –	höchster Störungsscore.

Die Ergebnisse von *Shepherd* et al. zur Häufigkeit von Trennungserlebnissen werden durch andere Untersuchungen bestätigt. *Douglas* (1975) und *Quinton & Rutter* (1976) verglichen Kinder, die einen Krankenhausaufenthalt hinter sich hatten, mit solchen Kindern, die schon mehrfach im Krankenhaus waren. Während sich bei der ersten Gruppe von Kindern keine Beziehungen zu psychischen Störungen herstellen ließen, war die zweite Gruppe überdurchschnittlich hoch belastet (Langzeit-Auswirkungen). Eine mögliche Erklärung liegt darin, daß die mehrfach stationär behandelten Kinder auch aus insgesamt stärker belasteten Familien kamen als die Kinder mit nur einem Krankenhausaufenthalt, so daß der Effekt zum Teil einfach auf die höhere familiäre Belastung (z. B. Kriminalität, psychische Störungen der Eltern etc.) zurückgeführt werden kann.

Thalmann (1971) bezog die Trennungen auf den Altersstand der Kinder; in seiner Untersuchung wurden im ersten Lebensjahr Trennungen ab einem Monat aufwärts als bedeutsam betrachtet; zwischen dem 2. und 6. Lebensjahr wurden erst Trennungen ab drei Monaten Dauer als relevante Trennungserlebnisse in die Untersuchung einbezogen. Er fand einen deutlichen Zusammenhang zwischen Trennung von der Mutter in der frühen Kindheit und der Symptombelastung. Ein noch stärkerer Zusammenhang ergab sich zwischen Trennungen im 1. LJ und der Symptombelastung. Aufgrund einer genaueren Analyse dieses Zusammenhangs kommt *Thalmann* zum Schluß, daß gerade bei stark verhaltensgestörten Kindern die Trennung von der Mutter nur ein Faktor unter mehreren ist, die als bedeutsame Ursachen der Auffälligkeiten angesehen werden können. Zwischen einer Trennung vom Vater und der Symptombelastung zeigte sich in der Untersuchung von *Thalmann* ebenfalls (allerdings ein erheblich schwächerer) Zusammenhang. Dabei wurden allerdings auch die Kinder, die völlig ohne Vater aufwuchsen, in der Gruppe der vom Vater getrennten Kinder mitgerechnet.

Thalmann untersuchte darüber hinaus die Frage, wer und wie viele Personen das Kind beaufsichtigten bzw. versorgten. Er unterschied zwischen der Beaufsichtigung ausschließlich durch die Mutter gegenüber einer variablen Beaufsichtigung, die auch durch andere Personen durchgeführt wurde. Zwischen dieser Variablen und der Symptombelastung der untersuchten Jungen ergab sich nur bedingt ein Zusammenhang:

- Die Beaufsichtigung (Wechsel der Bezugspersonen) im ersten Lebensjahr stand in keinem Zusammenhang zur Symptombelastung; ebensowenig die Beaufsichtigung nach dem 6. Lebensjahr.
- Dagegen zeigt die Beaufsichtigung im 2. und 3. Lebensjahr eine deutliche, die im 4. und 5. Lebensjahr eine schwache Beziehung zur Symptombelastung: Kinder mit wechselnden Bezugspersonen sind stärker symptombelastet.

Der Einfluß der Betreuungssituation in der frühen Kindheit wird auch durch die Arbeit von *Heindorf* et al. (1967) aufgezeigt. An 10 Kindergärten und 3 Vorschulklassen der Stadt Halle, in der zwischen 1960 und 1964 pro Kind 3 Untersuchungen durchgeführt wurden, waren die Kinder, die die ersten 3 Jahre in der Familie verbrachten (anstelle Krippe oder Dauerheim) signifikant weniger psychisch gestört.

Rutter (1981) diskutiert die Frage, worauf die eindeutig festgestellten Zusammenhänge zwischen psychischen Störungen und „broken homes“ bzw. Trennungserlebnissen zurückzuführen sind, denn die Korrelationen zwischen „broken homes“ und Delinquenz (s. *Wootton,* 1959) sagen noch wenig darüber, wie die Effekte zustandekommen, da die Variable „broken homes“ „a broad variable of little meaning in its own right" ist. Die Forschung zu „broken homes" bezog sich auf die Annahme, daß die Trennung von der Mutter der entscheidende Faktor sei: *Bowlby* nahm an, daß eine längere Trennung des Kindes von seiner Mutter (oder Muttersubstitut) während der ersten fünf Lebensjahre die wichtigste Ursache für die Entwicklung einer delinquenten Charakterstruktur und persistenter Verhaltensstörungen ist. Da die Trennung oder Scheidung der Eltern die häufigste Ursache für „broken homes" ist, ist die offensichtliche alternative Hypothese zu *Bowlbys* Annahme die, daß nicht die Trennung, sondern die familiäre Disharmonie den entscheidenden Faktor darstellt.

Die beiden Hypothesen können direkt überprüft werden, indem man zwei verschiedene Gruppen von Kindern aus „broken homes" miteinander vergleicht:
- solche, bei denen der Elternverlust auf Todesfälle und
- solche, bei denen er auf Scheidung oder Trennung

zurückzuführen ist.

Die Untersuchungen von *Gregory* (1965), *Douglas* et al. (1966; 1968) und *Gibson* (1969) zeigen konsistent, daß
- die Delinquenzraten für Jungen, deren Eltern sich trennten, doppelt so hoch waren, wie die von Kontrollgruppen,
- bei den Jungen, die ein Elternteil durch Todesfall verloren hatten, war die Delinquenzrate gegenüber Vergleichsgruppen nur geringfügig (nicht statistisch signifikant) erhöht.

Eine differenzierte Diskussion der Bedeutsamkeit von Trennung vs. Disharmonie wird auch durch den Vergleich der Ergebnisse der Isle-of-Wight-Studie mit der Londoner Studie der Arbeitsgruppe um *Rutter* möglich: Während sich in der Londoner Stichprobe ein Zusammenhang zwischen „broken home" und Verhaltensstörungen ergab, zeigte sich *kein* solcher Zusammenhang bei den Kindern der Isle-of-Wight. In der Regel können unterschiedliche Ergebnisse verschiedener Studien einfach deshalb schwer aufeinander bezogen werden, weil die Untersuchungsmethoden unterschiedlich waren*. Hier ist die Möglichkeit eines genauen Vergleiches gegeben, weil beide Untersuchungen von der selben Forschergruppe mit der selben Methodik durchgeführt wurden (vgl. *Rutter* et al., 1975).

„Broken homes" in London und auf der Isle-of-Wight unterschieden sich durch drei Merkmale:
- Die Gründe für das Zerbrechen (bzw. Trennung von) der ursprünglichen Familie unterschieden sich: Im Vergleich zur Londoner Gruppe waren auf der Isle-of-Wight bei den „broken homes" mehr Todesfälle und Adoptivkinder.
- In London war die Wahrscheinlichkeit der Wiederverheiratung geringer, so daß in London mehr Kinder von alleinerziehenden Müttern betreut wurden.
- Bei den Wiederverheirateten in London war die Wahrscheinlichkeit für familiäre Disharmonie größer als auf der Isle of Wight.

Rutter schließt daraus, daß offenbar die Umstände vor, während und nach dem Auseinanderfallen der ursprünglichen Familie entscheidend sind.

Wenn familiäre Disharmonie für die Entwicklung von psychischen Störungen entscheidend ist, nicht aber Trennung per se, dann muß sich ein deutlicher Zusammenhang zwischen Disharmonie und psychischen Störungen auch bei vollstän-

---

* Bei der Diskussion unterschiedlicher Ergebnisse sind methodische und substantielle Effekte (d. h. Unterschiede, die auf die Methode und solche, die auf tatsächliche Unterschiede bei den untersuchten Gruppen zurückzuführen sind), in der Regel kaum zu trennen.

digen Familien nachweisen lassen. Die Ergebnisse der Isle-of-Wight-Studie und der Londoner Vergleichsstudie bestätigen diese Annahme (s. *Rutter* et al., 1975). Noch deutlicher werden diese Zusammenhänge bei besonders belasteten Familien: In einer longitudinalen Untersuchung von Kindern, deren Eltern psychische Störungen aufwiesen (*Rutter*, 1971), zeigten sich die folgenden Ergebnisse:

- Keiner der Jungen aus einem harmonischen Elternhaus zeigte dissoziale Verhaltensstörungen,
- 22 % der Jungen aus leicht disharmonischen Elternhäusern und
- 39 % aus ausgeprägt disharmonischen Familien zeigten aber solche Auffälligkeiten.

Dieser sehr deutliche und monotone Zusammenhang ist wohl darauf zurückzuführen, daß sich bei psychiatrisch belasteten Familien, in denen positive Kompensationsmöglichkeiten besonders wichtig wären, Disharmonie besonders gravierend auswirkt. In dieser Studie untersuchten *Rutter* et al. auch temporäre Trennungserlebnisse und verglichen dabei eine Gruppe von Kindern, bei denen die Trennung auf familiäre Disharmonie zurückzuführen war, mit einer anderen Gruppe, bei der die Trennung nicht mit Disharmonie verbunden war (z. B. Krankenhausaufenthalte). Bei der ersten Gruppe waren dissoziale Störungen des Verhaltens deutlich überrepräsentiert, bei der zweiten Gruppe gab es keinen solchen Zusammenhang (vgl. *Rutter*, 1981).

Für die Annahme, daß die familiäre Interaktion und besonders Disharmonie in der Familie die entscheidenden Faktoren darstellen, sprechen auch solche Ergebnisse, bei denen sich zeigt, daß innerhalb der Gruppe der Kinder aus zerbrochenen Familien die Wahrscheinlichkeit für eine psychische Störung mit dem Grade steigt, in dem das Zerbrechen der Familie mit Disharmonie assoziiert war (s. die Ergebnisse von *Hetherington* et al., 1978, 1979; *Wallerstein & Kelly*, 1980; *Hess & Camera*, 1979).

Rutter (1981) untersuchte in einer longitudinalen Studie an kinderpsychiatrischen Patienten auch die Frage, ob die Persistenz von psychischen Störungen mit der Qualität der familiären Beziehungen zusammenhängt und gelangte zum Ergebnis, daß Verbesserungen in den Familienbeziehungen mit einer Verminderung des Erkrankungsrisikos bei den Kindern verbunden war. Er schließt daraus, daß familiäre Disharmonie, nicht aber Trennungserlebnisse per se, den entscheidenden Faktor für die Entwicklung psychischer Störungen darstellt. Bei dieser Aussage muß aber bedacht werden, daß „familiäre Disharmonie“ eine ähnlich komplexe Variable darstellt, wie die Variable „broken home“ und daß die bisherigen Ergebnisse deshalb noch recht wenig über den Mechanismus der Entstehung psychischer Störungen aussagen. Familiäre Disharmonie kann z. B. inhaltlich durch

- emotionale Störungen, etwa Verstimmungszustände und Depressionen
- oder durch Kriminalität oder andere Formen sozialer Devianz bei den Eltern
- oder aber durch Zuwendungs- bzw. Disziplinprobleme gegenüber dem Kind

charakterisiert sein.

Speziell zur Frage der Auswirkungen von Trennungserlebnissen greift *Rutter* (1981) auf *Bowlby*s (1946) frühe Beobachtungen zurück und argumentiert, daß *Bowlby*s Fallgeschichten zwei Annahmen nahelegen:

(1) Trennungserlebnisse per se sind nicht entscheidend. Der zentrale Faktor bei der psychischen Fehlentwicklung ist der Mangel an Möglichkeiten, in der frühen Kindheit initiale zwischenmenschliche Bindungen zu entwickeln.

(2) Die Folge von solchen frühen Belastungen ist nicht direkt Delinquenz, sondern (allgemeiner) ein Defizit im Bereich der Aufnahme von persönlichen Beziehungen (Defizit in der sozialen Beziehungsfähigkeit). Die Ergebnisse von *Wolkind* (1974) und auch die Untersuchungsergebnisse zur Entwicklung von persönlichen Bindungen (*Bowlby,* 1969) stützen diese Annahme.

In den Untersuchungen von *Tizard & Tizard* (1971), *Tizard & Hodges* (1978) und *Tizard* (1977) an Heimkindern wurde diese Annahme genauer untersucht. Familiäre Disharmonie als Ursache für psychische Störungen fällt hier durch die Definition der untersuchten Gruppe weg. Die Ergebnisse zeigen, daß die Heimkinder einem starken Wechsel der Bezugspersonen (nicht aber disharmonischen Verhältnissen) ausgesetzt sind. Bei den 8jährigen fehlten häufig enge Beziehungen zu anderen Personen und bei den älteren Kindern fiel auf, daß sie unruhig und unfolgsam waren, die Aufmerksamkeit von anderen suchten und in der Gruppe der Gleichaltrigen unbeliebt waren. *B. Tizard* konnte in diesen Untersuchungen auch der Frage nachgehen, ob es wirklich die frühen Erfahrungen waren, die diese sozialen Defizite bedingten. Hierzu verglich sie bei den Schulkindern eine Gruppe, die (nach der frühen Kindheit im Heim) nunmehr in befriedigenden Familienverhältnissen lebte, mit einer Gruppe, die nach wie vor im Heim untergebracht war. Die beiden Gruppen unterschieden sich hinsichtlich der charakteristischen psychopathologischen Merkmale nicht, so daß aufgrund dieses Ergebnisses tatsächlich angenommen werden kann, daß die Erlebnisse in der frühen Kindheit entscheidend waren. *Rutter* (1981) berichtet davon, daß in weiteren Arbeiten seiner Arbeitsgruppe die Ergebnisse von *Tizard* an einer anderen Stichprobe repliziert werden konnten. In dieser Untersuchung wurden auch Kinder in Familienpflege mit Heimkindern verglichen; obwohl sich beide Gruppen von Kindern aus normalen Familien unterschieden, waren doch die Heimkinder deutlich auffälliger, was dafür spricht, daß eine institutionelle Unterbringung einen entscheidenden Faktor für die Entwicklung von psychischen Störungen darstellt.

Um die äußerst komplexe Struktur der Forschungsergebnisse ordnen zu können, erscheinen zunächst einige logisch-begrifflichen Unterscheidungen nützlich: Bei allen genannten Lebensumständen handelt es sich um belastende psychosoziale Faktoren, bei denen eine pathogene Relevanz angenommen wird. Bei diesen Faktoren kann zunächst einmal zwischen

- prozessualen oder interaktionalen und
- objektiv-strukturellen

Merkmalen unterschieden werden.

Zu den zentralen, hier zur Diskussion stehenden interaktionalen Merkmalen zählen

- familiäre Disharmonie,
- Mangel an emotionaler Zuwendung und Wärme und
- Mangel an kognitiver Anregung und Förderung.

Die objektiv-strukturellen Merkmale beziehen sich zum einen auf Lebensereignisse (z. B. Trennungs- oder Verlusterlebnisse) und zum anderen auf andauernde Lebenssituationen (Dauer der Trennungen oder Verluste; Betreuung in einer vollständigen oder unvollständigen Familie, in einer Kinderkrippe oder einem Heim; Fehlen von konstanten Bezugspersonen, unklare Zuordnung von Bezugspersonen, häufiger Wechsel von Bezugspersonen).

Schließlich muß noch bei den Forschungsergebnissen unterschieden werden zwischen solchen, die sich auf die Entwicklungsgeschichte eines Kindes und solchen, die sich auf seine aktuelle Lebenssituation beziehen.

Eine solche Differenzierung in logisch-begrifflich unterschiedliche Merkmalsklassen ist Voraussetzung für eine theoretisch differenzierte Betrachtung, in der empirischen Forschung aber können die einzelnen Merkmalskomponenten kaum voneinander isoliert werden; hier hat man es immer mit einem systemhaften Lebenszusammenhang zu tun, in dem

- Ereignisse und Lebenslagen,
- Lebensgeschichte und aktuelle Situation,
- objektiv-strukturelle und prozessuale Merkmale

eng ineinander vermascht sind und sich wechselseitig bedingen. Dabei ist eine künstliche Isolierung von Einzelmerkmalen mit dem Zweck, ursächliche Komponenten (oder gar „*die* Ursachen“) zu identifizieren, eine äußerst fragwürdige Strategie für die empirische Forschung. Sinnvoller erscheint ein Vorgehen, in dem problematische Gesamtsysteme rekonstruiert werden. Dabei ist die Feststellung der Gewichtigkeit von einzelnen Merkmalen durchaus von großer Bedeutung. In einem solchen Zusammenhang wird dann die Frage

- „Welche psychosozialen Merkmale *verursachen* psychische Störungen?“

durch andere Fragen ersetzt, wie z. B.:

- „Wie stark beeinflußt ein Merkmal das psychosoziale Gesamtsystem? Unter welchen Systembedingungen (andere Merkmale; Begleitumstände) wird ein Merkmal pathogen wirksam? Wie ist ein belastendes Merkmal kompensierbar?“

Bezieht man sich auf die Entwicklungsgeschichte, so können aus der Forschung die folgenden Schlußfolgerungen gezogen werden:

(1) Die pathogene Bedeutsamkeit von Trennungs- und Verlusterlebnissen ist abhängig von der Häufigkeit und der Dauer der Trennungen: Je häufiger und länger die Trennungen sind, um so stärkere Belastungsfaktoren stellen sie dar. Bei dieser Aussage aber ist zu berücksichtigen, daß häufige oder lange andauernde Trennungen meist mit weiteren pathogenen Faktoren assoziiert sind; die erhöhte Wahrscheinlichkeit für psychische Störungen kann deshalb nicht bloß auf den Effekt der Trennungen zurückgeführt werden.

(2) Die pathogene Relevanz von Trennungen ist abhängig von der Altersstufe und dem Entwicklungsstand des Kindes. Dabei sind Kinder im Kleinkindalter (2.–4. Lebensjahr) besonders vulnerabel.

(3) Entscheidender aber als die bisher angesprochenen Aspekte sind die psychologische Qualität und die Begleitumstände von Trennungs- und Verlusterlebnissen, die u. a. von den folgenden Faktoren bestimmt werden:

- Handelt es sich um die primäre Bezugsperson (Vater, Mutter)?
- Sind während der Trennung andere Bezugspersonen verfügbar, die kompensierend „einspringen“?
- Was sind die Gründe der Trennung (Krankheit, Tod, Scheidung)?
- Was sind die psychologischen und interaktionalen Begleitumstände der Trennung (familiäre Disharmonie)?

Trennungen für sich genommen haben eine unbestimmte pathognostische Relevanz, ihre psychologische Bedeutung gewinnen sie erst durch den Kontext, in dem sie stehen. Wie *Rutter* am Beispiel der familiären Disharmonie aufgezeigt hat, wird das pathogene Gewicht von Trennungen entscheidend durch deren interaktionalen (prozessualen) Kontext bestimmt.

(4) Ähnlich bedeutsam wie die Qualität der Trennung ist die weitere Entwicklung der Lebensumstände des Kindes. Die pathogene Bedeutung von Trennungs- oder Verlusterlebnissen ist davon abhängig, ob sie langfristige belastende Auswirkungen

nach sich ziehen (z. B. Überforderung oder psychische Dekompensation der verbleibenden Bezugsperson), oder ob die Trennung vom unmittelbaren sozialen System kompensiert werden kann.

Betrachtet man längerfristig anhaltende objektiv-strukturelle Lebenssituationen in der vergangenen Entwicklungsgeschichte eines Kindes, kann folgendes festgehalten werden:
(1) Kinder, die bei ihren beiden leiblichen Eltern aufwachsen, haben im statistischen Durchschnitt das geringste Risiko für psychische Auffälligkeiten. Gegenüber dieser Gruppe ist das Risiko bei Kindern aus Familien, die von der „sozialen Normalform" abweichen, erhöht (Alleinerziehende Eltern; Großeltern, Pflege- und Adoptivfamilien). Mit Abstand die deutlichste Belastung weisen Kinder auf, die in Institutionen (Krippen, Heime) betreut werden.
(2) Die hohe Belastung von Heimkindern kann darauf zurückgeführt werden, daß in Heimen die Entwicklung von stabilen und sicheren interpersonalen Beziehungen zu einer oder mehreren Bezugspersonen erschwert und eine kontinuierliche Betreuung und Förderung eingeschränkt ist. D. h. das erhöhte Risiko ist auf die interaktionalen Variablen „Mangel an emotionaler Zuwendung und Wärme" und „Mangel an kognitiver Anregung und Förderung" zurückzuführen.
(3) Je jünger ein Kind ist, um so wichtiger ist das kontinuierliche Vorhandensein einer oder mehrerer stabiler Bezugspersonen, die dem Kind die emotionale und kognitive Zuwendung geben können. Frühe Deprivation in diesem Bereich (z. B. Vernachlässigung; ungünstige Krippen- und Heimbetreuung) hat auch dann langfristige negative Auswirkungen, wenn das Kind später in einer günstigeren Umgebung (z. B. Adoptivfamilien) betreut wird, durch die solche frühen Belastungen aber teilweise kompensiert werden können.

Versucht man eine zusammenfassende Interpretation der referierten Ergebnisse, dann erscheinen die folgenden Aspekte von besonderer Bedeutung:
(1) Die Hospitalismusforschung, die Untersuchungen zur frühen Deprivation und Frustration und die Arbeiten über Trennungs- und Verlusterlebnisse und „broken homes" versammeln sich um einen „gemeinsamen Nenner": Ein *stabiles* und *sicheres* Beziehungsgefüge zwischen Kind und unmittelbaren Beziehungsperson(en), in dem das Kind hinreichende emotionale und kognitive Zuwendung erhält, stellt die wesentlichste Bedingung für eine normale psychische Entwicklung dar.
(2) In dem Ausmaße, in dem diese Entwicklungsbedingung eingeschränkt ist, verengt sich die Grundlage für die Entwicklung der Beziehungsfähigkeit beim Kind. Damit steigt die Wahrscheinlichkeit für jede Art von psychischen Störungen beim Kind. Besonders ausgeprägt ist die Gefahr (Wahrscheinlichkeit) für Störungen vom aggressiv-ausagierenden (dissozialen) Typ.
(3) „Stabilität und Sicherheit des Beziehungsgefüges" stellt ein komplexes Merkmal dar, in dem ein mikrosoziales System beschrieben wird, das Kind und Bezugsperson(en) gleichermaßen umfaßt. Isoliert man einzelne Variablen in der sozialen Umwelt des Kindes (analytische Trennung des Gesamtzusammenhanges), die dieses komplexe Merkmal konstituieren, stößt man auf die genannten objektiv-strukturellen und interaktionalen (prozessualen) Aspekte. Dabei stützen die empirischen Ergebnisse die theoretische Annahme, daß die interaktionalen (prozessualen) Variablen entscheidend und unmittelbar wirksam sind, während die objektiv-strukturellen Variablen nur vermittelt wirksam werden. Das Vermittlungsverhältnis hat zwei Hauptaspekte:

- Objektiv-strukturelle Merkmale sind für sich genommen inhaltlich wenig bedeutsam; ihre pathogenetische Bedeutung erhalten sie durch die prozessualen Aspekte, die häufig mit ihnen assoziiert sind.
- Diese Assoziation ergibt sich dadurch, daß die objektiv-strukturellen Merkmale die Rahmenbedingungen für die Interaktionsprozesse darstellen.

5.2.2.2 Merkmale der Familieninteraktion und der familiären Beziehungen

Die Betrachtung der Zusammenhänge zwischen der Betreuungs- und Versorgungssituation (objektiv-strukturelle Merkmale) in der Entwicklungsgeschichte des Kindes führte aus inhaltlichen Gründen zwingend zu prozessualen Merkmalen der Interaktion zwischen Kind und Bezugspersonen. Die vorliegenden Ergebnisse zum Zusammenhang zwischen

- Familieninteraktion und
- psychischen Störungen bei Kindern und Jugendlichen

werden im Abschnitt zur aktuellen Familiensituation (s. u.) diskutiert, da in den meisten Untersuchungen die familiären Beziehungen charakterisiert werden, ohne explizite Angaben darüber, wie lange diese Beziehungen bestanden.*

Überdies gehen die vorliegenden Ergebnistendenzen relativ unabhängig vom Zeitraum, auf den sich die Informationen beziehen, im wesentlichen in die gleiche Richtung, so daß frühere und aktuelle Beziehungen und Interaktionen in einem behandelt werden können**.

Eine klare Ausnahme hiervon bilden die Ernährungs- und Erziehungspraktiken, die sich aus sachlogischen Gründen eindeutig auf einen bestimmten Zeitraum beziehen. Hierzu gehören die Ernährungspraktiken in der Säuglingszeit (Stillen, Abstillen u. ä.), die Sauberkeitserziehung und der Umgang mit kindlichem Trotz. Eine genauere Untersuchung von Erziehungsmerkmalen dieser Art ist im wesentlichen durch die psychoanalytische Entwicklungs- und Neurosentheorie motiviert, in der psychische Störungen auf traumatische Erfahrungen in der frühen Kindheit bezogen werden. Dabei wurde den „Erziehungsfehlern" eine entscheidende Rolle zugemessen. Die hierzu durchgeführten empirischen Untersuchungen aber zeigten, daß die genannten Erziehungspraktiken nur wenig Bezug zur Frage der Entwicklung von psychischen Störungen bei Kindern aufweisen (vgl. hierzu die Übersicht von *Rutter* [1977, S. 74 ff.] und *Rutter* [1975]). Mittlerweile hat sich – nicht zuletzt durch die Rezeption der empirischen Untersuchungen – auch in der psychoanalytischen Fachliteratur die Erkenntnis durchgesetzt, daß psychische Störungen nicht auf isolierte psychische Traumen oder gar „Erziehungsfehler" zurückführbar sind.

Dies heißt jedoch nicht, daß die Erziehungspraktiken bzw. -techniken für die weitere Entwicklung völlig bedeutungslos wären. Die angewandte „Technik" ist

---

* Eine Ausnahme bilden die Untersuchungen, die sich ausschließlich auf die direkte Beobachtung der Familieninteraktion stützen und insofern nur die aktuellen Interaktions- bzw. Kommunikationsprozesse zum Zeitpunkt der Untersuchung erfassen.

** Bei einer genaueren Analyse der Zusammenhänge zwischen Familieninteraktion und psychischen Störungen wird der Bezugszeitraum natürlich bedeutsam. Das gleiche elterliche Erziehungsverhalten kann – je nach Alters- und Entwicklungsstand des Kindes – sehr sinnvoll und adäquat oder aber pathogen sein. In der Familientherapie sind solche Veränderungen im Lebenszyklus der Familie häufig zentrales Thema. Eine genauere empirische Analyse solcher komplexen Strukturen ist Aufgabe künftiger Forschung.

für sich genommen wenig aussagekräftig, in ihr kann sich jedoch die Art der Beziehung widerspiegeln: Nicht *was* getan wird, ist wesentlich, sondern *wie* (im Rahmen welcher Beziehung) es geschieht und welche Beziehungsmomente sich in einer Technik ausdrücken, ist von Bedeutung (vgl. auch *Rutter,* 1977). Diese Schlußfolgerung kann durch die Ergebnisse von *Thalmann* (1971) illustriert werden:

Thalmann hat einige der genannten Ernährungs- und Erziehungsmerkmale in der frühen Kindheit erfaßt. Er fand z. B., daß Jungen, die gestillt worden waren, eine geringere Symptombelastung aufwiesen als solche, die nicht gestillt wurden. Dabei verweist er aber darauf, daß dieses Merkmal (Brustnahrung) mit der Gesamteinstellung zum Kind zusammenhängt und als Indikator für den Kontakt der Mutter zum Kind in den ersten Lebensmonaten gewertet werden kann. Keine Unterschiede in der Symptombelastung ergaben sich in seiner Untersuchung zwischen den Jungen, die kurz und denen die lange gestillt wurden. Im Gegensatz zu *Thalmanns* Ergebnissen fanden *Sewell & Mussen* (1952) keine Unterschiede in der Symptombelastung zwischen gestillten und nicht gestillten Kindern. *Thalmann* erklärt dies dadurch, daß von *Sewell & Mussen* nur Mittelschichtsfamilien untersucht wurden. Auch bei *Thalmann* ergab sich bei den höheren Schichten kein Zusammenhang zwischen Brustnahrung und Symptombelastung; der gefundene Zusammenhang bei *Thalmann* kann auf eine Beziehung zwischen Brustnahrung und Symptombelastung bei Unterschichtskindern zurückgeführt werden. Während in der Mittelschicht das Stillen offenbar wenig über die Beziehung zwischen Mutter und Kind aussagt, ist es in der Unterschicht anscheinend eher ein Indikator für die Qualität der Mutter-Kind-Beziehung. *Thalmann* verweist auf eine Reihe von Untersuchungen, in denen gezeigt wurde, daß die frühe Mutter-Kind-Interaktion von der sozialen Schicht abhängig ist. Mütter aus höheren Schichten (hauptsächlich Mittelschicht) sind insgesamt stärker kindorientiert, wenden sich dem Kind häufiger zu und spielen mit ihm häufiger. Durch diese Ergebnisse von *Thalmann* wird die unterschiedliche Wertigkeit eines Merkmals in Abhängigkeit vom Gesamtkontext deutlich.

Zwischen der Art des Abstillens und der Symptombelastung konnte *Thalmann* keinen Zusammenhang finden. Auch seine Annahme, daß Säuglinge, die den Zeitpunkt ihrer Mahlzeit selbst bestimmen können, weniger symptombelastet seien als solche, die nach einem rigiden Schema ernährt wurden, konnte er nicht bestätigen. Es handelt sich hier um ein relativ „hartes" Datum. Wenn sich hier keine Beziehung zur Symptombelastung nachweisen läßt, dann spricht dies um so deutlicher dafür, daß isolierte Erziehungspraktiken eine geringe Bedeutung für die Gesamtentwicklung des Kindes haben.

Deutlich werden die Zusammenhänge dagegen, wenn komplexe Beziehungsvariablen erfaßt werden. *Thalmann* (1971) erfaßte die Einstellung der Mutter zur Kinderpflege im ersten Lebensjahr durch das folgende 3stufige Item:

- „Es war sehr schwer"; (sehr unsichere oder erschöpfte Mutter);
- „problemfrei; nur normale Schwierigkeiten";
- „hat nur Freude gemacht" („glückliche" Mutter).

Zwischen diesem Merkmal und der Symptombelastung fand sich ein klarer Zusammenhang.

Dieses Merkmal „Einstellung der Mutter zur Kinderpflege" aber korrelierte

- mit dem Merkmal „Brustnahrung" (gestillte Kinder – weniger Schwierigkeiten),
- noch deutlicher mit Geburtsauffälligkeiten oder -anomalien,

- und ebenso mit den Merkmalen „Erwünschtheit der Geburt“,
- „Probleme bei der Reinlichkeitserziehung“ und
- „körperliche Gesundheit des Kindes im ersten Lebensjahr“.

Thalmann meint, daß diese Ergebnisse nicht alleine durch einen Halo-Effekt erklärt werden können, da „harte“ und „weiche“ anamnestische Daten gleichermaßen mit der Einstellung der Mutter zur Kinderpflege korrelieren.

Schließlich erfaßte *Thalmann* noch Daten zur Sauberkeitserziehung des Kindes. Er verweist darauf, daß die mütterlichen Angaben zur Reinlichkeitserziehung zu den anamnestischen Daten gehören, die die geringste Reliabilität besitzen (*Wenar & Coulter,* 1962; *Mednick & Shaffer,* 1963). *Sears, MacCoby & Levin* (1957) kommen aufgrund ihrer Untersuchung zum Ergebnis, daß eine strenge und früh einsetzende Reinlichkeitserziehung gehäuft zu Schwierigkeiten führt und eine wichtige Quelle für psychische Störungen sein kann. Bei *Thalmann* ergab sich dagegen zwischen der Art der Reinlichkeitserziehung und der Symptombelastung kein Zusammenhang; wohl aber zeigte sich ein Zusammenhang zwischen der Symptombelastung und der Frage, ob die Reinlichkeitserziehung problematisch oder unproblematisch verlief und ob die Reinlichkeitserziehung streng oder nachsichtig durchgeführt wurde: Streng erzogene Kinder und solche, bei denen die Reinlichkeitserziehung schwierig war, zeigten eine höhere Symptombelastung.

Frühkindlicher Trotz wird häufig als wichtiges und notwendiges Entwicklungsstadium verstanden. *Kemmler* (1957) machte genauere Angaben zum Altersverlauf: Der Trotz beginnt in der Regel in der Mitte des 2. Lebensjahres (1;6), erreicht zwischen 2 und 2 1/2 Jahren seinen Höhepunkt und klingt bis zum Alter von 3 Jahren ab. Zwischen dem Auftreten oder Ausfall des Trotzes und späteren Verhaltensstörungen fand *Thalmann* ebensowenig wie *Kemmler* einen Zusammenhang. Bei *Thalmann* zeigte sich aber ein Zusammenhang zwischen der Art der elterlichen Reaktion und der späteren Symptombelastung der untersuchten Jungen: Jungen, bei denen die Eltern dem kindlichen Trotz nachgaben oder ihn brachen (strenge Einstellung), waren stärker symptombelastet als Kinder, bei denen die Eltern den kindlichen Trotz zwar nicht brachen, wohl aber ihre Forderungen konsequent beibehielten.

Thalmann kommt aufgrund seiner Ergebnisse zum einzig richtigen Schluß, daß der Erziehungsstil und die Gesamteinstellung zum Kind wichtiger sind als einzelne Erziehungspraktiken. Eine einzelne, isoliert betrachtete Erziehungspraktik kann in der Regel nichts über die Entwicklungsbedingungen des Kindes oder die Genese einer psychischen Störung aussagen. Wenn in der klinischen Praxis nach Ernährungs- und Stillsituationen, Reinlichkeitserziehung, Umgang mit kindlichem Trotz u. ä. gefragt wird, besteht die große Gefahr, daß einzelne Items in ihrer pathognostischen Relevanz in vereinfachender Weise überbewertet werden*. Keine einzelne

* Die Frage danach, ob die Geburt eines Kindes erwünscht war, ist noch sehr viel problematischer, denn es handelt sich hier nicht nur um ein äußerst „weiches“ anamnestisches Merkmal, die gegebene Antwort auf diese Frage sagt oft mehr über die Beziehung zwischen Mutter und Therapeut aus, als über die tatsächliche Erinnerung der Mutter. Dies kann durch die klinische Erfahrung belegt werden, daß eine ambivalente Einstellung der Mutter gegenüber der Geburt des Kindes von ihr oft erst im Verlaufe der Therapie, wenn sich ein Vertrauensverhältnis entwickelt, artikuliert werden kann. In diesem Zusammenhang sind die aktuell vorliegenden Schuldgefühle für die psychische Störung (und den Therapieprozeß) in der Regel von größerer Bedeutung als die Situation bei der Geburt des Kindes.

Erziehungspraktik kann als wesentlicher Grund für die Entwicklung von psychischen Störungen verstanden werden. Psychische Störungen entwickeln sich *nicht* aus „Erziehungsfehlern der Eltern“. Wichtig ist die Gesamtbeziehung; d. h. einzelne Praktiken müssen im Gesamtkontext der Beziehung zwischen Eltern und Kind gesehen werden. Einzelne Erziehungspraktiken haben dabei für die Beurteilung der Gesamtbeziehung einen ähnlichen Stellenwert wie einzelne Symptome bei der Beurteilung der Frage, ob und in welchem Ausmaß eine psychische Störung vorliegt. Die Frage nach Erziehungspraktiken ist in der Praxis dann sinnvoll, wenn die Angaben als punktuelle Indikatoren (Hinweise, „Symptome“) für die Beziehung zwischen Eltern und Kind genommen werden.

6 *Pathognostisch bedeutsame aktuelle Familienmerkmale I: Objektiv-strukturelle Variablen*

6.1 Soziale Plazierungsvariablen: Sozioökonomischer Status, sozioökologische Variablen und Aspekte sozialer Benachteiligung

Die bekannteste Studie über den Zusammenhang zwischen sozialem Status und psychischer Störung ist die „New-Haven-Studie" von *Hollingshead & Redlich* (1958), in der alle Bewohner von New Haven, die in psychiatrischen Praxen oder Kliniken behandelt wurden, erfaßt wurden. In dieser und ähnlichen Studien zeigten sich deutliche Zusammenhänge zwischen sozialer Schicht (sozialer Benachteiligung) und dem Ausmaß und der Häufigkeit psychischer Störungen von Erwachsenen.

Der Zusammenhang zu psychischen Störungen bei Kindern und Jugendlichen wurde weniger häufig untersucht als bei Erwachsenen; soweit er aber untersucht wurde, ergaben sich hier weniger klare Unterschiede zwischen den einzelnen Schichten, teilweise überhaupt keine Unterschiede. Im folgenden seien exemplarisch einige Ergebnisse referiert. Zu einer ausführlichen Übersicht hierzu siehe die Monographie von *Petri* (1979).

6.1.1 Ergebnisse

In der schon mehrfach zitierten Arbeit von *Shepherd* et al. (1973) zeigte sich kein allgemeiner Zusammenhang zwischen dem Schweregrad der Symptombelastung und der sozialen Schicht (kein Unterschied bei Elternangaben). Bei den Lehrerangaben zeigten sich allerdings tendenziell Zusammenhänge im Sinne einer etwas stärkeren Belastung der unteren Schichten.

Bei nur wenigen Einzelitems ergab sich ein Zusammenhang zur sozialen Schicht, und wo er bestand, variierte er noch mit dem Alter und Geschlecht.

- Bei Jungen war „mangelndes Interesse an der Schule" in den unteren Schichten häufiger;
  bei den Mädchen dagegen zeigte dieses Item keinen Zusammenhang zur sozialen Schicht.
- Bei den Jungen zeigte außerdem das Item „Aggressivität gegenüber anderen Kindern" einen Zusammenhang: Die unteren Schichten waren auch hier überrepräsentiert.
- Bei den Mädchen zwischen 11 und 15 Jahren war „stilles und verschlossenes Verhalten" in den unteren Schichten überrepräsentiert.

Wie in vielen anderen Untersuchungen, so zeigte sich auch bei *Shepherd* et al. (1973) zwischen Schulleistung und sozioökonomischem Status des Vaters ein klarer Zusammenhang: Kinder aus den unteren Schichten zeigen im Durchschnitt schlechtere Leistungen.

Die Ergebnisse von *Shepherd* et al. (1973) (leichte Schichtunterschiede bei Lehrerangaben) könnten dadurch erklärt werden, daß bei Unterschichtskindern ein größeres „Anpassungsgefälle" zwischen häuslichem und schulischem Milieu besteht, daß Unterschichtskinder weniger auf die schulischen Anforderungen vorbereitet und deshalb in der Schule tendenziell eher benachteiligt sind (Mittelschichtsorientierung der Schule). Ein weiterer Grund könnte darin liegen, daß aggressiv-ausagierende Syndrome (die in der Unterschicht häufiger vorkommen) von Lehrern besonders sensibel registriert werden („fallen stärker auf").

Thalmann (1971) erfaßte die soziale Schicht bzw. Aspekte sozialer Benachteiligung durch verschiedene Indikatoren:

– Die Wohngegend zeigte keinen deutlichen Zusammenhang zur Symptombelastung,
– ebensowenig der Schultyp, mit der Ausnahme von Sonderschülern, die stärker belastet waren.
– Die am Beruf des Vaters gemessene soziale Schicht zeigte ebenfalls keine deutlichen Zusammenhänge zur Symptombelastung.
– Wurde die soziale Schicht nach einem Index erfaßt, in dem Beruf, Bildung und Einkommen des Vaters in kombinierter Weise berücksichtigt wurde, zeigten sich tendenziell Zusammenhänge: Unterschichtskinder zeigten eine etwas höhere Symptombelastung.

Er folgert aus diesen Ergebnissen, daß die soziale Schicht nicht bedeutsam für die Entwicklung psychischer Störungen ist, er hält die familienstrukturellen und -interaktionalen Variablen für entscheidender.

Rutter, Tizard & Whitmore (1970) fanden in der Isle-of-Wight-Studie, daß die soziale Schicht nur zu sehr wenigen Verhaltensitems bedeutsame Beziehungen aufwies. In ihrer Studie zeigte sich allerdings ein deutlicher Zusammenhang zwischen Intelligenz der Kinder und ihrer sozialen Schicht. Die wenigen Unterschiede in den Verhaltensitems beziehen *Rutter* et al. auf die Intelligenzunterschiede. Betrachtet man nicht die einzelnen Symptome, sondern die Diagnosen, so zeigte weder
(a) die Häufigkeit von psychischen Störungen insgesamt, noch
(b) die Art der psychischen Störung (emotionale vs. Verhaltensstörung)
einen Zusammenhang zur sozialen Schicht. Es ergab sich aber die Tendenz, daß bei kleinen Familien, deren Väter einen white-collar-Beruf hatten, nur sehr wenige antisoziale oder gemischt emotionale und Verhaltensstörungen vorkamen.

Auch in der Untersuchung von *Remschmidt & Steinhausen* (1981) zu griechischen Gastarbeiterkindern in Berlin ergaben sich weder bei den griechischen Kindern noch bei der deutschen Kontrollgruppe statistisch ausweisbare Beziehungen zwischen der Variablen „sozioökonomische Restriktionen" und den Indikatoren für psychische Störungen beim Kind. Auch *Jonsson & Kälvesten* (1964) fanden in ihrer Untersuchung keine Schichtunterschiede bei der Symptombelastung.

Gegenüber diesen Untersuchungen, die keine oder nur geringfügige Schichtunterschiede fanden, sprechen eine Reihe von anderen Untersuchungsergebnissen für die Bedeutung von Schichtunterschieden bei psychischen Störungen von Kindern.

In der Untersuchung von *Heindorf* et al. (1967) an 10 Kindergärten und 3 Vorschulklassen der Stadt Halle, in der zwischen 1960 und 1964 pro Kind 3 Untersuchungen durchgeführt wurden, ergab sich insofern ein Zusammenhang zwischen sozialer Schicht und psychischer Störung bei Kindern, als Kinder von ungelernten Arbeitern (Haushaltsvorstand) häufiger Störungen aufwiesen. *Welding* (1975) fand bei Kindern im Vorschulalter (2–6 Jahre alt; n = 1 372) einen Zusammenhang zwischen allgemeiner psychischer Auffälligkeit des Kindes und der sozialen Schicht. In der Längsschnittstudie von *v. Harnack* (1953; 1958) an 2 391 Hamburger Schulanfängern, von denen nach 4 Jahren 55 % nachuntersucht wurden, ergaben sich bei einer Reihe von Symptomen Unterschiede zwischen den sozialen Schichten, die besonders deutlich bei Verwahrlosungserscheinungen waren; diese kamen in der Unterschicht häufiger vor.

Höhere Raten an psychisch gestörten Kindern in der Unterschicht fanden außerdem *Yourman* (1932), *Furman* et al. (1965), *Apley & MacKeith* (1968), *Baldwin* (1968), *Chazan & Jackson* (1971, 1974).

Petri (1979; s. a. seine kurze Zusammenfassung, 1976) fand bei seiner Untersuchung einer Berliner Inanspruchnahmepopulation u. a. die folgenden Ergebnisse:
(1) Die Symptombelastung war bei Jungen aus der Unterschicht etwas höher als bei Jungen aus den anderen Schichten; bei Mädchen fand sich kein solcher Zusammenhang.
(2) Der Schweregrad (Chronifizierung etc.) der psychischen Störung zeigte einen deutlicheren Zusammenhang zu Indikatoren der sozialen Benachteiligung (Finanzen, Wohnen, Betreuung) als zur sozialen Schicht. Dabei fand sich erwartungsgemäß in der Unterschicht der größte Prozentsatz an sozial benachteiligten Familien.
(3) Orientiert an psychoanalytischen Gesichtspunkten ordnete *Petri* die Symptomatik einem „frühen Strukturbereich" (frühere und damit auch schwerwiegendere Störungen, zu dem er auch die Verwahrlosungsstrukturen zählt) und einem „späten Strukturbereich" zu. Gegenüber den anderen Schichten waren in der Unterschicht die Verwahrlosungsstrukturen überrepräsentiert.

In der Untersuchung von *Butollo* et al. (s. *Butollo* et al., 1978) zeigte sich die Tendenz, daß
- hyperaktiv-aggressives Verhalten eher in den unteren Schichten,
- ängstlich-gehemmtes Verhalten eher in den oberen Schichten

vorkam.

In eine ähnliche Richtung gehen die Untersuchungsergebnisse von *Lapouse & Monk* (1958; 1964). Sie fanden in den unteren Schichten mehr Verhaltensabweichungen (aggressiv-ausagierende Störungen), in den höheren Schichten mehr neurotische Störungen. Die Ergebnisse von Untersuchungen zur Kinder- und Jugendkriminalität kommen auch überwiegend zum Ergebnis, daß Kinder (besonders Jungen) aus der Unterschicht häufiger durch Delikte auffallen. In diesem Zusammenhang sind besonders Dunkelfelduntersuchungen von Interesse, da hier nicht die tatsächliche Strafverfolgung zum Ausgangspunkt genommen, sondern auf unausgelesene Stichproben zurückgegriffen wird. Damit wird das Problem der sozialen Etikettierung (labeling) von Straftätern und der damit verbundenen sekundären abweichungsverstärkenden sozialen Prozesse umgangen. In der Dunkelfelduntersuchung der Arbeitsgruppe um *Remschmidt* zeigte sich u. a., daß Jungen aus den unteren Schichten mehr Delikte begingen, als Jungen aus den höheren Schichten. Bei Mädchen dagegen zeigte sich dieser Effekt nicht (s. *Merschmann* et al., 1976).

Es sei am Rande noch darauf hingewiesen, daß die Schichtverteilung in klinischen Inanspruchnahmepopulationen nicht die tatsächliche Verteilung psychischer Störungen über soziale Schichten hinweg repräsentiert. In vielen klinischen Populationen ist die Unterschicht – obwohl eine höhere Belastung mit psychischen Störungen angenommen werden kann – unterrepräsentiert.

Im Bericht der Bundeskonferenz für Erziehungsberatung z. B. (1975), in dem die Jahresstatistiken von 1973 und 1974 (von 65 bzw. 64 EBs) mit 26 641 Fällen ausgewertet wurden, waren die Kinder aus der unteren Unterschicht *unter*repräsentiert. (Zu ähnlichen Ergebnissen siehe *Brackmann,* 1974; *Biermann* et al., 1963; *Koschorke,* 1973.)

In der Untersuchung von *Brandt* (1967), in der die Daten von 12 städtischen Erziehungsberatungsstellen aus den 12 Berliner Bezirken erfaßt wurden (602 Kinder), ergab sich dagegen bezüglich des sozialen Status keine Abweichung von der Verteilung in der Gesamtbevölkerung.

Wiederum zu einem anderen Ergebnis gelangten *Remschmidt* et al. (1974) bei ihrer Untersuchung an der Marburger Klinik für Kinder- und Jugendpsychiatrie, in der

- die untere Mittelschicht unterrepräsentiert,
- die untere Unterschicht aber überrepräsentiert

war (bezogen auf die Schichtverteilung in der Normalbevölkerung). Dabei fanden sich Neurosen eher in den höheren Schichten, Verhaltensstörungen eher in den unteren Schichten. Dieses Ergebnis kann dahingehend interpretiert werden, daß die Population an einer kinderpsychiatrischen Klinik mit einer großen Station (geschlossene Unterbringung möglich) eine völlig andere Patientenverteilung aufweist, als etwa eine Erziehungsberatungsstelle.

Betrachtet man nicht die soziale Schicht als solche, sondern andere Aspekte der sozialen Benachteiligung (Wohngebiet, Qualität der Beschulung, sozioökologische Variablen, s. B. Stadt-Land, Wohraummangel), so sind die Ergebnisse auf den ersten Blick in ähnlicher Weise verwirrend.

Frederking (1975) kommt aufgrund seiner Untersuchung in Mannheim zur Schlußfolgerung, daß der Einfluß von

- Wohngebiet,
- sozialer Schicht,
- sozialer Mobilität,
- Geschwistersituation,
- gestörter Familiensituation

gering sei.

In der Untersuchung von *Heindorf* et al. (1967) an 10 Kindergärten und 3 Vorschulklassen der Stadt Halle, in der zwischen 1960 und 1964 pro Kind 3 Untersuchungen durchgeführt wurden, ergab sich zwischen Wohnraumenge und psychischen Störungen bei den Kindern kein statistisch signifikanter Zusammenhang.

Becker et al. (1974) bezogen in ihrer Studie zur behandelten Prävalenz in Tübingen die Erkrankungshäufigkeit und Inanspruchnahme auf die Bevölkerungsstruktur: Nach ihren Ergebnissen haben Kinder aus einer sozial schwachen Bevölkerungsstruktur ein erhöhtes Erkrankungsrisiko; außerdem wandten sich Familien aus einer eher schwachen Bevölkerungsstruktur eher an städtische Erziehungsberatungsstellen, Familien aus einer günstigeren Bevölkerungsstruktur eher an Nervenärzte oder Universitätseinrichtungen.

Thalmann untersuchte auch den Zusammenhang zwischen der Symptombelastung der Jungen und

- der Wohndichte der Familie,
- dem Fehlen eines eigenen Bades und
- dem Fehlen eines eigenen Zimmers für den Jungen.

Keines dieser Merkmale korrelierte mit der Symptombelastung. Es zeigte sich allerdings ein Unterschied in der Symptombelastung zwischen den Kindern, die in einem eigenen Haus wohnen und denen, die in Mietwohnungen wohnen. Wie zu erwarten, korreliert das Merkmal Hausbesitz jedoch mit einer Reihe anderer Variablen, wie dem sozialen Status, der Schuldbildung etc. der Eltern.

Die Ergebnisse von *Rutter* et al. (1975; 1979) an einer Londoner Stichprobe zeigen, daß sich die Schulen sehr deutlich in der Rate der psychischen Störungen und Leseschwierigkeiten unterschieden. Dabei ergab sich, daß diese Unterschiede nicht alleine darauf zurückzuführen sind, daß die Schulen von vorneherein unterschiedliche Schülergruppen aufnehmen; selbst wenn diese Aufnahmeeffekte herauspartialisiert werden, zeigen sich hinsichtlich der genannten Zielmerkmale noch immer deutliche Unterschiede zwischen Schulen. Dies legt die Annahme nahe, daß hier genuine Beschulungseffekte vorliegen. Diese Annahme wurde überprüft, indem eine Reihe von Schulcharakteristiken (äußere Bedingungen, Schulorganisation, Lehrerverhalten etc.) auf die psychischen und Leistungsmerkmale der Schüler bezogen wurden. Hier zeigten sich deutliche Korrelationen, so daß die Annahme eines eigenständigen Beschulungseffektes gestützt wird.

Hinweise zu einer sinnvollen Interpretation der verwirrend erscheindenden Ergebnisse zur Frage des Einflusses der sozialen Schicht und anderer Faktoren sozialer Benachteiligung ergeben sich aus einem Vergleich der Isle-of-Wight-Studie mit der Londoner Parallelstudie der *Rutter*-Arbeitsgruppe, da beide mit der selben Methodik durchgeführt wurden.

Ausgehend vom Ergebnis, daß Verhaltensabweichungen, psychiatrische Störungen und spezifische Lesebehinderungen bei Kindern in London doppelt so häufig waren wie auf der Isle of Wight, untersuchte die Arbeitsgruppe um *Rutter* (vgl. hierzu *Rutter,* 1977) die Frage, welche Umweltfaktoren hierfür verantwortlich seien. Hierzu suchten sie Faktoren, die zwei Bedingungen erfüllen sollten:
(1) Sie sollten innerhalb beider Gebiete (getrennt betrachtet) deutlich mit psychischen Auffälligkeiten korreliert sein.
(2) Bezüglich der Häufigkeit des Vorkommens dieser Merkmale sollten deutliche Unterschiede zwischen London und der Isle of Wight bestehen (da sich ja auch bei den psychischen Störungen der Kinder deutliche Unterschiede zeigten).

Vier Merkmale erfüllten diese Bedingungen:
(1) Familiäre Disharmonie,
(2) abweichendes Verhalten der Eltern (psychische Störung oder Delinquenz),
(3) soziale Benachteiligung der Familie (sehr große Familien, beengtes Wohnen, fehlender Hausbesitz und
(4) ungünstige Beschulung (starke Lehrer- und Schülerfluktuation, hoher Immigrantenanteil u. ä.).

Aus den ersten drei Merkmalen wurde ein „Family Adversity Index" (Index familiärer Benachteiligung) gebildet. In London ergab sich im Vergleich zur Isle of Wight ein mehr als doppelt so hoher Anteil an benachteiligten Familien (57,3 % gegenüber 19,8 %). Die Häufigkeit von psychischen Störungen und Verhaltensstörungen bei Kindern aus benachteiligten Familien war in beiden Gebieten gleich hoch, sie lag etwa bei 25 %. Daraus folgt, daß die hohen Raten an Störungen und Abweichungen bei 10jährigen in London im wesentlichen durch die sehr viel höhere Anzahl an benachteiligten Familien bedingt war. Die Unterschiede werden hierdurch jedoch nicht vollständig erklärt; sozioökologische Unterschiede dürften auch eine Rolle spielen, denn es zeigte sich, daß auch die Londoner Kinder aus nicht benachteiligten Familien im Vergleich zu denen der Isle of Wight eine höhere Rate an psychischen Auffälligkeiten aufwiesen. Die diskriminative Gültigkeit des „Family-Adversity-Index" konnte auch in einer deutschen Untersuchung aus der Arbeitsgruppe um *M. Schmidt* in Mannheim nachgewiesen werden (s. *Voll* et al., 1982).

6.1.2 Diskussion

Ein wichtiger Grund dafür, daß die Ergebnisse bei Kindern im Gegensatz zu den Untersuchungsbefunden bei Erwachsenen recht unklar erscheinen, mag darin liegen, daß sich die Untersuchungen an Erwachsenen meist auf schwere Störungen (Psychosen u. ä.) beziehen, bei Kindern und Jugendlichen aber solche Störungen seltener sind.

Auf der anderen Seite aber könnten viele Widersprüchlichkeiten auch mit methodischen Problemen zusammenhängen:
(a) Repräsentativität: Ein Problem vieler epidemiologischer Studien besteht darin, daß sie hinsichtlich der sozialen Schicht nicht repräsentativ sind. Dies gilt nicht nur für klinische Studien, auch in Feldstudien ist die Unterschicht häufig unterrepräsentiert. In diesem Zusammenhang muß auch daran gedacht werden, daß viele Studien ihre Informationen über Elternfragebogen oder standardisierte Elterninterviews (häufig mit Studenten als Interviewer) gewinnen. Hier könnten unterschiedliche schichtspezifische Urteilertendenzen zum Tragen kommen.
(b) Definition der sozialen Schicht oder von Indikatoren der sozialen Benachteiligung: Die Untersuchungsergebnisse sind schon deshalb schwer vergleichbar, weil sie sich auf verschiedene operationale Definitionen stützen. Die referierten Ergebnisse von *Thalmann* demonstrieren sehr schön die Abhängigkeit der Ergebnisse von der operationalen Definition.
(c) Methodische Effekte der Datenerhebung: Noch schwerwiegender als die genannten methodischen Probleme ist die Abhängigkeit der Ergebnisse von der Befragungsmethode bzw. vom erfaßten Störungsbereich. So fanden z. B. *Shepherd* et al. (1973) in den Elternbefragungen keine Schichtunterschiede, bei der Lehrerbefragung aber zeigten sich Schichtunterschiede. In ähnliche Richtung weisen die Ergebnisse von *Lapouse & Monk* (1958, 1964), die im Bereich „Anpassung" Schichtunterschiede fanden, in anderen Bereichen aber nicht. Schichtunterschiede in der schulischen Anpassung fanden auch *Burchinal* et al. (1958) und *Pringle* et al. (1966): In der Unterschicht zeigten sich mehr Verhaltensabweichungen (aggressiv-ausagierende Störungen). Daraus folgt, daß die Ergebnisse wesentlich von der Art der erfaßten Störungen (und auch vom erfaßten Altersbereich und Geschlecht) abhängig sind.

Butollo et al. (1978) haben sicherlich recht, wenn sie meinen, daß die Zusammenhänge noch nicht hinreichend geklärt sind und weitere Untersuchungen erfordern. Gleichwohl können aufgrund der Forschungsergebnisse einige Ergebnistendenzen festgehalten werden:
(1) Schulleistung und Intelligenz bei Kindern zeigen einen deutlichen Zusammenhang zur sozialen Schicht und anderen Indikatoren der sozialen Benachteiligung.
(2) In der Tendenz sind die Unterschichten stärker mit psychischen Störungen belastet (Häufigkeit und Schweregrad psychischer Störungen bei Kindern). Diese Tendenz ist besonders ausgeprägt bei Jungen aus der unteren Unterschicht.
(3) Bezüglich der Art der psychischen Auffälligkeiten kann festgehalten werden, daß aggressiv-ausagierende Störungen (und damit verbunden schulische Anpassungsprobleme) in der Unterschicht häufiger repräsentiert sind. Demgegenüber sind emotionale Störungen in den höheren Schichten relativ häufiger.
(4) Die drei genannten Ergebnistendenzen werden nur dann richtig verstanden, wenn folgendes im Auge behalten wird:

(a) Obwohl die soziale Schicht eine der am besten abgesicherten empirischen Kernvariablen* darstellt, ist sie nur *relativ* und *kontextbezogen* interpretierbar. D. h. die Zugehörigkeit zu einer bestimmten sozialen Schicht, oder das Vorliegen von Merkmalen sozialer Benachteiligung haben *für sich genommen* keine (oder nur geringfügige) pathognostische Relevanz. Die pathogenetische Bedeutung dieser Merkmale ist abhängig vom sozioökologischen und soziokulturellen Kontext, in dem sie stehen. So bedeutet z. B. die Zugehörigkeit zur unteren Schicht (etwa gemessen am Beruf des Vaters) in einem großstädtischen Milieu (Slum-Problem) etwa völlig anderes als in einem ländlichen Gebiet, wo die Zugehörigkeit zur Unterschicht wenig darüber aussagt, ob die Familie sozial unterprivilegiert ist (s. die Ergebnisse von *Thalmann;* vgl. auch die referierten Ergebnisse von *Remschmidt & Steinhausen* bei griechischen Gastarbeiterkindern). Der *Hauptgrund* für die Unterschiedlichkeit der Ergebnisse liegt nicht in den oben genannten forschungsmethodischen Problemen (die nicht nur bei der sozialen Schicht, sondern bei fast allen Variablen konstatierbar sind), sondern darin, daß die soziale Schicht bei den verschiedenen untersuchten Stichproben – in Abhängigkeit vom jeweils vorliegenden sozioökologischen und -kulturellen Kontext – *tatsächlich* eine unterschiedliche pathogenetische Bedeutsamkeit hat.
(b) Die Beziehung zwischen sozialen Statusmerkmalen und psychischen Auffälligkeiten ist nicht als direkter Zusammenhang zu interpretieren, sondern als ein Zusammenhang, der in komplexer Weise über Interaktionsprozesse vermittelt ist. Objektive soziale Plazierungsmerkmale machen bestimmte Interaktionsprozesse wahrscheinlicher, sie setzen Rahmenbedingungen für interpersonale Prozesse und umgekehrt erhalten sie erst über diese Prozesse ihre psychologische Bedeutsamkeit. Wegen dem hohen Vermittlungsgrad (kein direkter Bezug) zwischen Merkmalen sozialer Plazierung und psychischen Störungen sind keine hohen Korrelationen zwischen beiden Merkmalsbereichen zu erwarten. Diese inhaltliche Komplexität ist ein weiterer Grund dafür, daß die Forschungsergebnisse nicht einfach und klar, sondern kompliziert sind.

6.2 Objektiv-strukturelle Charakteristiken der Aufenthaltsfamilie

6.2.1 Betreuung und Unterbringung des Kindes (Familienkonstellation hinsichtlich der Eltern)

Unter „objektiv-strukturellen Charakteristiken" sollen hier Merkmale, wie z. B. Heimunterbringung vs. Familienunterbringung, Vollständigkeit der Familie, Unterbringung bei den leiblichen Eltern oder Ersatzeltern (Verwandte, Pflege- oder Adoptiveltern) und die Altersverhältnisse in der Familie (Altersabstand zwischen Eltern und Kind) verstanden werden. Ein großer Teil der relevanten Ergebnisse zu diesem Bereich wurde bereits oben angesprochen, so daß hier nur noch einige ergänzende und zusammenfassende Bemerkungen notwending sind:
(1) Zur Frage des Zusammenhanges zwischen aktueller Unterbringung des Kindes und dem Risiko für psychische Störungen beim Kind sind die Forschungsergebnisse recht eindeutig (vgl. die Übersichten von *Rutter,* 1977, 1981):

---

* „Soziale Schicht" ist insofern eine empirische Kernvariable, als sehr viele andere psychosoziale Variablen mit ihr korrelieren und auch theoretisch sinnvoll auf sie bezogen werden können.

- Das geringste Risiko für psychische Störungen haben Kinder, die bei ihren leiblichen Eltern in einer „vollständigen" Familie aufwachsen.
- Bei Kindern, die in Familien aufwachsen, die von der „sozialen Normalform" abweichen, sind psychische Störungen wahrscheinlicher (Alleinerziehende; Ersatzeltern).
- Heimkinder sind mit Abstand am stärksten mit psychischen Störungen belastet.

Ergänzend zu den bereits angeführten Untersuchungsergebnissen seien zur Illustration noch zwei Ergebnisse aus dem deutschen Sprachraum genannt. In der Untersuchung von *Heindorf* et al. (1967) an 10 Kindergärten und 3 Vorschulklassen der Stadt Halle, in der zwischen 1960 und 1964 pro Kind 3 Untersuchungen durchgeführt wurden, waren die Kinder aus vollständigen Familien weniger auffällig als die Kinder aus Teilfamilien: In Teilfamilien fanden sich etwa doppelt so häufig psychisch gestörte Kinder wie in vollständigen Familien. *Stürzbecher* (1967) berichtet über die Ergebnisse der von den Berliner Gesundheitsämtern im Jahre 1966 durchgeführten Vorsorgeuntersuchung, in der 12 099 Kinder im Alter von 4 Jahren erfaßt wurden. Psychische Auffälligkeiten wurden dabei grob in einigen wenigen Kategorien erfaßt und auf den Aufenthaltsort der Kinder bezogen. Nach dem Aufenthaltsort nehmen die psychischen Störungen in der folgenden *Reihe* zu:

- Eltern,
- alleinstehende Mütter,
- Groß- oder Pflegeeltern,
- Heim.

Dabei ergab sich besonders bei den Heimkindern eine sprunghafte Zunahme.

(2) Die Gründe für diese Zusammenhänge wurden bereits oben diskutiert: Bei Heimkindern ist die Stabilität und Sicherheit des unmittelbaren Beziehungsgefüges meist vermindert oder gefährdet, bei Kindern aus „abweichenden" Familienverhältnissen mag das aktuelle Beziehungsangebot in manchen Fällen unproblematisch sein (z. B. Adoptivkinder), in der Entwicklungsgeschichte finden sich aber Belastungen. Bei alleinerziehenden Eltern oder bei der Erziehung des Kindes durch die Großeltern kommen zu vergangenen Belastungen (z. B. Scheidung) häufig auch noch aktuelle Belastungsfaktoren. In diesem Zusammenhang hebt *Rutter* (1977, S. 63) die folgenden Faktoren hervor:

- Alleinerziehende Eltern haben im Durchschnitt ein niedrigeres Einkommen als Familien mit zwei Elternteilen und gehören häufiger zu den sozial Unterprivilegierten (Wohnverhältnisse etc.).
- Der alleinerziehende Elternteil ist größeren Belastungen ausgesetzt, ihm fehlt die materielle und psychische Unterstützung des Partners, und er hat oft noch mit gesellschaftlichen Vorurteilen zu kämpfen.
- Das Kind kann ebenfalls in erhöhtem Maße sozialen Diskriminationen ausgesetzt sein.
- Das Kind hat nicht die Möglichkeit, imunmittelbaren Umfeld eine positive Beziehung zwischen zwei Erwachsenen zu erleben und es hat – falls der gleichgeschlechtliche Elternteil fehlt – in der Familie kein Modell für ein adäquates geschlechtsspezifisches Verhalten.

Um Mißverständnissen vorzubeugen, soll der Hinweis, daß „abweichende" Familienverhältnisse für sich genommen noch keinen Belastungsfaktor darstellen müssen, nicht unerwähnt bleiben. Wie der gesellschaftshistorische Kontext die pathogenetische Bedeutung eines Merkmals bestimmt, kann gut am Beispiel der alleinerziehenden Mütter demonstriert werden: Während es noch vor 2 bis 3 Jahrzehnten (in Deutschland) kaum vorkam, daß eine Mutter freiwillig, bewußt und aus eigenem Entschluß ein Kind alleine aufzog, hat sich die Situation (trotz vieler Schwierigkeiten) heute merklich geändert (Veränderung sozialer Normen). Mit der Veränderung der sozialen Normen aber ändert sich auch der pathognostische Wert dieses Einzelmerkmals.

(3) Die Bedeutsamkeit des sozioökologischen Kontextes wurde hier mehrfach betont. Bezüglich der Unterbringungssituation des Kindes gibt es sehr starke Unterschiede zwischen großstädtischen und ländlichen Gebieten. Einen Eindruck darüber, wie stark sich die Berliner Gesamtpopulation (und noch mehr die Berliner Klinikspopulation; vgl. hierzu die Zahlen bei *Mattejat,* 1985) von einer ländlichen Durchschnittspopulation abhebt, zeigen *Thalmanns* (1971) Zahlen, in dessen repräsentativer Stichprobe von 150 Reutlinger Jungen

- 133 bei beiden leiblichen Eltern lebten,
- 11 bei der alleinerziehenden Mutter und
- 6 bei einem leiblichen Elternteil und einem Stiefelternteil.

(Nur 17 Jungen in „irregulären" Familienverhältnissen.) Ähnlich unterschiedlich fallen die Zahlen bei *Rutters* Vergleich zwischen der Isle-of-Wight (ländlich) und Londoner Innenstadtbezirken aus (vgl. die Zahlenangaben oben). Im ländlichen Bereich gibt es weitaus weniger „abweichende" Familienverhältnisse und Heimunterbringungen. So gesehen spiegeln sich in den genannten deutlichen Ergebnissen bezüglich der Unterbringung und Betreuung des Kindes auch sozioökologische Verhältnisse (mehr oder weniger problematische oder geordnete Sozialstruktur).

(3) Schließlich sei darauf hingewiesen, daß abweichende Familienverhältnisse nicht nur die Wahrscheinlichkeit für psychische Störungen beim Kind erhöhen, sondern darüber hinaus und unabhängig davon die Wahrscheinlichkeit für die Vorstellung des Kindes in einer klinischen Institution erhöhen können. Daraus ergibt sich, daß in Erziehungsberatungsstellen und ähnlichen Institutionen der Prozentsatz der Kinder aus „abweichenden" Familienverhältnissen teilweise sogar höher ist, als er aufgrund der epidemiologischen Daten zu erwarten wäre.

In der Untersuchung von *Brandt* (1967) z. B., in der die Daten von 12 städtischen Erziehungsberatungsstellen aus den 12 Berliner Bezirken erfaßt wurden (602 Kinder), ergaben sich bezüglich der Merkmale

- nichteheliche Geburt,
- unvollständige Familie und
- Berufstätigkeit der Mutter

deutliche Unterschiede gegenüber der Verteilung in der Gesamtbevölkerung.

Im Bericht der Bundeskonferenz für Erziehungsberatung (1975), in dem die Jahresstatistiken von 1973 und 1974 (von 65 bzw. 64 EBs) mit 26 641 Fällen ausgewertet wurden, waren die Kinder aus unvollständigen Familien gegenüber der Normalpopulation überrepräsentiert (1973: 20 %; 1974: 25 %). In der von *Baker & Holzworth* (1961) untersuchten Gruppe von Kindern einer psychiatrischen Klinik waren nur 35 % aus einer vollständigen Familie (mit leiblichen Eltern), während in der Gesamtbevölkerung 86 % der Kinder bei ihren leiblichen Eltern aufwachsen.

Diese Inanspruchnahmeverhältnisse sind wahrscheinlich auf Faktoren wie z. B. die erhöhte Verunsicherung und häufig doppelte Belastung von alleinerziehenden Eltern zurückzuführen.

6.2.2 Familienkonstellation hinsichtlich der Geschwister (Familiengröße, Anzahl der Kinder, Position in der Geschwisterreihe, inkl. Altersverhältnisse)

Die Untersuchung des Zusammenhanges zwischen der Geschwisterkonstellation (Anzahl der Geschwister; Stellung in der Geschwisterreihe, Geschlecht und Altersabstand zu den Geschwistern) und psychischen Merkmalen hat eine lange Tradition. *Adlers* (1920) Überlegungen zu verschiedenen Geschwistertypen wurden von *Toman* (1959) aufgegriffen und ausführlich untersucht. In neuerer Zeit hat *Langenmayr* (1978) die diesbezüglichen Forschungsergebnisse zusammengestellt.

Repräsentativ für die epidemiologischen Untersuchungsergebnisse zum Zusammenhang zwischen Geschwisterposition und psychischen Störungen bei Kindern und Jugendlichen stehen die Befunde von *Shepherd* et al. (1973):

- Einzelkinder zeigten die geringsten, älteste Kinder die höchsten Auffälligkeitsscores.
- Älteste Kinder mit 4 oder mehr Geschwistern waren dabei besonders gefährdet.
- Mittlere Kinder waren fast ebenso belastet wie älteste Kinder.
- Bei Geschwisterkindern zeigten die jüngsten Kinder die geringsten Auffälligkeitsscores.
- Je größer die Familie ist, um so höher ist der Prozentsatz an auffälligen Kindern. Besonders deutlich ist dieser Effekt bei ältesten Kindern mit 4 oder mehr Geschwistern.
- Die Geschlechtskonstellation zwischen den Geschwistern hatte keinen Einfluß auf den Störungsscore: Weder das Geschlecht der Geschwister noch das Fehlen oder Vorhandensein von gleichgeschlechtlichen Geschwistern wirkte sich auf den Gesamtauffälligkeitsscore aus.

Auch in der Untersuchung von *Lapouse & Monk* (1964) waren die Einzelkinder (allerdings statistisch nicht signifikant) am wenigsten belastet. In der Untersuchung von *Heindorf* et al. (1967) ergab sich, daß Kinder aus kinderreichen Familien (mehr als 4 Kinder) häufiger psychische Störungen aufwiesen. Diese Beziehung zwischen Familiengröße und psychischen Störungen ist allerdings recht schwach und kann (deshalb) nicht immer aufgewiesen werden. In *Thalmanns* (1971) Untersuchung z. B. ergaben sich keine Beziehungen zwischen der Familiengröße und der Symptombelastung, auch dann nicht, wenn die einzelnen sozialen Schichten getrennt betrachtet wurden. Es fanden sich allerdings in der Unterschicht gehäuft Familien mit 3 oder mehr Kindern. Ansonsten zeigten sich keine Zusammenhänge zwischen Familiengröße und sozialer Schicht. Zum selben Ergebnis kamen *Jonsson & Kälvesten* (1964). *Thalmann* konnte auch keine Beziehung zwischen der Stellung des Kindes in der Geschwisterreihe und der gesamten Symptombelastung feststellen, allerdings ergaben sich bei einer Betrachtung der einzelnen Symptome bei einigen wenigen Symptomen leichte (nur tendenzielle) Unterschiede, je nach der Stellung in der Geschwisterreihe.

Rutter, Tizard & Whitmore (1970) fanden eine Reihe von (allerdings schwachen) Beziehungen zwischen einzelnen Verhaltensitems (Symptomliste) und der Familiengröße:

- Bei antisozialen Items zeigten Einzelkinder eine etwas größere Belastung als Probanden aus Familien mit 2 Kindern. Die stärkste Belastung aber bei antisozialen Items zeigten Kinder aus Familien mit 4 oder mehr Kindern.
- Bei den „neurotischen“ Items (aus dem ängstlich-gehemmten Bereich) zeigen Einzelkinder eine etwas stärkere Belastung als Kinder mit Geschwistern; Kinder

aus großen Familien waren hier nicht stärker belastet als Kinder aus kleinen Familien.

Bei den neurotischen (emotional gestörten) Kindern waren gegenüber der Kontrollgruppe der „normalen" Kinder älteste Kinder über- und jüngste Kinder unterrepräsentiert. Bei den Kindern mit (antisozialen) Verhaltensstörungen zeigte sich ein ähnlicher Trend, der jedoch nicht so deutlich war. Bei einer genaueren Differenzierung zeigte sich, daß Kinder mit „nicht-sozialisierten" Verhaltensstörungen dasselbe Muster wie die neurotischen Kinder aufwiesen, bei den Kindern mit „sozialisierten" Verhaltensstörungen (z. B. Delinquenz im Rahmen einer Peer-Gruppe) zeigte sich kein Zusammenhang zur Geschwisterposition.

In eine ähnliche Richtung gehen die Ergebnisse von *Tuckman & Regan* (1967): Sie fanden, daß Kinder mit vielen Geschwistern weniger „neurotische" Symptome zeigten, antisoziales Verhalten und Schulprobleme kamen bei ihnen aber häufiger vor. Keine Unterschiede zeigten sich in den Bereichen Aggressionsprobleme, sozialer Rückzug, psychosomatische Probleme, schwere psychiatrische Störungen und sexuelle Probleme.

Die Ergebnistendenzen können wie folgt zusammengefaßt werden:

(1) Die Zusammenhänge zwischen Familiengröße und Geschwisterposition einerseits und psychischen Störungen bei Kindern auf der anderen Seite sind schwach.

(2) Bei Kindern mit vielen Geschwistern sind psychische Störungen wahrscheinlicher als bei Kindern aus kleinen Familien. Dieser Effekt kommt im wesentlichen dadurch zustande, daß Kinder aus großen Familien häufiger aggressiv-ausagierende Störungen aufweisen. Emotionale Störungen (ängstlich-gehemmte Syndrome) dagegen zeigen nicht diesen Zusammenhang zur Familiengröße.

Der Zusammenhang zwischen Familiengröße und dem Vorkommen von aggressiv-ausagierenden Syndromen kann z. T. darauf zurückgeführt werden, daß kinderreiche Familien häufig auch sozial unterprivilegiert sind.

(3) Bei Familien mit mehreren Kindern sind älteste Kinder im statistischen Durchschnitt etwas stärker symptombelastet, jüngste Kinder weisen die geringste psychopathologische Belastung auf.

(4) Lange galten Einzelkinder in ihrer psychischen Entwicklung als besonders gefährdet (vgl. hierzu z. B. *Thalmann,* 1971, S. 187 f.). Diese alte Überlegung hängt sicherlich damit zusammen, daß früher Familien mit einem Kind relativ selten waren. Die tatsächliche Situation und die mit ihr verbundenen soziokulturellen Standards haben sich geändert: Familien mit nur einem Kind sind (besonders seit dem „Pillenknick") immer häufiger. Die Forschung konnte die Annahme einer besonderen Gefährdung von Einzelkindern nicht bestätigen. Wahrscheinlich zeigen Einzelkinder etwas häufiger Symptome aus dem ängstlich-gehemmten Bereich als Kinder mit Geschwistern.

(5) Die große Anzahl von empirischen Arbeiten über psychische Korrelate der Geschwisterkonstellation und der tatsächliche Forschungseffekt stehen in einem Mißverhältnis (vgl. z. B. *Langenmayr,* 1978). Die Geschwisterkonstellation sagt wenig über die Wahrscheinlichkeit psychischer Störungen bei Kindern aus (empirisch feststellbares Risiko). Der im praktisch-therapeutischen Bereich sicherlich wichtige Aspekt der Geschwisterbeziehungen (beim Indexpatienten ebenso wie in den weiteren Familienverhältnissen) bezieht sich auf interaktionale (prozessuale) Merkmale und komplexe familiendynamische Strukturen, die in der empirischen Forschung nicht durch einfache objektiv-strukturelle Merkmale (wie „Einzelkind", „ältestes Kind" etc.) abgebildet werden können.

6.2.3 Berufstätigkeit der Eltern

Früher wurde häufig die Annahme vertreten, daß die mütterliche Berufstätigkeit Gefahren für die psychische Entwicklung des Kindes in sich birgt. Die uneingeschränkte Zuwendung der Mutter und ihre unmittelbare Verfügbarkeit seien eine der wichtigsten Voraussetzungen für eine gesunde psychische Entwicklung des Kindes (vgl. *Thalmann,* 1971, S. 198 ff.). Diese Annahmen gehen davon aus, daß mütterliche Berufstätigkeit eine Vernachlässigung des Kindes impliziert. In einigen älteren Untersuchungen zeigen sich auch Hinweise auf einen Zusammenhang zwischen dissozialen Verhaltensstörungen und mütterlicher Berufstätigkeit. Im weiteren Verlauf der Forschung aber konnten diese Ergebnisse nicht repliziert werden.

Schon 1960 kommt *Stolz* in einer Forschungsübersicht zum Ergebnis, daß die Berufstätigkeit der Mutter für sich genommen (bei Ausschaltung von Faktoren, die häufig mit mütterlicher Berufstätigkeit assoziiert sind) die psychische Gesundheit des Kindes nicht beeinflußt.

Jonsson & Kälvesten (1964) und *Harnack* (1958) fanden keine Unterschiede in der Symptombelastung zwischen berufstätigen und nicht berufstätigen Müttern. Auch in *Thalmanns* (1971) Untersuchung ergaben sich nur unbedeutende Unterschiede im psychischen Status der Kinder von berufstätigen und nicht berufstätigen Müttern (vgl. auch die Arbeiten von *Yudkin & Holme,* 1963; *Etaugh,* 1974; *Wallston,* 1973; *Davie* et al., 1972; *West & Farrington,* 1973; *Douglas* et al., 1968).

Rutter kommt in seiner Übersicht zum Resumee, daß „es nun offensichtlich ist, daß die Kinder von arbeitenden Müttern nicht mehr Probleme haben, als die Kinder von Müttern, die zu Hause bleiben . . . und daß man schließen kann, daß unter der Voraussetzung guter alternativer Arrangements mit stabilen Beziehungen und guter Versorgung, bei den Kindern berufstätiger Mütter keine negativen Effekte zu erwarten sind (*Rutter,* 1977, S. 64).

Das weitverbreitete Vorurteil, daß die mütterliche Berufstätigkeit (für sich genommen) zum Nachteil der Kinder gereicht, ist damit durch die Forschung recht eindeutig widerlegt. So gilt auch bei der mütterlichen Berufstätigkeit – wie bei den anderen diskutierten objektiv-strukturellen Familienvariablen – daß ihre psychologische Bedeutung erst durch den Kontext, in dem sie steht, konstituiert wird. Hierzu nennt *Lehr* (1978) in ihrer Übersichtsarbeit eine Reihe von „intervenierenden Variablen“, durch die die Auswirkung der mütterlichen Berufstätigkeit auf die kindliche Entwicklung bestimmt wird. Dazu zählen z. B. die soziale Schicht der Mutter und ihre berufliche Qualifikation, das Geschlecht des Kindes, der Grad der Geschlossenheit der Familie, Zeit, Dauer und Regelmäßigkeit der Berufstätigkeit, die Zufriedenheit mit der Lebenssituation insgesamt, die Art der Ersatzbetreuung und die Erziehungshaltung der Mutter (vgl. auch die Monographie von *Koliadis,* 1975).

Rutter (1977) stellt die wesentliche Verbindungslinie zwischen mütterlicher Berufstätigkeit und psychischen Störungen bei Kindern heraus, wenn er feststellt: „Ob die Berufstätigkeit (für das Kind) von Vorteil ist oder nicht, hängt zu einem erheblichen Teil davon ab, wie sich die Berufstätigkeit auf die psychische Verfassung der Mutter und auf ihre Beziehungen zu den Kindern auswirkt“ (*Rutter,* 1977, S. 64). Diese Schlußfolgerung *Rutters*, in der er die interaktional-prozessualen Aspekte hervorhebt, basiert auf zwei zentralen empirischen Erkenntnissen:

- Die Berufstätigkeit kann die psychische Verfassung der Mutter und die familiären Beziehungen beeinflussen.

- Die psychische Gesundheit der Mutter und die Qualität der familiären Beziehungen zeigen einen engen Zusammenhang zu psychischen Auffälligkeiten bei den Kindern (s. die folgenden Abschnitte).

Wie dieser Zusammenhang genauer vorzustellen ist, zeigen *Hoffmanns* (1961) Untersuchungsergebnisse: Nicht die Berufstätigkeit selbst, sondern die Einstellung der Mutter zu ihrer Berufstätigkeit beeinflußt ihre psychische Verfassung und ihre Beziehung zum Kind, damit auch seine psychische Gesundheit. Die Zufriedenheit und Freude der Mutter an ihrem Beruf ist danach eine zentrale Variable, die sich auf die gesamte psychische Entwicklung des Kindes auswirkt. Interessanterweise fanden sich in der Untersuchung von *Hoffmann* kaum Unterschiede zwischen den Kindern nicht berufstätiger Mütter und den Kindern von Müttern, die mit ihrem Beruf unzufrieden waren. Die Auswirkung der mütterlichen Berufstätigkeit ist also davon abhängig, wie sie ihre Berufstätigkeit erlebt (vgl. hierzu entsprechende Angaben in der Übersicht von *Clarke-Stewart,* 1977).

Wie positive oder negative Auswirkungen mütterlicher Berufstätigkeit zustandekommen und von welchen Faktoren sie abhängig sind, zeigen *Rallings & Nye* (1979) in einer Zusammenfassung der wichtigsten Aussagen (Hypothesen), die als empirisch gestützt gelten können:

- Mit dem Ausmaß der Berufstätigkeit wächst die erlebte Angst der Mutter (Angst i. S. v. Rollenstreß; Angst, die multiplen Rollenerwartungen nicht erfüllen zu können).
- Mit dem Ausmaß der Berufstätigkeit wachsen die Schuldgefühle der Mutter (gegenüber dem Kind).
- Mit dem Ausmaß der Berufstätigkeit wächst das Selbstwertgefühl (positive Selbstbewertung).

Die Berufstätigkeit hat demnach (im statistischen Durchschnitt) gleichermaßen positive wie negative Auswirkungen auf die psychische Verfassung der Mutter.

Die folgenden von *Rallings & Nye* (1979) angeführten Hypothesen sind ebenfalls empirisch gestützt (teilweise aber noch nicht klar gesichert):

- Das Ausmaß der mütterlichen Berufstätigkeit steht in einer kurvilinearen Beziehung zur allgemeinen Lebenszufriedenheit: Teilzeitbeschäftigte Mütter schildern sich am zufriedensten.
- Das Ausmaß der Berufstätigkeit beeinflußt positiv die Freude der Mutter an Freizeitaktivitäten und an ihren Beziehungen zu den Kindern.
- In der Unterklasse steht die Berufstätigkeit in negativer Beziehung zur ehelichen Zufriedenheit der Ehefrau/Mutter.
- Die Beziehung zwischen Berufstätigkeit und ehelicher Zufriedenheit ist kurvilinear: Teilzeitbeschäftigte Frauen schildern sich in ihrer ehelichen Beziehung am zufriedensten.

Die Ergebnisse über den Zusammenhang zwischen mütterlicher Berufstätigkeit und psychischen Auffälligkeiten bei Kindern können zusammengefaßt werden:
(1) Es besteht kein klarer Zusammenhang zwischen mütterlicher Berufstätigkeit und psychischen Störungen bei Kindern. Mütterliche Berufstätigkeit für sich genommen ist kein pathognostisch relevantes Merkmal. Das weitverbreitete Vorurteil, daß die mütterliche Berufstätigkeit einen schädlichen Effekt hat, ist falsch.
(2) Die Auswirkung der mütterlichen Berufstätigkeit auf die psychische Verfassung der Kinder ist über subjektive und interaktionale Faktoren vermittelt: Sie hat (im statistischen Durchschnitt) gleichermaßen positive (Steigerung des Selbstwertgefühls) wie negative (Rollenstreß, Schuldgefühle) Auswirkungen auf die psychische

Verfassung der Mutter und kann die familiären Beziehungen ebenfalls in beide Richtungen beeinflussen. Psychische Verfassung der Mutter und die Qualität der familiären Beziehungen stehen in einem engen Zusammenhang zu psychischen Auffälligkeiten beim Kind.

(3) Die Richtung, in der psychische Verfassung der Mutter und familiäre Beziehungen beeinflußt werden, ist von einer Reihe von Faktoren, wie dem Ausmaß der Berufstätigkeit (Vollzeit, Teilzeit), der Art des Berufes (Qualifikation; damit zusammenhängend: soziale Schicht), dem Grund der Berufstätigkeit (finanzielle Notwendigkeit) und der ehelichen Beziehung abhängig. Die mütterliche Berufstätigkeit ist damit für sich genommen eine polyvalente Variable, deren psychologische Wertigkeit sich erst aus dem Gesamtkontext ergibt.

(4) Der Umstand, daß die mütterliche Berufstätigkeit im statistischen Durchschnitt die Schuldgefühle der Mutter gegenüber dem Kind verstärkt (und damit auch im Hinblick auf das Kind pathogen wirken kann), hat sicherlich mit den gesellschaftlichen Vorurteilen gegen die Berufstätigkeit von Müttern zu tun (indirekte pathogene Wirkung gesellschaftlicher Vorurteile). Die klinische Erfahrung zeigt, daß auch heute noch, obwohl sich die gesellschaftliche „Normalerwartung" erheblich geändert hat, fast alle berufstätigen Mütter von psychisch gestörten Kindern in der Furcht leben, ihre Kinder vernachlässigt zu haben. Zur Prävention psychischer Störungen bei Kindern gehört deshalb eine Aufklärung über diese Forschungsergebnisse. Interessant ist in diesem Zusammenhang der Umstand, daß die Forschung über die Auswirkungen mütterlicher Berufstätigkeit ihren Höhepunkt in den 50er Jahren hatte (vgl. *Lehr,* 1978, S. 104), zu einer Zeit also, als zunehmend mehr Mütter eine Berufstätigkeit aufnahmen. Die Tendenz, daß ältere Forschungsarbeiten eher schädliche Auswirkungen mütterlicher Berufstätigkeit feststellten, ist wahrscheinlich auch auf die Veränderung der gesellschaftlichen Normen zurückzuführen.

7 *Pathognostisch bedeutsame aktuelle Familienmerkmale II: Interaktional-subjektive (prozessuale) Variablen*

7.1 Merkmale der Eltern und der ehelichen Beziehung

7.1.1 Individuelle Merkmale der Eltern

Die wichtigsten individuellen Elternmerkmale, die zu psychischen Auffälligkeiten bei Kindern in Beziehung stehen, sind psychische Störungen und Kriminalität.

Rutter (1966) gibt einen Überblick über Untersuchungen zum Zusammenhang zwischen psychischen Störungen bei den Eltern und den Kindern. Die Ergebnisse (s. z. B. *Bennett,* 1960; *Jenkins,* 1968; *Shields & Slater,* 1961) sind konsistent und zeigen eindeutig, daß bei den Eltern psychisch gestörter Kinder überdurchschnittlich häufig Neurosen, Depressionen und Persönlichkeitsstörungen vorkommen. (Eine kurzgefaßte Übersicht zu dieser Frage, der ich auch in der vorliegenden Darstellung folge, findet sich bei *Rutter,* 1977; vgl. auch die Übersicht von *Hetherington & Martin,* 1972). Bei einer Untersuchung von kinderpsychiatrischen Inanspruchnahmepopulationen fand *Rutter* (1966), daß jedes fünfte Kind einen Elternteil hatte, der selbst schon in psychiatrischer Behandlung war. Der Zusammenhang war dann besonders deutlich,

- wenn ein Elternteil langfristig andauernde Auffälligkeiten zeigte,
- und die Symptomatik das Verhalten gegenüber dem Kind unmittelbar beeinflußte.

Wolff & Acton (1968) fanden bei den Eltern von Kindern einer kinderpsychiatrischen Klinik doppelt so häufig psychische Auffälligkeiten wie in einer Kontrollgruppe.

Daß es sich hierbei nicht um Zuweisungs- oder Inanspruchnahmeeffekte handelt, zeigen die Ergebnisse an repräsentativen Stichproben. In der Untersuchung von *Rutter, Tizard & Whitmore* (1970, S. 328) zeigte sich ein klarer Zusammenhang zwischen emotionalen Störungen bei der Mutter (Beschwerde-Fragebogen) und dem Vorliegen einer psychiatrischen Störung beim Kind (Kinder im Schulalter). Dasselbe Ergebnis zeigte sich bei einer Londoner Stichprobe (*Rutter* et al., 1975). *Richman* (1975) konnte denselben Befund an einer Stichprobe von 3jährigen Kindern replizieren. Die Beziehung zwischen psychischen Auffälligkeiten bei Eltern und Kindern gilt für alle Arten von kindlichen psychischen Störungen (emotionale Störungen, wie Verhaltensstörungen); es gibt darüber hinaus Anhaltspunkte dafür, daß bei neurotischen Störungen der Mutter (ängstlich-gehemmter Typus: Depression, Ängste) die Wahrscheinlichkeit für ängstlich-gehemmte Syndrome besonders deutlich ansteigt. *Wohnlich* (1980) fand in einer Schweizer Klinikspopulation bei neurotischen Eltern gehäuft emotionale Störungen (ängstlich-gehemmte Syndrome) bei den Kindern. Wenn nur die Mutter eine neurotische Störung hatte, waren bei den Kindern leichtere emotionale Störungen („neurotische Reaktionen") häufiger, wenn bei beiden Eltern eine Neurose festgestellt wurde, waren bei den Kindern eher schwerere emotionale Störungen („neurotische Persönlichkeitsentwicklungen") zu finden.

Der Zusammenhang von psychischen Störungen bei Eltern und Kindern wird auch durch die „High-Risk-Forschung" ausgewiesen (vgl. hierzu den Sammelband von *Remschmidt,* 1980). In Untersuchungen der Arbeitsgruppe um *Rutter* (vgl.

Rutter, 1977, S. 89) an Familien erwachsener psychiatrischer Patienten zeigte sich, daß psychisch gestörte Eltern (bes. Mütter) etwa doppelt so häufig psychisch gestörte Kinder haben wie normale Kontrollgruppen. Zu ähnlichen Ergebnissen siehe die Untersuchungen von *Buck & Laughton,* 1959; *Kellner,* 1963; *Hare & Shaw,* 1965). Interessant ist auch die katamnestische Studie von *Robins* (1966), die Kinder, die in einer Erziehungsberatungsstelle vorgestellt worden waren, bis ins Erwachsenenalter nachuntersuchte. Die Kinder von ehemaligen Patienten waren dabei deutlich auffälliger als die Kinder der Kontrollgruppe.

In der Arbeit von *Remschmidt & Steinhausen* (1981) an griechischen Gastarbeiterfamilien in West-Berlin wurde aufgrund ausführlicher Elterninterviews eine Reihe von zusammengefaßten Variablen gebildet; dabei zeigten in beiden Stichproben (Deutsche und Griechen zusammen) die Variablen
- „Störungen des Elternverhaltens",
- „gestörte Partnerbeziehung",
- „emotionale Störungen der Mutter",
- „Probleme bei anderen Familienangehörigen"

Beziehungen zum Ausmaß der psychischen Störung beim Kind. Bei den Variablen
- „emotionale Störungen des Vaters",
- „sozioökonomische Restriktionen" und
- „eigenanamnestische Belastungen"

dagegen zeigten sich keine statistisch ausweisbaren Beziehungen.

Fragt man nicht nach psychischen Störungen bei den Eltern, sondern nach Kriminalität, so zeigt sich auch hier ein klarer Zusammenhang zu psychischen Auffälligkeiten der Kinder; besonders deutlich ist dabei der Zusammenhang zwischen Kriminalität des Vaters und expansiven Störungen des Sozialverhaltens (aggressiv-ausagierende Syndrome, schulische Anpassungsschwierigkeiten und besonders Delinquenz). Sehr bekannt wurde die Arbeit von *Glueck & Glueck* (1950), die fanden, daß bei 84 % der von ihnen in Massachussetts untersuchten Delinquenten aus Familien mit delinquenten Eltern kamen. Neuere Untersuchungen kommen zum Schluß, daß sich bei einem kriminellen Elternteil die Wahrscheinlichkeit dafür, daß das Kind auch Delikte begeht, etwa um das Doppelte erhöht (s. z. B. *Jonsson,* 1967; *West & Farrington,* 1973; *Robins & Lewis,* 1966; *Robins* et al., 1975; vgl. *Rutter & Madge,* 1976). Der Zusammenhang gilt aber nicht nur für aggressiv-ausagierende Syndrome, sondern für psychische Störungen überhaupt: In der Isle-of-Wight-Studie waren die Kinder mit einem kriminell gewordenen Vater doppelt so häufig psychisch auffällig, wie die Kontrollkinder.

Zusammenfassend kann festgehalten werden:

(1) Es besteht ein deutlicher Zusammenhang zwischen psychischen Störungen oder Kriminalität bei den Eltern und psychischen Störungen bei den Kindern: Auffällige Eltern haben (mit einer größeren Wahrscheinlichkeit) auffällige Kinder.

(2) Besonders die Merkmale
- psychische Störung (im Sinne von „neurotischen" Symptomen wie Depressivität) der Mutter und
- Kriminalität des Vaters

sind mit psychischen Auffälligkeiten der Kinder assoziiert.

(3) Die Untersuchungsergebnisse deuten darüber hinaus tendenziell darauf hin, daß der Typus (aggressiv-ausagierend oder ängstlich-gehemmt) der psychischen Auffälligkeiten bei Eltern und Kind ähnlich sind. Besonders klar ist dieser inhaltliche Zusammenhang bei elterlicher Kriminalität und kindlicher Delinquenz ausgewiesen.

(4) Es gibt Hinweise dafür, daß sich die elterlichen Auffälligkeiten um so schwerwiegender auswirken,

- je länger sie andauern und
- je stärker sie sich im unmittelbaren Verhalten dem Kind gegenüber manifestieren.

(5) Als Grundlage für diese Zusammenhänge kommen zwei „Übertragungsprozesse", die genetische und die psychisch-interaktionale Transformation, in Betracht. Bei den gefundenen Zusammenhängen dürfte die genetische Transmission zwar eine Rolle spielen, für die Annahme, daß interaktionale Prozesse eine entscheidendere Rolle spielen, spricht jedoch eine Reihe von Gründen (vgl. die genauere Diskussion dieser Ergebnisse unten).

7.1.2 Merkmale der ehelichen Beziehung

Bei der Frage nach den psychopathologisch wesentlichen Merkmalen interpersonalen Verhaltens und interpersonaler Beziehungen wurden zwei Aspekte besonders häufig untersucht:

Emotionalitätsaspekt: Welche emotionale Qualität hat die Interaktion oder Beziehung? Ist die Interaktion (Beziehung) für die Interaktionspartner angenehm, emotional positiv, belohnend oder ist sie unangenehm, emotional negativ und bestrafend? Ist das interpersonale Verhalten (bzw. Einstellungen) emotional warm, zugewandt, freundlich und liebevoll oder emotional kühl, ablehnend und feindselig?

Machtaspekt (Kontrollaspekt): Welchen psychologischen Status haben die Interaktionspartner, wie sind die Machtverhältnisse zwischen ihnen, welcher Interaktionspartner steuert die Interaktion, welcher hat mehr Einfluß? In welchem Ausmaß kontrolliert der eine Interaktionspartner den anderen, wer ist eher dominant (bestimmend), wer ist eher submissiv (untergeordnet)? Die klinisch-psychologische und psychiatrische Forschung kann sich dabei auf Ansätze in der allgemeinen Sozialpsychologie stützen, in denen versucht wird, interpersonales Verhalten durch diese beiden Dimensionen (bzw. Aspekte) zu beschreiben (s. z. B.: *Bales,* 1970; *Leary,* 1957; zu einem Überblick s. *Piontowski,* 1976).

Neben diesen beiden inhaltlichen Bereichen wurden – angeregt durch die klinische Kommunikationstheorie (*Bateson* et al., 1956; *Watzlawick* et al., 1969) – strukturelle Kommunikationsaspekte zwischen den Eltern recht häufig untersucht.

7.1.2.1 Emotionale Beziehungen zwischen den Eltern

Die emotionalen Beziehungen zwischen den Eltern können durch die verschiedensten Indikatoren erfaßt werden, die sich auf die erlebte eheliche Harmonie und Zufriedenheit, auf die Häufigkeit und Intensität von Konflikten, auf das Ausmaß offener Streitigkeiten und Feindseligkeiten im Umgang miteinander beziehen können. Alle diese Maße können als Indikatoren der „Ehequalität" interpretiert werden.

Trotz der Verwendung unterschiedlicher Methoden und recht grober Operationalisierungen ist eine sehr große Zahl von Untersuchungen konsistent zum Ergebnis gelangt, daß eheliche Disharmonie (häufige Streitigkeiten und Auseinandersetzungen, wechselseitige Ablehnung etc.) und eheliche Unzufriedenheit (gestörte emotionale Beziehungen zwischen den Ehepartnern) die Wahrscheinlichkeit für psychiatrische Störungen beim Kind deutlich erhöhen. *Rutter* et al. (1975) z. B. fanden in der Isle-of-Wight-Studie, daß bei Jugendlichen mit einer persistenten

(d. h. chronifizierten und damit als schwerwiegend anzusehenden) Störung 30 % aus solchen Familien kamen, in denen die Eltern emotional ungünstige eheliche Beziehungen hatten; im Vergleich dazu fand sich in der Kontrollgruppe mit normalen Jugendlichen nur bei rund 7 % der Eltern eine gestörte eheliche Beziehung. In einer analogen epidemiologischen Untersuchung an Mannheimer Schulkindern zeigte sich ebenfalls, daß eheliche Disharmonie (neben anderen Aspekten, wie z. B. dem sozioökonomischen Status, der psychischen Gesundheit der Mutter) ein wesentlicher Belastungsfaktor ist, der die Wahrscheinlichkeit für die Entwicklung einer psychischen Störung beim Kind erhöht (*Voll* et al., 1982).

Auch die meisten Studien, in denen die Interaktion zwischen den Eltern direkt beobachtet wurde (Familieninteraktions-Studien), kommen insgesamt zum Schluß, daß die Partnerbeziehung von Eltern psychisch gestörter Kinder und Jugendlicher konflikthaltiger ist als die Ehebeziehungen in Vergleichsfamilien (s. *Murrell & Stachiowak,* 1967). Der Partnerkonflikt kann sich dabei in höherer Feindseligkeit zwischen den Eltern (z. B. *Farina & Holzberg,* 1968), in geringerer gegenseitiger Unterstützung (s. z. B. *Murrel & Stachiowak,* 1967), oder auch in einer erhöhten Tendenz zu Kontaktvermeidungen und Pseudoübereinstimmungen (verdeckter Konflikt) (vgl. *Solvberg & Blakar,* 1975) äußern.

Der Zusammenhang zwischen ehelicher Disharmonie und psychiatrischen Auffälligkeiten beim Kind ist besonders deutlich bei aggressiv-ausagierenden Syndromen (Delinquenz, dissoziales Verhalten, aggressives Verhalten) (s. z. B. *West & Farrington,* 1973; *Rutter,* 1971; *McCord & McCord,* 1959; *Douglas* et al., 1968; *Gibson,* 1969; *Gregory,* 1965; *Glueck & Glueck,* 1950; *Nye,* 1958). Die ehelichen Beziehungen von Eltern delinquenter Jugendlicher (bzw. von Kindern mit dissozialen Verhaltensstörungen) werden als kühl, emotional distanziert und durch häufige Auseinandersetzungen und wechselseitige Aggressionen geprägt beschrieben.

Im Gegensatz dazu erscheint die Beziehung zwischen ehelicher Disharmonie und emotionalen Störungen (ängstlich-gehemmte Syndrome) nicht so deutlich ausgeprägt. Bei emotional gestörten (bzw. neurotischen) Kindern sind disharmonische Beziehungen zwischen den Eltern seltener als bei dissozialen Kindern (s. hierzu *Bennett,* 1960). Im Vergleich mit normalen Kontrollgruppenkindern finden sich jedoch auch bei emotional gestörten Kindern erhöhte Raten ehelichen Konflikts (s. z. B.: *Cummings, Bayley & Rie,* 1966; *Gassner & Murray,* 1969). Der eheliche Konflikt äußert sich dabei häufiger in einer allgemeinen Unzufriedenheit der Ehepartner in der Beziehung, offene (und damit auch methodisch leicht feststellbare) Auseinandersetzungen finden sich ebenso wie verdeckte Konflikte. Wenn *Schulman* et al. (1962) diesbezüglich keine Unterschiede zwischen Eltern psychisch auffälliger und normaler Kinder gefunden haben, so könnte dies dadurch erklärt werden, daß sie nur offene Konflikte (in Form von Auseinandersetzungen und Streitigkeiten) erfaßten (vgl. auch *Doane,* 1978, S. 357).

Von besonderem klinisch-therapeutischem Interesse sind die folgenden Ergebnisse:

Jonsson (1967) fand, daß die pathogene Wirkung von ehelicher Disharmonie dann besonders ausgeprägt ist, wenn die Kinder in die eheliche Auseinandersetzung mit einbezogen werden. Die familientherapeutische Zielsetzung, eheliche Konflikte zwischen den Ehepartnern und nicht mit Dritten verhandeln zu lassen, findet hier eine empirische Untermauerung.

Es ist bekannt, daß lange andauernde eheliche Konflikte sich besonders schädlich auswirken; therapeutisch ermutigend ist in diesem Zusammenhang das Ergebnis von *Rutter* (*Rutter,* 1971), daß sich bei einer Verbesserung der familiären Beziehungen die Prognose des Kindes entsprechend verbessert. In eine ähnliche Richtung gehen die bereits oben referierten Ergebnisse, daß Kinder, die in ihrer frühen Kindheit eheliche Disharmonie erlebten und später in harmonischen Familienverhältnissen leben, ein geringeres Risiko für psychische Erkrankungen haben als solche, die dauernd in einer Familie mit ehelicher Disharmonie lebten.

Die empirischen Befunde über den Zusammenhang zwischen der Qualität der Ehe bzw. den emotionalen Beziehungen der Eltern und psychischen Störungen bei den Kindern können nun zusammengefaßt werden:
(1) Die Forschungsergebnisse zeigen in konsistenter Weise, daß ein deutlicher Zusammenhang zwischen der Qualität der ehelichen Beziehung und der Wahrscheinlichkeit für psychische Störungen bei Kindern und Jugendlichen besteht: Kinder, deren Eltern eine disharmonische Ehe mit häufigen Konflikten, offenen Streitigkeiten und kühlen oder feindseligen emotionalen Beziehungen führen bzw. Kinder, deren Eltern mit ihrer ehelichen Partnerschaft unzufrieden sind, haben ein deutlich erhöhtes Risiko für psychische Störungen.
(2) Dieser Zusammenhang ist besonders deutlich bei aggressiv-ausagierenden Syndromen (einschließlich Delinquenz). Im Hinblick auf emotional gestörte Kinder (ängstlich-gehemmte Syndrome) ist er weniger deutlich. Möglicherweise ist dies dadurch bedingt,
- daß bei den Eltern von aggressiv-ausagierenden Kindern sich die Konflikte zwischen den Eltern häufiger in offenen Streitigkeiten und Feindseligkeiten äußern (und damit in der empirischen Forschung leicht erfaßbar sind),
- bei den Eltern von ängstlich-gehemmten Kindern dagegen häufiger in indirekter und unterschwelliger Form vorliegen (und damit schwer operationalisierbar sind).

(3) Es gibt außerdem Hinweise dafür, daß eheliche Disharmonie sich um so schädlicher auf das Kind auswirkt,
- je stärker das Kind in den Konflikt mit einbezogen wird und
- je länger die disharmonischen Ehebeziehungen andauern.

7.1.2.2 Dominanzbeziehungen zwischen den Eltern

Die Frage, wie Einfluß, Macht, familiäre Entscheidungskompetenzen und Kontrollfunktionen zwischen Vater und Mutter verteilt sind (Dominanzbeziehungen zwischen den Ehepartnern), wurde zwar häufig untersucht, die Ergebnisse aber sind recht inkonsistent und schwer zu interpretieren. Die bisherige Forschung konnte keine klaren Zusammenhänge zwischen elterlichen Dominanzmustern und psychischen Störungen bei Kindern und Jugendlichen aufweisen.

Die Uneindeutigkeit der Ergebnisse ist in methodischer Hinsicht auf die Unterschiedlichkeit der Operationalisierungen (Meßprozeduren) zurückzuführen, die untereinander häufig nur geringe Korrelationen aufweisen (vgl. hierzu *Rutter,* 1977, S. 83 f.; *Angermeyer & Schwoon,* 1980).

Will man die Unklarheit der Ergebnisse nicht bloß auf Operationalisierungsprobleme zurückführen (die ja auch in allen anderen Bereichen in ähnlicher Weise bestehen), so kann man zur substantiellen Annahme kommen, daß die Dominanzbeziehungen zwischen den Eltern (Nimmt der Vater oder die Mutter eine dominante Stellung ein?) in der Normalbevölkerung wie auch bei Familien mit psychisch gestörten Kindern sehr unterschiedlich gestaltet sein können (*Centers* et al., 1971).

Soweit die Untersuchungsergebnisse überhaupt einen Zusammenhang zwischen Dominanzmustern und psychischen Störungen bei Kindern bzw. Jugendlichen herstellen lassen, kann angenommen werden, daß in Familien mit psychisch gestörten Kindern

- die Dominanzverhältnisse und Entscheidungskompetenzen zwischen den Eltern nicht so klar differenziert sind wie in Vergleichsfamilien,
- und daß der Vater in Familien mit psychisch gestörten Kindern im Vergleich zur Mutter tendenziell eine schwächere Position einnimmt (s. aber z. B. *Schuham,* 1970, der das Gegenteil fand).

Diese Annahmen, die von vielen Autoren vertreten werden (vgl. etwa *Thalmann,* 1971, S. 208; *Rutter,* 1977, S. 84; *Jacob,* 1975; *Brofenbrenner,* 1961), können zumindest als vorläufige Forschungshypothese weiter verwendet werden.

Erfolgversprechender erscheint allerdings ein anderer Ansatz: *Doane* (1978) nimmt an, daß die Frage danach, ob Vater oder Mutter dominanter sind, für sich genommen pathogenetisch relativ unbedeutend ist; die Frage gewinnt aber dann an Relevanz, wenn man über die Ehebeziehung hinausgeht und stattdessen die Eltern-Kind-Triade betrachtet und hier nach Bündnissen, Koalitionen u. ä. (und den implizit damit verbundenen Dominanzverhältnissen) fragt (s. die Diskussion unten).

7.1.3 Kommunikationsverhalten der Eltern

Die Entwicklung des Double-Bind-Konzeptes durch *Bateson* et al. (1956) eröffnete einen neuen Bereich der Theorienbildung und Forschung zur Frage, ob und in welcher Weise Merkmale der familiären Kommunikation mit psychischen Störungen bei einzelnen Familienmitgliedern zusammenhängen. Unter dem Stichwort „Kommunikation" werden dabei in erster Linie Merkmale der inneren Kommunikationsstruktur behandelt. D. h. es wird meist vom Inhalt (*„Was?"*) der Kommunikation abgesehen und stattdessen danach gefragt, *wie* die Gesprächsteilnehmer kommunizieren. Kommunikationsprobleme treten dabei dort auf, wo gegen implizite Kommunikationsregeln verstoßen wird oder grundlegende Bedingungen eines produktiven Austausches von Mitteilungen nicht erfüllt sind.

Die Double-Bind-Theorie zeigt auf, daß Kommunikation dann erschwert ist oder sogar pathogen wirken kann, wenn in einer Mitteilung gleichzeitig auf verschiedenen Kommunikationsebenen mehrere sich einander widersprechende Botschaften enthalten sind. Das Konzept der Beziehungsfalle war ursprünglich als Theorie zur Ätiologie der Schizophrenie angeboten worden, die weitere Forschung zeigte jedoch, daß der Zusammenhang zwischen Double-Bind-Situationen und Schizophrenie nicht spezifisch ist:

(1) Paradoxe Beziehungsfallen und verwandte Kommunikationsmuster, insbesondere widersprüchliche Kommunikationen, wurden nicht nur bei Schizophrenien gezeigt, sondern bei sehr vielen psychiatrischen Störungen empirisch nachgewiesen. Die Forschungsergebnisse legen nahe, daß solche pathogenen Kommunikationsmuster bei schweren Störungen wie Schizophrenien am häufigsten und am stärksten ausgeprägt vorkommen, bei leichteren Störungen (wie z. B. emotionalen Störungen) in abgeschwächter Form vorhanden sind, aber immer noch häufiger als in Familien mit psychiatrisch unauffälligen Kindern (vgl. hierzu die Übersichtsarbeit von *Angermeyer,* 1978; die Übersichten von *Mattejat,* 1980 und 1985 und den Sammelband von *Sluzki & Ransom,* 1976).

(2) Paradoxe Kommunikationen und Beziehungsfallen kommen nicht nur in Familien mit psychisch gestörten Jugendlichen vor, es gibt kaum einen Lebensbereich, in dem sie nicht feststellbar wären. Paradoxe Kommunikationen sind ein ubiquitäres Phänomen, sie sind erst dann möglicherweise psychopathologisch relevant,
- wenn die Kommunikationspartner die Paradoxie nicht erkennen,
- wenn sich solche Muster häufig wiederholen und
- wenn der kommunikative Austausch für die Beziehung der Beteiligten von besonderer Bedeutung ist (vgl. hierzu *Mattejat,* 1985).

Neben kommunikativen Paradoxien und Widersprüchen wurden – in Fortentwicklung des kommunikationstheoretischen Ansatzes – weitere und speziellere psychopathologisch relevante Auffälligkeiten des Kommunikationsverhaltens konzeptuell dargestellt und empirisch untersucht. Als Beispiel hierfür sei die von *Haley* (1959) beschriebene Disqualifikation genannt. Jede Kommunikation enthält auch implizit eine metakommunikative Angabe darüber, wie sie zu verstehen ist (Qualifikation der Kommunikation). Ein Kommunikationsverhalten, in dem etwas mitgeteilt wird und gleichzeitig (auf einer anderen Ebene) abgestritten wird, daß überhaupt etwas mitgeteilt wurde, stellt eine Selbstdisqualifikation dar. Eine transaktionale Disqualifikation dagegen bezieht sich auf die Äußerung des Partners (s. *Haley,* 1959; *Sluzki* et al., 1976); ein Beispiel hierfür wäre die Pseudo-Bestätigung, bei der eine Meinungsverschiedenheit als Übereinstimmung definiert wird oder umgekehrt eine Übereinstimmung als Diskrepanz. *Hassan* (1974) stellt diesen beiden Formen der Disqualifikation die kontextuelle Disqualifikation an die Seite, in der nicht einzelne Kommunikationen, sondern der ganze Kommunikationskontext (z. B. ein Familiengespräch in der Klinik als „nicht erst zu nehmen" oder „von vorneherein irrelevant") entwertet wird. Eine große Zahl von anderen Kommunikationsauffälligkeiten wurde in Familien mit psychisch gestörten Kindern untersucht (s. die Übersichten von *Doane,* 1978; *Jacob,* 1975; *Mattejat,* 1980). Hier sollen lediglich die wichtigsten Ansätze und Ergebnistendenzen genannt werden, die sich auf das Kommunikationsverhalten von *Eltern* psychisch gestörter Kinder beziehen.

Eine ansehnliche Zahl von Arbeiten zum elterlichen Kommunikationsverhalten stammt aus der Arbeitsgruppe um *Wynne,* in der überwiegend die Eltern ohne die Kinder untersucht wurden. Diese Arbeiten sind deshalb so interessant, weil sie in recht zielgerichteter Weise versuchten, genau solche Merkmale des elterlichen Kommunikationsverhaltens zu identifizieren, die zwischen „normalen" Familien und solchen mit psychisch gestörten Kindern (und nach Möglichkeit auch zwischen den einzelnen Störungsbildern) diskriminieren.

Die am häufigsten verwendete Untersuchungsmethode ist dabei der Rorschach-Test (Einzeluntersuchung der Eltern) oder der gemeinsame Rorschach-Versuch (Consensus-Rorschach), der vor allem mit Eltern schizophrener Jugendlicher durchgeführt wurde. Frappierend ist die bei *Wynne* et al. (1977) berichtete Fähigkeit von *M. Singer,* alleine aufgrund des Elternrorschachs vorauszusagen, ob es sich um eine Familie mit einem schizophrenen Jugendlichen handelt oder nicht. Diese intuitive Auswertung konnte z. T. auch durch ein Kodierungsschema expliziert werden, in dem verschiedene Formen von Kommunikationsabweichungen ausgezählt („communication deviance", abgekürzt „CD") und zu einem Index summiert werden (vgl. hierzu *Singer & Wynne,* 1966).

Inhaltlich gingen *Wynne & Singer* in ihrem Konzept der Kommunikationsabweichung und bei der Operationalisierung des CD-Indizes von der Frage aus, ob und in welchem Ausmaße es den Kommunikationspartnern gelingt, die Aufmerksamkeit auf einen gemeinsamen thematischen Fokus zu richten und in einen wechselseitigen Informations- und Bedeutungsaustausch einzutreten. Dabei nahmen sie an, daß

- bei Familien mit schizophrenem Nachwuchs bereits die grundlegendsten Bedingungen der Kommunikation gestört sind: Es gelingt ihnen nicht, die Aufmerksamkeit auf einen gemeinsamen Brennpunkt zu fixieren;
- Familien mit weniger schwer gestörten Kindern zeigen zwar auch vermehrt Kommunikationsabweichungen, diese Auffälligkeiten aber zeigen sich in logisch späteren Stadien der Kommunikation, nachdem bereits die Konzentration auf einen Bereich der Aufmerksamkeit gelungen ist.

Zwischen den schizophrenen Denkstörungen und der Art der Kommunikationsabweichungen stellen *Wynne & Singer* einen unmittelbaren Bezug im Sinne eines parallel ablaufenden Geschehens her („zwei Seiten einer Medaille"; vgl. *Wynne* et al., 1979; *Singer* et al., 1978).

Der CD-Index diskriminiert gut (allerdings nicht so gut wie die intuitive Auswertung) zwischen Eltern schizophrener und den Eltern von psychiatrisch unauffälligen Kindern. Darüber hinaus hat sich gezeigt, daß der CD-Index auch für andere Patientengruppen Gültigkeit besitzt; mit dem Störungsgrad des Kindes (Jugendlichen) steigt der elterliche CD-Index an: Die geringsten Kommunikationsabweichungen zeigen die Eltern normaler Kinder, es folgen in ansteigender Reihenfolge die Eltern neurotischer Kinder, von Borderline-Patienten, von Schizophrenen mit günstigem Verlauf (Remission) und schließlich die Eltern von Schizophrenen mit chronischem Verlauf (s. *Wynne* et al., 1975; *Singer & Wynne,* 1963; *Wynne* et al., 1977; *Singer* et al., 1978).

In der aus der Arbeit von *Singer* et al. (1978) entnommenen graphischen Darstellung (Abb. 8) sind die Mittelwerte und Standardabweichungen des CD-Index der Eltern von 4 verschiedenen Patientengruppen und der Kontrollgruppe dargestellt.

Die Ergebnisse bestätigen die Annahme, daß mit dem Schweregrad der psychischen Störung des Kindes die Kommunikationsabweichung bei den Eltern ansteigt. Zu ähnlichen Schlußfolgerungen gelangte *Soïjt* (1969; 1971) aufgrund der Untersuchung von Eltern verschiedener Patientengruppen (Untersuchung des Elternpaares; Aufgabe: Sprichwortinterpretationen in einer double-bind-ähnlichen Kommunikationssituation). Die Eltern Schizophrener hoben sich in einer Reihe vom Kommunikationsmerkmalen am stärksten von der Kontrollgruppe ab. Die Kommunikationsauffälligkeiten bei den Eltern der anderen Patientengruppen (Delinquente und Psychosomatiker) waren gegenüber der Kontrollgruppe ebenfalls erhöht, aber nicht so stark wie bei den Eltern Schizophrener.

In einer anderen Arbeit untersuchten *Wynne* et al. (1977) u. a. die Frage, ob der gefundene Zusammenhang zwischen elterlichem Kommunikationsstil und psychischen Störungen bei den Kindern letztlich auf die individuelle Psychopathologie der Eltern zurückgeführt werden kann. In diesem Falle wäre der Zusammenhang zwischen psychischer Störung des Kindes bzw. Jugendlichen und elterlichem Kommunikationsverhalten ein Scheineffekt, der durch den bereits oben dargestellten Zusammenhang zwischen elterlicher und kindlicher Psychopathologie entsteht. In einem engen Zusammenhang zu dieser Frage steht auch die Frage nach dem Anteil genetischer und psychosozialer Faktoren bei der Entwicklung der Schizophrenie. Bei einem Vergleich von drei Elterngruppen:

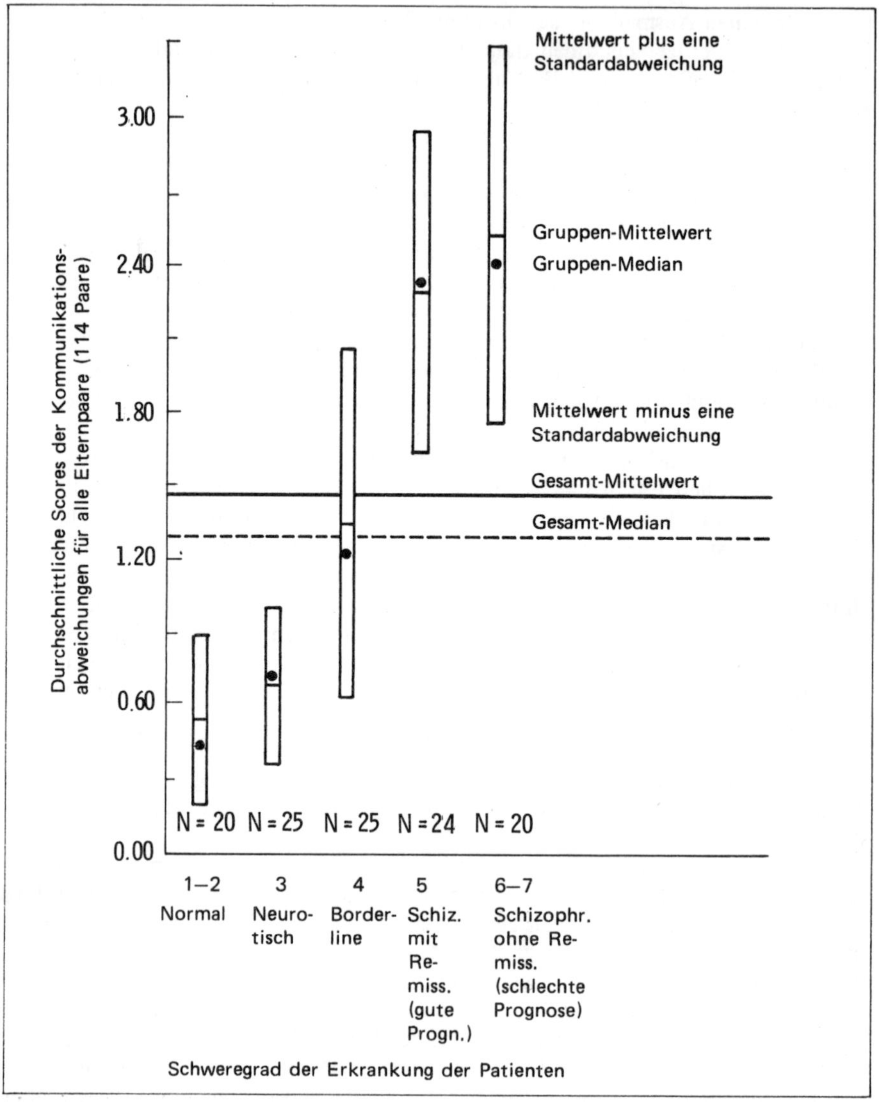

Abb. 8 Ausmaß der Kommunikationsabweichungen (Mittelwert und Standardabweichung des CD-Index) bei den Eltern von 4 Patientengruppen und einer Kontrollgruppe (aus *Singer* et al., 1978. Mit freundlicher Genehmigung von John Wiley & Sons Inc., New York)

(a) biologische Eltern von schizophrenen Nachkommen in der Familie,
(b) Adoptiveltern von schizophrenen Nachkommen in der Familie,
(c) Adoptiveltern von nichtschizophrenen („normalen“) Nachkommen in der Familie

ergaben sich folgende Befunde:

- Wie zu erwarten, gibt es einen Zusammenhang zwischen elterlicher Psychopathologie (individuelles Merkmal) und Kommunikationsabweichungen (interaktionales Merkmal).
- Der Index der Kommunikationsabweichung trennt sehr deutlich zwischen (leiblichen oder Adoptiv-) Eltern Schizophrener (Gruppe a und b) und der „normalen" Kontrollgruppe (Adoptiveltern unauffälliger Kinder [Gruppe c]). Zwischen leiblichen und Adoptiveltern Schizophrener ergibt sich hier kein bedeutsamer Unterschied.
- Bezüglich der individuellen Psychopathologie dagegen unterscheiden sich die Gruppen a und b: Die leiblichen Eltern Schizophrener zeigen die meisten Auffälligkeiten, die Adoptiveltern Schizophrener zeigen deutlich weniger individuelle psychische Störungen, die Adoptiveltern mit psychiatrisch unauffälligem Nachwuchs zeigen am wenigsten Störungen.

Die Ergebnisse sprechen gleichermaßen für eine genetische wie für eine soziale Bedingungskomponente der Schizophrenie. Interessanter ist das Ergebnis, daß die erfaßten interaktionalen Elternmerkmale deutlicher mit dem Vorkommen eines schizophrenen Nachkommens in der Familie assoziiert sind, als das individuelle Elternmerkmal „Psychopathologie". Das elterliche Kommunikationsverhalten steht offenbar in einem engen und direkten Zusammenhang zur schizophrenen Symptomatik des Jugendlichen. Der Zusammenhang zwischen elterlicher Psychopathologie und psychischer Störung des Jugendlichen in der Familie dagegen erscheint weniger direkt, sondern über genetische und kommunikative Transformationen vermittelt: Der Zusammenhang

> ‚elterliche Kommunikationsabweichung – psychische Störung des Kindes („Kommunikationseffekt")'

ist also nicht auf den Zusammenhang

> ‚elterliche Psychopathologie – psychische Störung des Kindes („Psychopathologieeffekt")'

reduzierbar. Es ist eher umgekehrt: Ein Teil des „Psychopathologieeffektes" kann durch den „Kommunikationseffekt" erklärt werden. Die Befunde der Arbeitsgruppe um *Wynne* konnten in einer Reihe weiterer Untersuchungen bestätigt werden (*Hirsch & Leff,* 1971; *Jones,* 1977; *Behrens* et al., 1968).

Hassan (1974) verwendete in ihrer Untersuchung von Elternpaaren (Kommunikation zwischen Eltern) verschiedener klinischer Gruppen eine ähnliche Methodik wie *Wynne* und Mitarbeiter, die Elternkommunikation wurde allerdings nicht in einem globalen Abweichungsmaß, sondern durch mehrere Indikatoren erfaßt. Auf diese Weise kann versucht werden, einen Zusammenhang zwischen der *Art* der psychischen Störung beim Kind und der *Art* der elterlichen Kommunikationsauffälligkeiten herzustellen. (Zu einem ausführlicheren Referat dieser Untersuchung s. *Mattejat,* 1980.) Die typologischen Zuordnungen von *Hassan* sind zwar noch nicht empirisch hinreichend abgesichert, sie können der weiteren Forschung aber anregende Hypothesen liefern.

In *Hassans* Untersuchung heben sich die Eltern von Schizophrenen und die von Delinquenten am deutlichsten von den anderen Elterngruppen und von der Kontrollgruppe ab: Die Eltern von Schizophrenen und Delinquenten disqualifizieren den Interaktionskontext am häufigsten und geben sich die geringste wechselseitige kommunikative „Quittung" (Validation), sie unterscheiden sich am deutlichsten bei der Koordination (Aufmerksamkeitsfokus) ihrer Geschichten: Während die Eltern Delinquenter parallel (relativ unabhängig) voneinander produzierten („bezugloses Nebeneinander"), zeigten die Eltern Schizophrener eine scheinbare Bezugnahme, die jedoch wegen unklarer Stellungnahmen und irrelevanter oder tangentialer Bezugnahmen („Worüber reden wir eigentlich? ") nicht gelang.

Ähnliche Ergebnisse, wie sie hier für Elternpaare berichtet wurden, dürften auch für Familien (Triaden) gelten (*Shapiro & Wild*, 1976). Die Arbeit von *Herman & Jones* (1976) zeigt, daß zwischen der (z. B. über den CD-Index erfaßten) Elternkommunikation und der Familienkommunikation („Acknowledgement") ein enger Zusammenhang besteht.

Die empirischen Befunde zum Zusammenhang zwischen elterlichen Kommunikationsmerkmalen und psychischen Störungen bei Kindern und Jugendlichen können nun zusammengefaßt werden:
(1) Es besteht ein deutlicher Zusammenhang zwischen dem elterlichen Kommunikationsverhalten (Kommunikationsabweichungen) und schizophrenen Psychosen bei Jugendlichen.
(2) Bei anderen psychischen Störungen ist dieser Zusammenhang nicht so deutlich, es kann aber vorläufig angenommen werden, daß
– das Ausmaß der elterlichen Kommunikationsabweichung und
– der Schweregrad der psychischen Störung beim Kind
kovariieren.
(3) Zwischen dem Typ der psychischen Störung beim Kind bzw. Jugendlichen und der Art der elterlichen Kommunikationsmerkmale konnten noch keine klaren Beziehungen aufgewiesen werden. Die bisher vorliegenden Forschungsergebnisse können als vorläufige Hypothesen verwendet werden.

7.1.4 Zusammenfassung und Diskussion

Die wichtigsten Ergebnisse über den Zusammenhang zwischen psychischen Störungen bei Kindern und Jugendlichen und Elternmerkmalen bzw. Merkmalen der ehelichen Beziehung und Kommunikation können nun zusammenfassend diskutiert und interpretiert werden. Dabei konzentriere ich mich zunächst – in Anlehnung an *Rutter* (1977) – auf den Zusammenhang zwischen elterlicher Psychopathologie, ehelicher Disharmonie (bzw. Konflikten) und psychischen Störungen bei Kindern. Im Anschluß daran wird gesondert auf den Aspekt der elterlichen Kommunikationsabweichungen eingegangen. Die Frage der Dominanzverhältnisse wird hier nicht noch einmal aufgegriffen, da sie unten ausführlicher diskutiert werden soll.

(1) Individuelle Psychopathologie der Eltern und eheliche (Disharmonie) Konflikte stehen in einer engen Wechselwirkung.

Bei einer Interpretation der berichteten Zusammenhänge zwischen Elternmerkmalen und Ehemerkmalen einerseits und psychischen Störungen bei Kindern ist zunächst zu bedenken,
– daß individuelle psychische Störungen bei einem Elternteil häufig mit psychischen Auffälligkeiten beim anderen Elternteil assoziiert sind, und
– daß individuelle Psychopathologie und eheliche Disharmonie (bzw. Unzufriedenheit etc.) ebenfalls zusammenhängen.

Es ist empirisch gut belegt, daß Ehepaare eine überzufällige Übereinstimmung bezüglich der Präsenz oder Absenz von Symptomen psychischer Störungen haben (*Buck & Ladd*, 1965). Es ist außerdem erwiesen, daß die Ehegatten von psychiatrischen Patienten (insbes. die Ehefrauen von psychiatrisch erkrankten Männern) überdurchschnittlich häufig selbst psychische Störungen (depressive und andere neurotische Symptomatik) entwickeln (*Hare & Shaw*, 1965; *Hagnell & Kreitman*, 1974; *Kreitman* et al., 1970; *Ovenstone*, 1973). Man hat solche Ergebnisse häufig auf eine selektive Partnerwahl zurückgeführt. Der Umstand, daß dieser Effekt zu Beginn der Ehen relativ schwach ist und mit der Dauer der Ehe anwächst, spricht gegen die ausschließliche Erklärung durch selektive Partnerwahl und für die Annahme eines interaktionalen Effektes: Der enge und langfristige Umgang mit psychisch Gestörten macht psychische Störungen beim Interaktionspartner wahrscheinlicher (Spiraleneffekt). Ergänzend sei angemerkt, daß die Mehrzahl der kriminellen Mütter mit kriminellen Vätern verheiratet ist, das Umgekehrte aber (schon alleine wegen der Zahlenrelationen) nicht gilt (*Robins* et al., 1975; *West & Farrington*, 1973).

Der zweite genannte Aspekt, der Zusammenhang zwischen individueller Psychopathologie und ehelicher Disharmonie, wird durch die Ergebnisse von *Kreitman* et al. (1971) verdeutlicht, die fanden, daß in den Ehen von erwachsenen psychiatrischen Patienten mehr ungelöste Entscheidungskonflikte, insbesondere Konflikte über die Kindererziehung, vorkommen, weniger Zuneigung zwischen den Ehegatten und stärker ausgeprägte Dominanzverhältnisse vorkamen, als in Vergleichsgruppen.

Aus den Ergebnissen folgt, daß die psychische Gesundheit der Ehepartner und die Qualität der ehelichen Beziehung kovariieren. Die empirisch festgestellten Zusammenhänge

– „psychische Störung beim Kind – individuelle Psychopathologie (bzw. Kriminalität) der Eltern“
– „psychische Störung beim Kind – eheliche Disharmonie“

sind somit nicht unabhängig, sondern reflektieren einen einheitlichen Sachverhalt.

Die Ergebnisse legen die Annahme nahe, daß eheliche Situation ebenso wie individuelle psychische Auffälligkeiten der Eltern unmittelbar das Erleben des Kindes prägen und sich auf die Interaktion zwischen Eltern und Kind auswirken (relativ unmittelbare pathogene Effekte). Neben diesem Erklärungsansatz, der das „Familienklima“ und die Eltern-Kind-Interaktion (prozessuale Merkmale also) ins Zentrum stellt, sind andere Erklärungen, die sich stärker auf „objektive“ (d. h. biologische oder soziale) bzw. familienstrukturelle Merkmale beziehen, denkbar.

(2) Die Effekte individueller psychopathologischer Elternmerkmale und ehelicher Disharmonie sind nicht auf eine genetische Transmission reduzierbar.

Man könnte versuchen, die gefundenen Beziehungen zwischen individuellen Elternmerkmalen (psychische Störung; Kriminalität) und psychischen Störungen bei den Kindern als Effekte einer genetischen Transformation zu betrachten. Ja, man könnte sogar versuchen, die Beziehung zwischen ehelicher Disharmonie und psychischen Störungen bei Kindern als genetischen Effekt zu erklären, indem man die Disharmonie durch einen erblich bedingten Mangel an Beziehungsfähigkeit eines oder beider Ehepartner, d. h. auf genetisch bedingte individuelle Elternmerkmale zurückführt. Dagegen sprechen die vorliegenden Ergebnisse aus Zwillings- und Adoptionsstudien: Bei den hier diskutierten emotionalen Störungen und Verhaltensstörungen ist zwar ein Erbfaktor anzunehmen, es handelt sich dabei jedoch um einen relativ schwachen Effekt.

(3) Die Effekte ehelicher Disharmonie sind nicht auf strukturelle Familienvariablen oder auf soziale Plazierungsvariablen reduzierbar.

Psychische Störungen bei den Eltern und eheliche Disharmonie sind mit objektiven familienstrukturellen und sozialen Plazierungsvariablen assoziiert: Der Zusammenhang zwischen Disharmonie und „broken homes" wurde bereits oben diskutiert. Es wurde schon dort darauf hingewiesen, daß die pathogene Wirkung von Verlusterlebnissen zu einem großen Teil auf die häufig mit Trennungen verbundene eheliche Disharmonie zurückgeführt werden kann: Eine Reihe von Untersuchungen zeigt, daß das Morbiditätsrisiko durch Scheidungen bzw. Trennungen der Eltern sehr deutlich erhöht wird, durch Tod eines Elternteils aber nur geringfügig (s. hierzu die Ergebnisse von *Douglas* et al., 1968; *Gibson,* 1969). Darüber hinaus ist eheliche Disharmonie auch dann mit psychischen Störungen besonders aggressiv-ausagierenden Typs assoziiert, wenn die Eltern zusammenbleiben.

In der Studie von *West & Farrington* (1973) zeigte sich, daß elterliche Kriminalität besonders häufig in kinderreichen Familien mit niedrigem sozialen Status vorkam. Dieses Ergebnis ist vielfach repliziert und man kann fragen, ob die Beziehungen zwischen prozessualen Elternvariablen und psychischen Störungen bei Kindern letztlich auf solche familienstrukturelle oder objektive soziale Variablen zurückführbar sind. Die Ergebnisse von *West & Farrington* (1973) sprechen dagegen, denn auch *innerhalb* dieser sozial belasteten Familiengruppe zeigte sich, daß delinquente Kinder immer noch überzufällig häufig auch kriminelle Eltern hatten. Ein analoges Ergebnis fanden *Robins* et al. (1975), wo sich *innerhalb* einer Gruppe von sozial unterprivilegierten Familien ein Zusammenhang zwischen elterlicher und kindlicher Delinquenz zeigte. Diese Ergebnisse zeigen, daß Kriminalität nicht einfach auf soziale Unterprivilegierung zurückgeführt werden kann.

Wir können demnach festhalten, daß die gefundenen Zusammenhänge zwischen Eltern- bzw. Ehemerkmalen keine „Scheineffekte" darstellen, die auf andere Merkmalsbereiche reduzierbar sind. Die Ergebnisse sprechen vielmehr dafür, daß psychische Störungen bei den Eltern und eheliche Disharmonie sich direkt auf die Beziehung zwischen Eltern und Kind und damit auf die psychische Verfassung des Kindes auswirken.

(4) Psychische Störungen der Eltern und eheliche Disharmonie beeinflussen die Eltern-Kind-Interaktion und damit die psychische Verfassung des Kindes.

Rutter (1977, S. 90 f.) zeigt auf, daß psychische Probleme von Kindern emotional gestörter Eltern dann wahrscheinlicher werden, wenn sich die emotionale Störung der Eltern direkt in der Interaktion mit dem Kind manifestiert. Ein Beispiel hierfür sind die Ergebnisse von *Weissman* et al. (1972), die fanden, daß depressive Mütter im Umgang mit ihren Kindern eingeschränkt waren. Gegenüber normalen Müttern zeigen sie weniger emotionale Beteiligung, erhöhte negative Affekte und Feindseligkeit und ein eingeengtes kommunikatives Repertoire. Analoges gilt für delinquente Eltern: Die Arbeit von *West & Farrington* (1973) ergab, daß kriminelle Eltern ihre Kinder in mangelnder Weise beaufsichtigten und versorgten. Bei *McCord* et al. (1959) zeigte sich ein interessantes (wegen zu geringer Fallzahl aber nicht statistisch belegbares) Ergebnis, daß *innerhalb* der Gruppe der kriminellen Väter die Wahrscheinlichkeit für Delinquenz des Kindes dann besonders hoch war, wenn der Vater das Kind vernachlässigte oder es überstreng behandelte (Mißhandlung), bei kriminellen Vätern, die ihrem Kind emotional positiv zugewandt waren (was recht selten vorkam), dagegen war das Risiko der Kinder für Delinquenz nur geringfügig erhöht.

Diese Ergebnisse deuten darauf hin, daß elterliche Psychopathologie sich dadurch pathogen auswirkt, daß die Interaktion mit dem Kind problematisch wird.

So kann man annehmen, daß durch die Variable „psychische Störung bei den Eltern" in indirekter Weise eine problematische oder eingeschränkte und damit für das Kind pathogene Interaktion zwischen Eltern und Kind erfaßt wird. Eine wesentliche Verbindung zwischen elterlicher und kindlicher Psychopathologie ist die *Interaktion.*

In entsprechender Weise kann man vermuten, daß eheliche Disharmonie sich auf die unmittelbare Eltern-Kind-Interaktion auswirkt. Die Ergebnisse von *McCord* et al. (1959) und *West & Farrington* (1973) z. B. sprechen für die klinisch einleuchtende Annahme (weitere Abklärung notwendig), daß Eltern in einer disharmonischen Ehe dem Kind gegenüber weniger konsistent auftreten können (Inkonsequenzen, Inkonsistenzen). Auch der Befund, daß die Beziehung zwischen Disharmonie und psychischer Störung beim Kind dann am stärksten ist, wenn das Kind unmittelbar in die ehelichen Auseinandersetzungen einbezogen wird, stützt eine solche Interpretation. Wie eheliche Disharmonie und die Familieninteraktion insgesamt zusammenhängen, wird durch die Ergebnisse von *Thalmann* (1971, S. 212) illustriert: Geschwisterrivalität stand in keiner Beziehung zur sozialen Schicht, es zeigte sich aber, daß in Familien mit disharmonischen Ehen auch Geschwisterrivalität deutlich häufiger auftrat. Der Zusammenhang zwischen Geschwisterrivalität und (evtl. auch späteren) emotionalen und Verhaltensstörungen bei den untersuchten Jungen (Symptombelastung) war signifikant.

(5) Die Effekte ehelicher Disharmonie sind nicht auf individuelle Merkmale der Eltern reduzierbar: Das *interaktionale* Merkmal „Disharmonie" zeigt in vielen Untersuchungen sogar einen deutlicheren Zusammenhang zu psychischen Störungen des Kindes als irgendein *individuelles* Elternmerkmal (individuelle Psychopathologie).

Psychische Störungen bei den Eltern und eheliche Disharmonie sind miteinander assoziiert und haben beide Auswirkungen auf die Eltern-Kind-Beziehung und damit auf die psychische Verfassung des Kindes. Die Frage nun, ob die
- individuellen Elternmerkmale oder die
- ehelichen Interaktionsmerkmale

„primär" (im Sinne von „ursächlich") sind, ist im Lichte einer systemischen Epistemologie falsch gestellt, da es sich um komplementäre Manifestationen *eines* transaktionalen Prozesses handelt. Dabei impliziert der systemtheoretische Ansatz die Annahme, daß die Beziehungsmerkmale nicht einfach auf die individuellen Elternmerkmale reduziert werden können: Eine disharmonische Beziehung kann nicht dadurch erklärt werden, daß die beteiligten Individuen zur Disharmonie neigen (individuelle dispositionelle Eigenschaft).

Diese systemische Betrachtungsweise wird durch die empirischen Befunde gestützt: Eheliche Disharmonie (interaktionale Variable) korreliert in vielen Untersuchungen stärker mit psychischen Störungen bei Kindern, als irgendeine individuelle „klinische" Elternvariable (wie z. B. psychische Gestörtheit). Daß die Effekte ehelicher Disharmonie nicht auf die Effekte von individuellen Elternmerkmalen reduziert werden können, zeigt sich auch darin, daß *innerhalb* der Gruppe von Eltern mit Persönlichkeitsstörungen sich immer noch eine Korrelation zwischen ehelicher Disharmonie und psychischen Störungen (aggressiv-ausagierende Syndrome) beim Kind findet (s. *Rutter,* 1977, S. 60).

Solche Zusammenhänge verweisen auf den für die klinische Praxis sehr nützlichen Begriff des „korrektiven" oder „kompensierenden" Elternteils. Eine Reihe

von Studien weisen darauf hin, daß die Auswirkung von psychischen Störungen eines Elternteils
- auf die eheliche Beziehung und
- auf die psychische Verfassung des Kindes

davon abhängig ist, in welchem Ausmaße der andere Ehepartner bzw. Elternteil die störenden Einflüsse auf das Familienleben kompensieren kann (*Singer & Wynne*, 1963; *Wynne* et al., 1977).

Auch der Umstand, daß psychische Störungen bei Kindern und Jugendlichen nicht so gut prognostiziert werden können, wenn nur die Daten von einem Elternteil herangezogen werden, der prädiktive Wert von Elternmerkmalen sich aber deutlich erhöht, wenn die Daten von beiden Eltern benutzt werden, spricht für die Annahme, daß die Interaktion zwischen den Eltern in einer direkteren Beziehung zur Entwicklung psychischer Störungen der Kinder besteht, als individuelle Merkmale (vgl. *Jones,* 1977; *Singer & Wynne,* 1963; *Wild* et al., 1975; *Wohnlich,* 1980).

(6) Die eheliche Beziehung prägt das „Familienklima" und damit die Erlebniswelt des Kindes. Der Zusammenhang zwischen ehelicher Disharmonie und psychischen Störungen des Kindes kann deshalb als unmittelbarer Effekt verstanden werden.

Die Interpretation der Befunde in einem systemorientierten Bezugssystem kann noch einen Schritt weiter geführt werden: Der Zusammenhang zwischen ehelicher Disharmonie und psychischen Störungen bei den Kindern muß aber nicht über ein abgrenzbares und gesondert identifizierbares Vermittlungsglied „Eltern-Kind-Interaktion" konstruiert werden. Die eheliche Beziehung ist der Kern der Familie, das „Familienklima" wird von ihr wesentlich geprägt. Das Kind erlebt die familiären Beziehungen nicht nur in seiner direkten Interaktion mit Mutter und Vater, sondern auch durch seine Wahrnehmung der elterlichen Beziehung. Das Gefühl des Kindes für die Sicherheit und Stabilität seines familiären Entwicklungsraumes, und seine Orientierung in der Familie ist unmittelbar von seinem Erleben der elterlichen Beziehung beeinflußt. Eine solche Betrachtung erweitert den Blick von einzelnen „Mutter-Kind-Interaktionen" oder „Vater-Kind-Interaktionen" auf das Familiensystem als übergeordnete Einheit. Der familientherapeutische Weg vom kindlichen Symptom zu den Familienbeziehungen insgesamt und spezieller noch zur ehelichen Beziehung hat hier seine sachliche und inhaltliche Grundlage. Die weiterführende Aufgabe der Forschung liegt für den hier diskutierten Bereich in erster Linie darin, die komplexe und nur grob definierte Variable „eheliche Disharmonie", die ja inhaltlich sehr viel bedeuten kann (etwa: offene Streitigkeiten; unterschwellige Konflikte; feindselige oder kühle desinteressierte Beziehung etc.) genauer zu analysieren und ihren Zusammenhang zum „Familienklima" bzw. zur Familienstruktur deutlich zu machen.

(7) Der Zusammenhang zwischen der Ehebeziehung und psychischen Störungen des Kindes kann nicht einfach als lineare Verursachung der psychischen Störung durch eine ungünstige Ehesituation verstanden werden. Es besteht vielmehr eine Wechselbeziehung, in der die eheliche Interaktion auch durch das Verhalten des Kindes beeinflußt wird.

Wenn hier von einem pathogenen Effekt elterlicher Disharmonie gesprochen wird, könnte man meinen, daß damit ein linearer Ursachenzusammenhang von den elterlichen zu den kindlichen Merkmalen postuliert werden soll. Dies ist in keiner Weise beabsichtigt, denn der umgekehrte Zusammenhang – etwa in der Weise, daß ein verhaltensauffälliges Kind Ehekonflikte provoziert oder verstärkt, ist ebenso gegeben. So kommt *Hechtman* (1981) in einer Untersuchung von Familien hyperaktiver Kinder – bei denen eine erhebliche hirnorganische Komponente (McD; Reifungsprozesse) angenommen werden kann – zum Schluß, daß die Familien dieser Kinder, im Vergleich zu Kontrollfamilien, mehr Probleme in den folgenden Bereichen hatten:

- psychische Störungen bei anderen Familienmitgliedern,
- Probleme in der ehelichen Beziehung und
- (am deutlichsten) ungünstiges emotionales Klima in der Familie.

Die Eltern hyperaktiver Kinder neigten mehr als die Eltern der Kontrollkinder zu einem punitiv-autoritären Erziehungsstil. In ähnlicher Weise wurden Effekte von kindlichen Entwicklungsverzögerungen oder körperlich begründbaren Erkrankungen auf die Eltern-Kind-Interaktion, das Familienleben, die Ehe der Eltern und individuelle (psychopathologische) Merkmale der Eltern festgestellt (vgl. die Übersicht von *Howard,* 1981; s. a. *Terdal* et al., 1978; *Lechner & Ruhs,* 1974; *Burton,* 1975). Die Rede von „pathogenen Effekten" stellt somit meist eine sprachlich abgekürzte, unzulängliche und ins lineare Denken eingefangene Darstellung eines systemhaften pathogenen Zusammenhanges dar, der sich in Eltern- und Kindmerkmalen, in individuellen wie interaktionalen Variablen ausdrückt.

Beim Zusammenhang zwischen individueller Psychopathologie der Eltern, elterlichen Kommunikationsabweichungen und psychischen Störungen bei Kindern und Jugendlichen gelten analoge Interpretationen wie beim Aspekt „eheliche Disharmonie". In Anbetracht der wenigen Replikationen und eingegrenzten Untersuchungsstichproben sollten sie aber noch als vorläufige Hypothesen verstanden werden:

(1) Zwischen Kommunikationsabweichung und individueller Psychopathologie besteht ein Zusammenhang.

(2) Die „Effekte" von Kommunikationsabweichungen sind nicht auf individuelle Merkmale der Eltern und auch nicht auf eine genetische Transformation oder soziale Plazierungsvariablen reduzierbar. Die Beziehung zwischen Kommunikationsabweichungen und psychischen Störungen ist (zumindest bei Schizophrenie) deutlicher als die Beziehung zwischen individueller Psychopathologie der Eltern und der psychischen Störung beim Kind bzw. Jugendlichen.

(3) Elterliche Kommunikationsabweichungen prägen den Kommunikationsstil der Familie insgesamt und umgekehrt kann angenommen werden, daß die Eltern-Kind-Kommunikation (und die Psychopathologie des Kindes) den Kommunikationsstil zwischen den Eltern beeinflußt. Die gefundenen Zusammenhänge sollten nicht im Sinne einer einseitigen Verursachung der kindlichen psychischen Störung durch die Kommunikationsabweichung der Eltern verstanden werden.

7.2 Familienbeziehungen (Eltern-Kind-Beziehungen)

7.2.1 Sozialpsychologische und erziehungspsychologische Arbeiten

Die klinisch-psychologische Forschung kann sich auf Ansätze in der allgemeinen Sozialpsychologie stützen, in denen versucht wird, interpersonales Verhalten durch die beiden Aspekte

- Emotionalität: Welche emotionale Qualität hat die Interaktion oder Beziehung? und
- Kontrolle: In welchem Ausmaß kontrolliert der eine Interaktionspartner den anderen?

zu beschreiben (s. z. B.: *Bales,* 1970; *Leary,* 1957; zu einem Überblick s. *Piontowski,* 1976). In der klinischen Familienforschung wurden die beiden Aspekte zum einen hinsichtlich der Beziehung zwischen den Ehepartnern und zum anderen hinsichtlich der Eltern-Kind-Beziehung untersucht. Die folgende Übersicht beschäftigt sich in erster Linie mit der Eltern-Kind-Beziehung, so wie sie in der psychologischen Sozialisationsforschung und Erziehungsstilforschung thematisiert wurde (s. *Tausch & Tausch,* 1973 und *Lukesch,* 1975) und z. B. von *Benjamin* (1974; 1979) auf den klinisch-psychologischen und psychiatrischen Bereich angewandt wurde.

Unter einem Erziehungsstil versteht man dabei relativ durchgängige (in verschiedenen Situationen und zu verschiedenen Zeitpunkten relativ stabile) Verhaltensweisen und Einstellungen gegenüber dem Kind. Sehr bekannt wurde das typologische Konzept des elterlichen Erziehungsstils von *Lewin* et al. (1939), welche die drei Erziehungsstile, „autoritär", „demokratisch" und „laissez-faire" voneinander abgrenzten. Diese „heute nicht mehr auszumerzende Typisierung des Erziehungsverhaltens" (*Lukesch* et al., 1980, S. 18) wurde im weiteren Verlauf der Forschung in dimensionale Konzepte des Erziehungsstils eingebracht. Die empirischen Untersuchungen zur dimensionalen Struktur haben – neben anderen Aspekten – die beiden Aspekte Emotionalität und Kontrolle als Grunddimensionen des elterlichen Erziehungsverhaltens identifiziert (vgl. hierzu *Lukesch,* 1975; *Tausch & Tausch,* 1973). Über die deskriptive Ordnung von Erziehungsverhalten und -einstellungen hinausgehend richtet sich das Interesse der Erziehungsstilforschung in erster Linie auf die Untersuchung der Zusammenhänge zwischen elterlichem Erziehungsstil und der Persönlichkeits- und Verhaltensstruktur des Kindes.

Zur Forschung und über Ergebnistendenzen, insbes. bezüglich des Zusammenhangs zu psychischen Störungen berichten u. a.: *Walters & Stinnett* (1971), *Martin* (1975), *Hetherington & Martin* (1972), *Rollins & Thomas* (1979), *Steinmetz* (1979), *Bahr* (1979), *Butollo* et al. (1978) und *Rutter* (1977).

Die meisten Untersuchungen zum Zusammenhang zwischen elterlichem Erziehungsverhalten und psychischen Störungen bei Kindern und Jugendlichen beziehen sich nicht auf einzelne spezifische psychopathologische Syndrome, sondern legen gröbere Einteilungen zugrunde. Die am häufigsten verwendete diagnostische Differenzierung ist die Zweiteilung in aggressiv-ausagierende Syndrome (Verhaltensstörungen im engeren Sinne, „conduct disorders"; externalisierende und unterkontrollierte Persönlichkeitsstruktur; expansive und aktive Symptomatik) und ängstlich-gehemmte Syndrome (emotionale Störungen im engeren Sinne, „personality disorders"; internalisierte und passive Symptomatik). Diese Zweiteilung ist auch durch empirische Untersuchungen gut belegt (vgl. hierzu *Achenbach & Edelbrock,* 1978). Zur ersten Gruppe gehören neben Verhaltensstörungen aggressiver Prägung dissoziale Verhaltensweisen (Lügen, Stehlen, Schulschwänzen) und Delinquenz. Zur zweiten Gruppe gehören neben Angstsyndromen sozial zurückgezogenes und gehemmtes Verhalten, depressive Verstimmungen, Unselbständigkeit und übermäßige Abhängigkeit von Erwachsenen (Dependenz) und verwandte emotionale Störungen. Der folgenden Übersicht liegt diese Zweiteilung zugrunde.

7.2.1.1 Aggressiv-ausagierende Syndrome

7.2.1.1.1 Emotionalität

In der bisherigen Forschung zeigt sich eine generelle, relativ gut belegte Tendenz in der Richtung, daß feindselig-zurückweisendes Elternverhalten die Entwicklung von aggressiv-ausagierenden Verhaltensstörungen begünstigt: Das Ausmaß der elterlichen Feindseligkeit und Zurückweisung korreliert positiv mit dissozialen Verhaltensstörungen beim Kind (s. hierzu z. B. *Baumrind,* 1967; *Andry,* 1960; *Bandura & Walters,* 1959; *McCord* et al., 1959; *West & Farrington,* 1973).

Diese Beziehung ist insbesondere dann nachweisbar, wenn *beide* Eltern feindseliges und zurückweisendes Verhalten zeigen (s. *Becker* et al., 1962; *Eron* et al., 1961; *Aronfreed,* 1969; *Wohnlich,* 1980). Darüber hinaus zeigt sich dieser Zusammenhang besonders deutlich bei Knaben (vgl. *Butollo* et al., 1978). Bei Mädchen dagegen finden sich widersprechende Ergebnisse häufiger (s. hierzu *Butollo* et al., 1978; *Hetherington & Martin,* 1972). Bei delinquenten männlichen Jugendlichen zeigt sich ein besonders deutlicher Zusammenhang zur Feindseligkeit, Zurückweisung und Ablehnung des Vaters gegenüber dem Sohn. Für die Interpretation sei angemerkt, daß feindselig-zurückweisendes Verhalten der Eltern häufig mit ehelicher Disharmonie und familiären Konflikten assoziiert ist, so daß die gefundenen Zusammenhänge gleichermaßen auf die Belastung durch die ungünstigen familiären Beziehungen insgesamt, wie auf die direkte Eltern-Kind-Interaktion zurückzuführen sind.

7.2.1.1.2 Kontrolle

Die Ergebnisse sind hier nicht so einheitlich, wie hinsichtlich der Emotionalitätsdimension, da bei aggressiv-ausagierenden Verhaltensstörungen gleichermaßen ausgeprägt restriktive wie auch ausgeprägt permissive Erziehungsformen gefunden wurden. Man könnte deshalb zunächst vermuten, daß gleichermaßen

- extreme Formen der Unterkontrolle (hierfür sprechen auch die Ergebnisse von *McCord & McCord,* 1958; *Rosenthal* et al., 1959; *Baumrind,* 1967; *Seitz* et al., 1970; wie auch
- extreme Formen der Überkontrolle (insbesondere aggressive Strenge) (hierfür sprechen die Ergebnisse von *Aronfreed,* 1969; *McCord* et al., 1961; *Becker* et al., 1962)

die Entwicklung oder Aufrechterhaltung von aggressiv-ausagierenden und dissozialen Verhaltensstörungen begünstigen.

Betrachtet man allerdings die Art der elterlichen Kontrolle genauer (Erziehungspraktiken bzw. Kontrolltechniken), so ergibt sich ein etwas deutlicheres Bild.

7.2.1.1.3 Erziehungspraktiken

Zwischen positiven person-orientierten Erziehungstechniken und aggressiv-ausagierenden Verhaltensweisen des Kindes konnte die Forschung keine durchgängigen Zusammenhänge aufweisen. Dagegen zeigt sich die Tendenz, daß negative personorientierte Praktiken (wie z. B. Liebesentzug, Spott etc.) die Entwicklung aggressiven Verhaltens begünstigen. Dasselbe gilt für die Verwendung von positionsorientierten (machtorientierten) Techniken, und zwar gleichermaßen für belohnende (z. B. materielle Belohnungen) wie für bestrafende Verhaltensweisen (insbes. körperliche Bestrafung). (Zu einem Überblick über Auswirkungen verschiedener Erziehungspraktiken [Kontrolltechniken] siehe *Steinmetz,* 1979.)

Aus den Untersuchungen zur Verwendung einzelner Kontrolltechniken ist damit die folgende Tendenz ablesbar: Bestrafungsorientierte und positionsorientierte Techniken begünstigen die Entwicklung bzw. Aufrechterhaltung von Störungen des Sozialverhaltens. Besonders gut belegt ist dabei der Zusammenhang zwischen aggressiver Bestrafung und aggressiv-ausagierenden Verhaltensstörungen bei männlichen

Jugendlichen (s. hierzu z. B. die Arbeiten von *Aronfreed,* 1969; *McCord* et al., 1961; *Becker* et al., 1962 und die neueren Arbeiten mit den Marburger Erziehungsstilskalen, wie die von *Stapf* et al., 1972; *Kury,* 1980; *Seitz,* 1980).

7.2.1.1.4 Diskussion und weitere Aspekte der Eltern-Kind-Beziehung

Bei alleiniger Betrachtung des Kontrollaspektes (hohe vs. geringe Kontrolle) sind die Ergebnisse recht unterschiedlich, die zur Auswirkung von feindseliger Zurückweisung (Emotionalitätsdimension) und aggressiver Strenge (emotional negative Kontrolle) aber sind relativ eindeutig, so daß man zu folgenden Schlußfolgerungen kommt:

- Hinsichtlich der Entwicklung von aggressiv-ausagierenden Störungen kann die Kontrolldimension nicht für sich alleine betrachtet werden.
- Entscheidender als das Ausmaß der Kontrolle (Restriktivität) ist die emotionale Qualität der Kontrollversuche.
- Der Befund, daß aggressiv-bestrafendes Elternverhalten (aggressive Strenge) mit der Entwicklung von aggressiv-ausagierenden Störungen korreliert, sollte deshalb spezifisch interpretiert werden: Nicht die Restriktivität (im Sinne einer effektiv wirksamen Kontrolle des Kindes) steht im Zusammenhang mit der Entwicklung von Verhaltensstörungen, sondern das Ausmaß aggressiver Kontrollversuche, die aber (als Versuche, das Kind zu sozial angepaßtem Verhalten zu bewegen) ineffektiv sind.

Diese Überlegung wird auch durch die Ergebnisse der Untersuchung von *Brofenbrenner* (1961) gestützt, der aggressiv-ausagierende Verhaltensstörungen besonders bei solchen Kinder fand, die in einem Erziehungsklima mit niedriger emotionaler Wärme (= Zurückweisung) bei gleichzeitig geringer Kontrolle aufwuchsen. Dagegen zeigten Kinder, die mit niedriger emotionaler Wärme und hoher Kontrolle aufwuchsen, noch eher sozial erwünschte Verhaltensweisen. In dieselbe Richtung weisen die Ergebnisse von *Wilson* (1974). Er fand in einer Untersuchung von unterprivilegierten Familien mit chronischem Streß, daß eine strikte elterliche Kontrolle des kindlichen Verhaltens am ehesten delinquente Verhaltensweisen verhindern konnte. Die enge Kontrolle erwies sich dabei sogar als noch bedeutsamer als eine positive Familienatmosphäre.

Bei niedriger emotionaler Wärme kann also eine effektive Kontrolle (Restriktivität) der Entwicklung von dissozialen Verhaltensstörungen entgegenwirken. Dies dürfte zumindest für jüngere Kinder gelten. Aggressive Strenge sollte deshalb nicht als „geringe emotionale Wärme plus hohe effektive Kontrolle" interpretiert werden, sondern als Ausdrück für die Häufigkeit (Intensität) von bestrafenden Kontrollversuchen. Diese Interpretation wird auch durch die Ergebnisse von *Schulte & Nobach* (1980) unterstützt, die Mutter-Kind-Interaktionen beobachteten: „Mütter braver Kinder sind ihren Kindern gegenüber vergleichsweise zurückhaltend. Sie greifen nicht so häufig ein und lassen die Kinder mehr gewähren. Die Mütter ungehorsamer Kinder hingegen reagieren schneller auf das Verhalten ihrer Kinder, und zwar vor allem häufiger unfreundlich. Sie kritisieren häufiger, reagieren gereizter und fordern vor allem viel häufig auf . . . Wenn ein negatives Klima besteht, so scheint das Verhalten des Kindes nur unter geringer unmittelbarer Kontrolle durch das mütterliche Verhalten zu stehen." (*Schulte & Nobach,* 1980, S. 333 f.)

Neben der kombinierten Betrachtung des Emotionalitäts- und Kontrollaspektes ist die Frage wichtig, wie die einzelnen Verhaltensweisen der Eltern gegenüber dem

Kind aufeinander abgestimmt sind (relationale Charakteristiken statt inhaltlicher): Eine große Zahl empirischer Befunde deutet konsistent darauf hin, daß die Übereinstimmung der Eltern bezüglich der Erziehung des Kindes (übereinstimmende Einstellungen und Verhaltensweisen) eine wesentliche Rolle spielt: Bei aggressiv-ausagierenden Kindern und Jugendlichen finden sich gehäuft unterschiedliche oder entgegengesetzte Erziehungseinstellungen der Eltern (vgl. hierzu *Hetherington,* 1972). Die Untersuchung von *McCord, McCord & Zola* (1959) an delinquenten Jugendlichen spricht dafür, daß die Übereinstimmung der Eltern wesentlicher ist, als die jeweilige Art des Erziehungsstils.

Bezüglich der Frage nach der Konsistenz bzw. Konsequenz einer einzelnen Erziehungsperson (Übereinstimmung einer Person mit sich selbst zu verschiedenen Zeitpunkten) ergibt sich aus der Forschung ebenfalls ein klares und eindeutiges Bild: Inkonsequentes bzw. inkonsistentes Erziehungsverhalten der Mutter steht in einem signifikanten Zusammenhang mit aggressiv-ausagierenden Verhaltensstörungen bei Kindern (s. z. B. *Rosenthal* et al., 1959; *Winder & Rau,* 1962; *Baumrind,* 1967; *Dielman & Cattell,* 1972; *Bandura & Walters,* 1959; *West & Farrington,* 1973). Eng mit der Frage der Konsequenz („Durchgängigkeit") hängt die Frage nach der Häufigkeit der elterlichen Kontrollversuche zusammen: Es scheint günstiger zu sein, wenige Regeln klar und fest zu vertreten als viele Forderungen schwankend und halbherzig heranzutragen (s. *Schulte & Nobach,* 1980; *Baumrind,* 1967).

Arbeiten aus dem verhaltentherapeutischen Bereich schließlich betonen die Art des Zusammenhangs zwischen dem kindlichen Verhalten und den elterlichen Reaktionen (z. B. Steuerungsversuchen): Zeitlich unmittelbare elterliche Reaktionen sind effektiver als verzögerte Steuerungsversuche; eine wesentliche Voraussetzung für eine sinnvolle Führung des Kindes ist darüber hinaus die Fähigkeit der Eltern, zwischen wichtigem und unwichtigem, erwünschtem und unerwünschtem Verhalten sicher zu diskriminieren. Eltern von aggressiv-ausagierenden Kindern (z. B. mit Schulschwierigkeiten) aber haben Schwierigkeiten in diesem Bereich (s. z. B. *Patterson,* 1973; *Hoffman,* 1970; *Walters* et al., 1965; *Innerhofer,* 1977).

7.2.1.1.5 Zusammenfassung

(1) Zwischen der Emotionalitätsdimension und aggressiv-ausagierendem Verhalten bei Kindern und Jugendlichen bestehen relativ gut gesicherte Zusammenhänge: Verhaltensstörungen stehen im Zusammenhang mit einem Mangel an emotionaler Wärme und mit feindselig-zurückweisendem und aggressiv bestrafendem Elternverhalten.

(2) Die Ergebnisse der Kontrolldimension sind schwerer integrierbar, da teilweise Über-, teilweise Unterkontrolle festgestellt wurde. Bei der Interpretation ist folgendes zu berücksichtigen:

(a) Der Kontrollaspekt sollte immer auf die emotionale Qualität der Interaktion bezogen (relativiert) werden.

(b) Darüber hinaus ist zwischen effektiver Kontrolle (Führung und Anleitung) und Kontrollversuchen zu unterscheiden. Der Umfang der Kontrollversuche ist nicht mit der tatsächlichen Kontrolle zu verwechseln. Die Effektivität elterlicher Anleitung und Führung ist abhängig

- von der emotionalen Beziehung zwischen Eltern und Kind (s. *Steinmetz,* 1979),
- dem Verhältnis zwischen positiven und negativen Reaktionen (vgl. *Becker* et al., 1967; *Madsen* et al., 1968),

- der Häufigkeit der Kontrollversuche (und Überschaubarkeit der Forderungen und Regeln),
- der Festigkeit und Deutlichkeit der elterlichen Reaktionen,
- der spezifischen Abstimmung der elterlichen Reaktion auf die Situation und das kindliche Verhalten (Diskriminationsfähigkeit der Eltern)
- und der zeitlichen Beziehung zum Verhalten des Kindes.

Alle diese Aspekte erweitern den Blick von jeweils *einer* Verhaltensvariablen auf Merkmalsstrukturen (Verhältnis zwischen verschiedenen Verhaltensweisen oder -aspekten).

Dies gilt auch für die Frage danach
- ob die Verhaltensweisen der Eltern sich ergänzen („zusammenpassen" vs. „Pendelerziehung") und
- ob das Verhalten jedes einzelnen Elternteils in sich konsistent ist.

Die Interaktionsvariablen „Konsistenz des Erziehungsmilieus" und „Konsequenz" sind ebenfalls als komplexe relationale Merkmale des elterlichen Verhaltens zu verstehen.

(3) Aufgrund der Forschungsergebnisse erscheinen die folgenden Annahmen begründet:
- Bei aggressiv-ausagierenden Verhaltensstörungen finden sich gehäuft aggressiv-bestrafende (bestrafungsorientierte) und positions-orientierte (machtorientierte) Kontrollversuche
- und ein Defizit an effektiver elterlicher Kontrolle, Führung und Anleitung. Dieser Mangel kann auf Vernachlässigung (Fehlen von Kontrolle überhaupt: Unterkontrolle) oder auf die unter (2) genannten Faktoren zurückgeführt werden.
- Inkonsequentes oder inkonsistentes Erziehungsverhalten und fehlende Übereinstimmung zwischen den Eltern begünstigt die Entwicklung und Aufrechterhaltung von aggressiv-dissozialen Verhaltensstörungen. Dieser recht eindeutige Befund unterstützt die bisher vorgenommene Interpretation der referierten Ergebnisse zur Kontrolldimension: Eine inkonsistente Erziehung impliziert, daß das Kind keine hinreichende Führung, Anleitung und Kontrolle erhält.

(4) Bei der Interpretation der Ergebnisse zum elterlichen Führungs- und Kontrollverhalten ist zu bedenken, daß ein Mangel an Beaufsichtigung des Kindes besonders häufig in sozial belasteten Familien vorkommt (hohe Korrelation mit objektiven sozialen Plazierungsvariablen der Familie). In der Untersuchung von *West & Farrington* (1973) zeigte sich, daß bereits die Variablen „Kriminalität des Vaters" und „finanzielle Probleme" deutlich mit aggressiv-ausagierenden Syndromen bei Kindern korrelieren. Fügt man noch die Variable „Unterkontrolle" hinzu, so steigt der gemeinsame prädiktive Wert nur noch geringfügig. Dies aber bedeutet nicht, daß die referierten Zusammenhänge zwischen elterlichem Verhalten und aggressiv-ausagierenden Störungen bei den Kindern „Scheineffekte" wären, die letztlich durch den Zusammenhang zwischen sozialer Plazierung und psychischen Störungen des Kindes erklärt werden können. Soziale Unterprivilegierung führt zwar häufig zu einer mangelnden Beaufsichtigung des Kindes, aber nicht direkt zu psychischen Auffälligkeiten: *Wilson* (1974) zeigte, daß eine hinreichende Kontrolle gerade in unterprivilegierten („multiple-problem"-) Familien von besonderer Bedeutung für die Prävention von Verhaltensstörungen ist.

7.2.1.2 Ängstlich-gehemmte Syndrome

7.2.1.2.1 Emotionalität

Der Zusammenhang zwischen emotionalen Störungen und elterlichem Erziehungsverhalten ist bei weitem nicht so deutlich wie die beschriebenen Zusammenhänge bei Verhaltensstörungen, die Untersuchungsergebnisse sind widersprüchlicher. In vielen Untersuchungen findet sich z. B. kein Zusammenhang zwischen mütterlichem Verhalten und emotionalen Störungen, teilweise aber einer zu väterlichem Verhalten (vgl. hierzu *Becker* et al., 1962; *Peterson* et al., 1961): Das Ausmaß der Feindseligkeit und des strafenden Verhaltens des Vaters korreliert positiv mit ängstlichem Verhalten beim Kind (vgl. hierzu die Arbeiten von *Czerwenka & Seitz,* 1975 und von *Kury & Bäuerle,* 1980).

In anderen Untersuchungen (vgl. *Steinmetz,* 1970; *Kury & Bäuerle,* 1980; *Pütz,* 1972) zeigen sich auch entsprechende Zusammenhänge zur mütterlichen Feindseligkeit (strafendes Verhalten, Bestrafungsorientierung) und Angst bzw. Dependenz (Abhängigkeit und Unselbständigkeit) beim Kind. Da dieser Zusammenhang sich vielfach nicht nachweisen ließ, ist Vorsicht bei der Interpretation dieser Befunde angebracht. Mütterliche emotionale Wärme (wenn unabhängig von Erziehungs- und Bekräftigungstechniken gemessen) zeigt keinen bedeutsamen Zusammenhang zu emotionalen Störungen (s. *Steinmetz,* 1979).

In diese Richtung weisen auch Untersuchungen, die sich am Zwei-Komponenten-Konzept elterlicher Bekräftigung orientieren (vgl. *Stapf* et al., 1972): Während die Dimension „elterliche Strenge“ (bes. des Vaters) bedeutsame Beziehungen zur Ängstlichkeit des Kindes aufweist, hat die Dimension „elterliche Unterstützung“ (belohnungsorientierte Erziehung) bezüglich der Entwicklung kindlicher Ängste keine oder nur eine geringe Bedeutung (s. *Gärtner-Harach,* 1973; *Schwarzer,* 1975; *Kury & Bäuerle,* 1980; *Helmke & Kischel,* 1980).

7.2.1.2.2 Kontrolle

In Untersuchungen an klinischen Populationen fanden *Rosenthal* et al. (1959) und *Rosenthal* et al. (1962), daß die Eltern von neurotischen Kindern stärker restriktiv und kontrollierend waren als die Eltern von aggressiven und delinquenten Kindern.

Hinsichtlich des mütterlichen Verhaltens fanden z. B. *Seitz* et al. (1970), daß ein restriktives mütterliches Verhalten mit einem abhängig-submissiven Verhalten des Kindes einhergeht. (Zu entgegengesetzten Ergebnissen s. aber z. B. *Becker & Krug,* 1965). *Rutter, Quinton & Yule* dagegen (s. *Rutter,* 1977, S. 28) fanden keinen Zusammenhang zwischen dem Ausmaß elterlicher Kontrolle und emotionalen Störungen bei Kindern.

Etwas deutlicher sind die Ergebnisse, wenn nur ein bestimmter Typ der Restriktivität, die ängstlich-überprotektive Einengung, betrachtet wird. Überprotektives (ängstlich-einengendes) Erziehungsverhalten der Mutter begünstigt die Entwicklung bzw. Aufrechterhaltung eines ängstlichen Verhaltens beim Kind (s. z. B. *Wohnlich,* 1980; *Rosenthal* et al., 1959; *Jenkins,* 1968; *Kagan & Moss,* 1962; *Bennett,* 1960). Aber auch hier gibt es Untersuchungsergebnisse, die diesen Zusammenhang nicht replizieren konnten*. Bei spezifischen, gut abgrenzbaren Angstsyndromen, wie

---

* So z. B. *Berg* (1974) und *Berg & McGuire* (1974), die bei Schulphobikern zwar einen Zusammenhang zum mütterlichen Verhalten, das eine Abhängigkeit des Kindes förderte, fanden, einen generellen Zusammenhang „Überprotektivität – emotionale Störung“ aber nicht bestätigen konnten.

z. B. bei der Schulphobie, aber ist der enge Zusammenhang zwischen mütterlicher Überprotektivität und Angst bzw. Dependenz beim Kind gut belegt (vgl. hierzu *Mattejat,* 1981).

Die empirischen Befunde sind hinreichend für die Annahme, daß ein überprotektives (ängstlich-einengendes) Erziehungsverhalten der Mutter die Entwicklung bzw. Aufrechterhaltung eines ängstlichen Verhaltens beim Kind begünstigt. Diese Hypothese entspricht auch gut den klinischen Erfahrungen. Das Konzept der Überprotektivität (auch: „ängstliche Einengung“, „Infantilisierung“, „over-engagement“ oder „over-involvement“) aber meint mehr als nur Restriktivität und weist damit über die Erfassung des Erziehungsstils durch die zwei Grunddimensionen hinaus: Überprotektivität ist ein komplexes, speziell klinisch-psychologisches Konzept, in dem auch Persönlichkeitseigenschaften der Mutter (z. B. Ängstlichkeit) und eine spezifische Unsicherheit und Ambivalenz im Erziehungsverhalten mitgemeint sind; diese Aspekte aber sind durch die Dimensionen Emotionalität und Kontrolle nicht darstellbar. Es wäre deshalb falsch, Überprotektivität einfach als sehr starke elterliche Unterstützung oder gar als besonders hohes Ausmaß an emotionaler Wärme zu interpretieren.

Die angedeutete Problematik wird gut durch *Baumrind*s methodisch qualifizierte Untersuchung an Vorschulkindern illustriert, in der er eine normale Kontrollgruppe mit emotional gestörten (bzw. störungsanfälligen) und mit aggressiv-ausagierenden Kindern verglich (*Baumrind,* 1967). Die Eltern der normalen Kinder zeigten im Vergleich mit den beiden anderen Gruppen mehr emotional warmes und fürsorgliches Verhalten („nurturance“), gleichzeitig aber auch mehr Kontrolle; sie stellten höhere Anforderungen an das Kind („maturity demands“), mit klarer Kommunikation darüber, was sie vom Kind verlangten, gleichzeitig aber zeigten sie eine höhere Bereitschaft, zuzuhören und die Sicht des Kindes zu akzeptieren.

Die Eltern der emotional auffälligen Kinder zeigten mehr Kontrolle als die Eltern der aggressiv-ausagierenden Kinder. Die Eltern der letzteren Gruppe ließen sich darüber hinaus mehr durch ihre Kinder steuern (weniger standhaft).

Auch dieses Ergebnis spricht gegen die Annahme, daß ängstlich-gehemmte Kinder generell einer stärkeren Kontrolle ausgesetzt sind als „normale“ Kinder. Vielmehr scheint es so zu sein, daß eine bestimmte Art ängstlicher Einengung (Unsicherheit, Ängstlichkeit, Mangel an Unterstützung des Kindes; Einengung der sozialen Autonomie) gehäuft mit einem ängstlichen Verhalten des Kindes einhergeht. Die Ergebnisse von *Reinhard* (1980) stützen eine solche Interpretation: Die Mütter psychisch gestörter Kinder (keine Differenzierung zwischen emotionalen und Verhaltensstörungen) waren in der Interaktion mit ihrem Kind (Verhaltensbeobachtung) unsicherer, ungeduldiger und reizbarer; in der Selbstdarstellung (Fragebogen) schildern sie sich u. a. als empfindlicher, leichter irritierbar und „erziehungspessimistischer“ als die Mütter von Kontrollkindern.

7.2.1.2.3 Erziehungspraktiken

Die vorliegenden Untersuchungsergebnisse ergeben folgendes Bild (s. hierzu *Steinmetz,* 1979):

- Zwischen der Verwendung von positions-orientierten (macht-orientierten) Techniken und ängstlich-gehemmtem Verhalten beim Kind zeigen sich keine durchgängigen Beziehungen. Die Zusammenhänge sind alters- und geschlechtsspezifisch.

– Zwischen der Verwendung person-orientierter Erziehungspraktiken und kindlicher Dependenz besteht eine positive Beziehung: Person-orientierte Techniken fördern Dependenz beim Kind. Dies muß aber nicht unbedingt im Sinne eines gestörten Verhaltens interpretiert werden. (Kindliche Dependenz hängt eng mit einer positiv zu bewertenden Bindung des Kindes an die Eltern zusammen.) Die einzige Ausnahme von dieser Regel stellt die Verwendung von Begründungen und Argumentationen dar: Zwischen häufiger Verwendung von Argumentationen und kindlicher Dependenz wurde kein positiver Zusammenhang festgestellt.

7.2.1.2.4 Weitere Aspekte der Eltern-Kind-Beziehung

Während bei aggressiv-ausagierenden Verhaltensstörungen ein deutlicher Zusammenhang zu Inkonsistenz und Inkonsequenz im elterlichen Verhalten gefunden wurde, scheint die Beziehung zwischen Inkonsistenz bzw. Inkonsequenz und emotionalen Störungen schwächer zu sein. In einer Reihe von Untersuchungen konnten jedoch auch hier Zusammenhänge gefunden werden (s. z. B. *Helmke & Väth-Szusdziara,* 1980).

Bereits bei der Diskussion der Kontrolldimension wurde deutlich, daß bei der Untersuchung der interaktionalen Zusammenhänge emotionaler Störungen das durch die beiden Erziehungsstildimensionen vorgegebene Raster zu unspezifisch ist. Das Konzept der Überprotektivität lenkt die Aufmerksamkeit auf eine spezifische Form der elterlichen Unsicherheit und Ambivalenz im Erziehungsverhalten. Die exemplarisch aufgeführte Untersuchung *Baumrind*s zeigt, daß neben der Ausprägung der Emotionalität und Kontrolle von besonderer Bedeutung ist, wie die Eltern emotionale und Kontrollaspekte kommunikativ vermitteln (z. B. klare Vermittlung der Forderungen und dabei gleichzeitig flexibles Eingehen auf das Kind). Dies aber verweist auf komplexe Kommunikationsmerkmale, so wie sie in der klinischen Kommunikationsforschung untersucht werden.

7.2.1.2.5 Zusammenfassung

(1) Im Gegensatz zu den aggressiv-ausagierenden Störungen sind die interaktionalen Zusammenhänge bei den emotionalen Störungen noch relativ unklar. Aufgrund der bisherigen Forschung können die folgenden typischen Merkmale des Erziehungsmilieus von ängstlich-gehemmten Kindern angenommen werden:
(a) Ängstliches, unsicheres und überprotektives Erziehungsverhalten der Eltern (besonders der Mutter), das das Kind in seiner Selbständigkeitsentwicklung einengt.
(b) Zumindest bei einem erheblichen Teil der emotional gestörten Kinder ist feindselig-ablehnendes Verhalten der Eltern (insbesondere des Vaters) überdurchschnittlich häufig zu finden.
(2) Bei diesen Schlußfolgerungen ist zu berücksichtigen, daß die relativ gut gesicherte erste Annahme (a) in einem engen Zusammenhang zu neurotischen Auffälligkeiten (bes. bei der Mutter) steht (Depressivität, Ängstlichkeit, Selbstunsicherheit). Bei der zweiten Schlußfolgerung (b) handelt es sich nicht um einen spezifischen Zusammenhang, sondern um einen sehr allgemeinen Effekt: Alle psychischen Störungen sind tendenziell mit erhöhter Ablehnung und Hostilität der Eltern gegenüber dem Symptomträger assoziiert. Dies ist zumindest zum Teil als Reaktion der Eltern auf die – mit jeder psychischen Störung verbundene – erhöhte familiäre Belastung erklärlich.

7.2.1.3 Schlußfolgerungen

(1) Die Ergebnisse weisen darauf hin, daß die Art der Eltern-Kind-Interaktion und -Beziehung teilweise unspezifisch – im Sinne einer allgemeinen Belastung (bzw. umgekehrt im Sinne einer Unterstützung und Förderung) – wirken, teilweise sind die Auswirkungen der elterlichen Erziehung auch spezifisch für die Entwicklung bestimmter psychischer Störungsmuster. Feindseligkeit gegenüber dem Kind und bestrafungsorientierte Erziehung sind als relativ unspezifische Belastungsfaktoren zu interpretieren, die bei allen psychischen Störungen gehäuft vorkommen. Dagegen wäre ein Mangel an effektiver Kontrolle relativ spezifisch für die Entwicklung bzw. Aufrechterhaltung von aggressiv-ausagierenden Verhaltensstörungen, eine ängstlich-überprotektive Erziehung eher spezifisch für die Entwicklung emotionaler Störungen.

(2) Zwischen aggressiv-ausagierenden Verhaltensstörungen und dem familiären Erziehungsmilieu werden deutlichere und ausgeprägtere Zusammenhänge gefunden als zwischen emotionalen Störungen und elterlichem Erziehungsstil: Das familiäre Milieu von Kindern mit Verhaltensstörungen zeigt insgesamt gesehen deutlichere und offensichtlichere Auffälligkeiten bei objektiv-strukturellen (z. B. häufig: Unterprivilegierung) wie bei prozessualen Familienmerkmalen als die Familienumwelt von emotional gestörten Kindern.

Dies bedeutet allerdings nicht, daß die Probleme in Familien mit emotional gestörten Kindern quantitativ geringer wären, es dürfte sich vielmehr um eine andere Art von Problemen handeln, die subtiler und schwerer erfaßbar sind. Methodologisch ergibt sich hieraus die Forderung nach der Entwicklung von sensibleren Erfassungsinstrumenten.

(3) Betrachtet man die beiden Grunddimensionen elterlichen Erziehungsverhaltens, so ist festzuhalten, daß der Emotionalitätsaspekt leichter zu untersuchen ist als der Kontrollaspekt: Die Effekte von Ablehnung, Feindseligkeit, bestrafungsorientierter Erziehung sind relativ deutlich, aber auch relativ unspezifisch für einzelne Störungsbilder.

Die Ergebnisse zur Kontrolldimension sind schwerer interpretierbar, da unter dem Stichwort „Kontrolle" sehr unterschiedliche Aspekte erfaßt werden (etwa: Einmischung und Kontrollversuche vs. effektiv wirksame Kontrolle; unterschiedliche Qualität verschiedener Kontrolltechniken etc.): Die Emotionalitätsdimension scheint relativ homogen zu sein, während die Kontrolldimension eher Heterogenes umfaßt. Methodologisch ergibt sich daraus die Forderung, daß das unklare Konzept „Kontrolle" durch spezifische und genauer bestimmte theoretische Konzepte expliziert wird (etwa durch die Unterscheidung zwischen Kontrollversuchen und effektivem Einfluß).

(4) In vielen Bereichen der klinischen Interaktions- und Erziehungsstilforschung liegen (zumindest auf den ersten Blick gesehen) einander widersprechende Ergebnisse vor, die Ergebnisse sind inkonsistent und damit schwer integrierbar. Die mangelnde Übereinstimmung ist in vielen Fällen einfach darauf zurückführbar, daß unterschiedliche Maße verwendet wurden und damit unterschiedliche Aspekte des Erziehungsverhaltens bzw. der elterlichen Erziehungseinstellung gemessen wurden. In diesem Sinne handelt es sich nur um scheinbare Widersprüche in den Ergebnissen. Ein anderer Grund für Inkonsistenzen liegt darin, daß die untersuchten Personenstichproben (oder Interaktionsbereiche) etc. hinsichtlich der Eltern-Kind-Interaktion und ihrer psychologischen Korrelate beim Kind nicht miteinander vergleichbar sind. Dieselbe Erziehungseinstellung kann sich z. B. bei Kindern verschie-

dener Altersstufen oder verschiedenen Geschlechts unterschiedlich auswirken. In analoger Weise können andere Aspekte der Gesamtsituation (z. B. die soziale Situation der Familie) Auswirkungen von Erziehungseinstellungen entscheidend moderieren. Vielfach wurde auch die Erziehungseinstellung sehr eingeengt erfaßt (z. B. nur Erfassung einiger weniger Kontrolltechniken); dabei ist aber anzunehmen, daß die verschiedenen Aspekte des Erziehungsmilieus (z. B. die beiden beschriebenen Hauptdimensionen des elterlichen Erziehungsstils) nicht unabhängig voneinander wirken und deshalb in ihrer jeweils spezifischen Kombination zu betrachten sind.
(5) Soweit Zusammenhänge zwischen Erziehungseinstellung und kindlicher Persönlichkeits- und Verhaltensstruktur empirisch gesichert werden konnten, sind sie häufig nur relativ schwach (geringe Korrelationen). Substantiell kann daraus geschlossen werden, daß die Erziehungseinstellung nur eine Variable, keinesfalls aber unbedingt die entscheidende Variable bei der Entstehung psychischer Störungen darstellt. Andere Aspekte der familiären Umwelt, wie z. B. die eheliche Harmonie, scheinen mindestens ebenso bedeutend zu sein.

Eine solche Erklärung aber ist „geschlossen“: Sie führt nicht weiter, sie gibt keine Anstöße für die weitere Forschung. Produktiver erscheint die Rückbesinnung auf die theoretischen und methodologischen Grundlagen der klinischen Interaktions- und Erziehungsstilforschung. Der Begriff „Erziehungsstil“ bezieht sich auf ein dispositionelles Verhaltens- oder Einstellungsmerkmal eines Individuums, das über eine oder mehrere (einzelne) Variablen erfaßt wird. Schon an diesem Ausgangspunkt kann die Kritik ansetzen:

- Der theoretische Ansatz bezieht sich auf einzelne Individuen anstatt auf Interaktion, interpersonale Beziehungen und systemhafte Zusammenhänge. „Erziehungsstil“ wird überdies primär als Bedingung, nicht aber als Effekt des kindlichen Verhaltens gesehen. Adäquater wären Begriffe, die sich auf interaktionale Strukturen, oder das Familiensystem insgesamt beziehen. Der empirische Erfolg von Begriffen, in denen relationale Qualitäten erfaßt werden (wie dies zumindest ansatzweise bei den Begriffen „Übereinstimmung der Ehepartner hinsichtlich der Erziehung“ oder „familiäre Disharmonie bzw. Konflikthaftigkeit“ der Fall ist) bestätigt eine solche interaktional-systemische Kritik.
- Im dispositionellen Konzept des Erziehungsstils wird eine relative Stabilität und Allgemeinheit (person-, zeit- und situationsübergreifend) der elterlichen Verhaltenstendenzen unterstellt und – soweit dies möglich ist – auch erfaßt. Grundlagentheoretisch wäre zu klären, in welchem Ausmaße eine solche Unterstellung gerechtfertigt ist; speziell für die klinische Forschung stellt sich die Frage, ob mit einem solchen dispositionellen und allgemeinen Konzept die pathogenetisch relevanten elterlichen Verhaltensaspekte nicht verfehlt werden. Denn die Forschung legt durchaus die Annahme nahe, daß es nicht so sehr auf die allgemeinen Verhaltenstendenzen ankommt, sondern daß die pathogenetische Bedeutsamkeit – relativ unabhängig vom Inhalt der Verhaltensweise – in der *spezifischen Realisation* des Verhaltens liegt. (Zeitliche und inhaltliche Abstimmung auf das Verhalten des Kindes und die jeweilige Situation; Art und Weise, *wie* eine Verhaltensweise realisiert wird und in welcher Beziehung das Verhalten zu anderen Verhaltensweisen der selben Person oder anderer Personen steht.)

Das erste genannte Argument führt zu einer veränderten Tendenz in der Konzeptentwicklung, hin zu relationalen Begriffen, in denen klinisch relevante Aspekte besser abgebildet werden können. Das zweite Argument führt darüber hinaus zu einer verfeinerten Untersuchungsmethodologie, in der spezifische interaktionale

Strukturen erfaßt werden (z. B. problem- und situationsspezifische Erfassung von Interaktionsabfolgen) und zu einer Forschungsstrategie, die sich eher auf den Einzelfall, denn auf Aggregate ausrichtet.

7.2.2 Kommunikationstheoretische Arbeiten

7.2.2.1 Kommunikationsauffälligkeiten

Es wurde bereits darauf hingewiesen, daß das Double-Bind-Konzept, von dem die klinische Kommunikationsforschung ursprünglich ausging, im weiteren Verlauf differenziert und durch andere Konzepte erweitert wurde. Die Ergebnisse, die für die Kommunikationsstile der Eltern und die Kommunikation zwischen ihnen gelten, können auch für die Familienkommunikation insgesamt als gültig unterstellt werden. *Bugental* et al. (1971) z. B. fanden, daß bei den Müttern von psychisch gestörten Kindern verbale und gleichzeitig ablaufende nichtverbale Mitteilungen häufiger zueinander in Widerspruch standen, als bei den Müttern von unauffälligen Kindern. Aufgrund der bisherigen Forschungsergebnisse (s. z. B. *Hassan,* 1974; *Soïjt,* 1969 und 1971) kann vorläufig angenommen werden, daß Double-Bind-Strukturen und widersprüchliche Kommunikationen und ähnliche Kommunikationsauffälligkeiten, so wie sie etwa im Index der Kommunikationsabweichung von *Wynne* identifiziert werden, in Familien mit psychotischen Kindern bzw. Jugendlichen am deutlichsten ausgeprägt sind, „normale" Familien zeigen diese Kommunikationsmuster am wenigsten, Familien von Kindern mit leichteren Störungen (nicht-psychotisch) liegen zwischen beiden Extremen.

Diese recht globale Aussage kann differenziert werden, wenn man die Art der Kommunikationsstörungen inhaltlich etwas genauer betrachtet. Bei diesem Versuch, die Beziehungen zwischen der Familienkommunikation und psychischen Störungen der Kinder bzw. Jugendlichen etwas genauer zu beschreiben, ist man auf die Ergebnisse von solchen Studien angewiesen, in denen die Eltern-Kind-Interaktion direkt beobachtet wurde. Die Komplexität der Materie wird deutlich, wenn man exemplarisch den Befunden der Arbeitsgruppe um *Wynne* die Ergebnisse von *Mishler & Waxler* (1968) gegenüberstellt, die eine der umfangreichsten Studien zur Eltern-Kind-Interaktion in Familien von Schizophrenen durchgeführt haben. *Mishler & Waxler* fanden, daß „Kommunikationsstörungen und -unterbrechungen" in den „normalen" Kontrollfamilien häufiger waren als in den Familien mit Schizophrenen. Der scheinbare Widerspruch zu den referierten Ergebnissen von *Wynne* löst sich auf, wenn man die verwendeten Operationalisierungen genauer betrachtet: Die beiden verwendeten Maße sind nicht miteinander vergleichbar. *Mishler & Waxler* interpretieren ihr Ergebnis in folgendem Sinne: Die Kommunikationsmuster in normalen Familien sind insgesamt variabler, flexibler und verändern sich schneller als in Familien mit Schizophrenen. Die in normalen Familien gefundene Variabilität stört jedoch nicht die gemeinsame zielgerichtete Aktivität. Der von *Mishler & Waxler* verwendete Ausdruck „Kommunikationsstörungen und -unterbrechungen" ist deshalb irreführend, die erfaßten Kommunikationsaspekte können eher unter dem Stichwort „kommunikative Flexibilität" zusammengefaßt werden.

7.2.2.2 Inhaltliche Kommunikationsaspekte

In den Untersuchungen, bei denen die Eltern-Kind-Kommunikation direkt beobachtet wurde, wurden sehr häufig auch inhaltliche Kommunikationsaspekte erfaßt, die den beiden „sozialpsychologischen Grunddimensionen"

– Emotionalität und
– Macht (Dominanz)

zugeordnet werden können. Es soll hier deshalb noch einmal kurz auf diese Aspekte eingegangen werden.

Die Ergebnisse aus den direkten Beobachtungsstudien zur emotionalen Qualität der Interaktion sind konsistent und stimmen mit den bereits berichteten Ergebnissen zur Eltern-Kind-Interaktion sehr gut überein: Positive emotionale Kommunikation (unterstützende Kommunikation; Ausdruck von Zuneigung; emotionale Wärme) ist in normalen Familien deutlicher ausgeprägt als in Familien mit psychisch gestörten Kindern. Gestörte Familien dagegen zeigen mehr negative affektive Kommunikation (Ablehnung; Zurückweisung; Feindseligkeit; defensive Kommunikation; Angstkommunikation). Dieses Ergebnis gilt für den Großteil psychischer Störungen bei Kindern und Jugendlichen, insbesondere aggressiv-ausagierende Störungen. *Jacob* (1975) gibt eine Übersicht über die recht große Anzahl von Arbeiten, die diese Schlußfolgerung belegen. Bei Schizophrenien dagegen konnte dieser Zusammenhang nicht so klar nachgewiesen werden. Zwar deuten Befunde wie die von *Mishler & Waxler* (1968) in die Richtung, daß die Interaktion in Familien mit Schizophrenen weniger emotional positive Momente aufweist, als die in Kontrollgruppen. *Winter* et al. (1966) fanden, daß die Feindseligkeit in TAT-Geschichten (Inhaltsanalyse) bei Schizophrenen teilweise besonders hoch, teilweise aber auch besonders gering war. Falls Familien mit schizophrenen Jugendlichen überhaupt besondere Auffälligkeiten in diesem Bereich aufweisen, dann legt die bisherige Forschung die Annahme nahe, daß der Umgang mit negativen Gefühlen in beide Richtungen ausgelenkt sein kann (forcierte Feindseligkeit und forcierte Verleugnung negativer Gefühle). *Wynne*s Begriffe der Pseudomutualität und der Pseudohostilität repräsentieren diese Annahme.

Doane (1978) kommt in seiner Übersicht zum selben Schluß:

– Normale Kontrollfamilien zeigen insgesamt mehr wechselseitige Unterstützung (*Alexander,* 1973; *Mishler & Waxler,* 1968) bzw. weniger Feindseligkeit bzw. Zurückweisung gegenüber dem Kind (*Schulman* et al., 1962)
– und mehr spontane Übereinstimmung im Kommunikationsverhalten (*Murrell,* 1971; *Schuham,* 1972)

als Familien mit psychisch gestörten Kindern.

Zum Macht- oder Dominanzaspekt sind die Ergebnisse etwas komplizierter, insbesondere auch deshalb, weil die Dominanzverhältnisse in der Familie teilweise durch Indikatoren erfaßt wurden (z. B. Redezeit), die hierfür sicherlich nicht geeignet sind. *Doane* (1978) schließt zu Recht, daß die häufig verwendeten rein formalen Maße der Dominanz, wie z. B. Unterbrechungen beim Sprechen, Redezeit, Anzahl der abgegebenen oder empfangenen Äußerungen, nur eine geringe klinische Relevanz haben. (Zu einer ausführlicheren Diskussion diese Frage siehe *Mattejat & Wiesse,* 1983 und *Angermeyer & Schwoon,* 1980). *Jacob* (1975) kommt in seiner Übersicht zu den folgenden Schlußfolgerungen, die als vorläufig bestätigte Hypothesen angenommen werden können:

(1) „Die familiäre Machtstruktur ist in normalen Familien differenzierter (hierarchisch vs. egalitär) als in gestörten Familien."

(2) „Der am häufigsten berichtete Unterschied zwischen normalen und gestörten Machtstrukturen bezieht sich auf die Rolle des Vaters; d. h. die Väter in normalen Familien sind – besonders gegenüber dem Kind – einflußreicher als die Väter

in gestörten Familien." Diese vorläufigen Schlußfolgerungen gelten für alle Gruppen psychisch gestörter Kinder.

In einem engen Zusammenhang zur familiären Dominanzstruktur steht die Art und Weise, wie Konflikte in der Familie verhandelt werden. Kommen interpersonale Konflikte offen zur Darstellung oder werden Diskrepanzen überhaupt nicht oder nur verdeckt angesprochen (Harmonisierungstendenzen). Die Erfassung von Konfliktindikatoren in der Familieninteraktion überschneidet sich naturgemäß auch mit den Operationalisierungen für die emotionale Kommunikation (Maße für konflikthaltige Kommunikationen sind mit Maßen für negative emotionale Kommunikationen assoziiert). Bezüglich der Konflikthaltigkeit der Familienkommunikation (Widerspruch; Meinungsverschiedenheit; Ablehnung; keine Einigung) gehen die Ergebnisse relativ konsistent in die Richtung, daß Familien mit aggressiv-ausagierenden Störungen und mit Schulproblemen häufiger offene Konflikte und Meinungsverschiedenheiten zeigen, als normale Vergleichsfamilien (*Hetherington* et al., 1971; *Riskin & Faunce,* 1970). Bei den Familien mit anderen psychischen Störungen sind die Ergebnisse etwas uneinheitlicher. Man kann vorläufig annehmen, daß normale Familien bezüglich der Konfliktregulation (Konfliktforcierung versus Harmonisierung) in mittleren Bereichen, Familien mit psychisch gestörtem Nachwuchs eher in den extremen Bereichen liegen (vgl. *Jacob,* 1975).

Die Frage, zwischen welchen Familienmitgliedern die Konflikte ausgetragen werden, führt zum Problem der Koalitionen oder Bündnisse in der Familie – einem Problembereich, der in der familientherapeutischen Praxis einen zentralen Stellenwert einnimmt.

Eine Reihe von Familien-Interaktions-Untersuchungen deuten darauf hin, daß in Familien mit psychisch gestörten Kindern bzw. Jugendlichen die Übereinstimmung (Zustimmung) zwischen einem Elternteil und dem Kind höher ist, als zwischen den beiden Eltern (*Cheek,* 1964), oder daß die Interaktionshäufigkeit zwischen den Eltern geringer ist, als zwischen einem Elternteil (meist der Mutter) und dem Kind (*Lennard* et al., 1965). Diese Ergebnisse stützen die Annahme, daß in Familien mit psychisch gestörtem Nachwuchs häufig die Elternkoalition zugunsten einer Koalition zwischen dem Kind und einem Elternteil geschwächt ist (Verletzung der transgenerationalen Grenzen; vgl. das Experiment von *Minuchin* et al., 1975). *Mishler & Waxler* (1968) stellen in ihrer Untersuchung von Familien mit schizophrenen Söhnen eine Tendenz zur Verwischung oder Umkehrung der generationalen Rollen zwischen Vätern und Söhnen fest. In eine ähnliche Richtung gehen die Ergebnisse von *Thalmann* (1971). Er überprüfte die Frage, ob ein Kind, das emotional von beiden Eltern gleichermaßen akzeptiert wird, günstigere Entwicklungsvoraussetzungen hat, als ein Kind, das nur von einem Elternteil akzeptiert wird oder gar von beiden Eltern abgelehnt wird. Wie in der Untersuchung von *Jonsson* (1967) zeigte sich auch bei *Thalmann,* daß Kinder, die von der Mutter eine deutlich stärkere emotionale Zuwendung als vom Vater erhielten, häufiger symptombelastet waren, als die übrigen Kinder. Es zeigte sich darüber hinaus (durch ein Zusatzitem erfaßt), daß in Familien, in denen ein einzelnes Kind besonders bevorzugt wurde, die Symptombelastung der untersuchten Jungen stärker war, als in Familien, in denen die Zuwendung an die Kinder ausgeglichen war.

7.2.2.3 Strukturelle Kommunikationsaspekte

Damit können wir von den inhaltlichen Kommunikationsaspekten (Stichwort „Interaktion": *Was* wird ausgedrückt?) zu den strukturellen Aspekten der Familienkommunikation (Stichwort „Kommunikation": *Wie* wird kommuniziert?) übergehen. Auch zu diesem Bereich gibt es eine Fülle von verschiedenen Merkmalen und Operationalisierungen, über die problematische Aspekte der Kommunikationsstruktur erfaßt werden sollen (vgl. die Liste der Merkmale bei *Mattejat,* 1980).

Orientiert am theoretischen Modell, das bei *Mattejat* (1985) dargestellt wird, können diese Merkmale in zwei große Komplexe geordnet werden:

- *Bezugnahme:* Nehmen die Kommunikationspartner aufeinander Bezug, geben sie auf das ein, was der andere mitteilt?
- *Stellungnahme:* Nehmen die Kommunikationspartner Stellung, machen sie die eigene Meinung deutlich, ist klar, was der Kommunikationspartner meint und auf wen sich die Kommunikation bezieht?

7.2.2.3.1 Bezugnahme

Neben der Bereitschaft und Fähigkeit, dem anderen überhaupt zuzuhören, ist die kommunikative Bestätigung (engl.: „acknowledgement") der Mitteilung des anderen einer der wesentlichsten Aspekte einer produktiven Bezugnahme.

Mishler & Waxler definieren „acknowledgement" als „Ausmaß, in dem Intention und Inhalt der Mitteilung des Kommunikationspartners berücksichtigt werden" (*Mishler & Waxler,* 1968, S. 33). Im Extremfall werden die Mitteilungen des anderen völlig ignoriert.

Kaufmann definiert „acknowledgement" etwas enger durch Verweis auf die „interaktionale Disqualifikation". Damit ist gemeint, „daß die Antwort oder Bemerkung der einen Person die Kommunikation der anderen als solche, das heißt in ihrer Klarheit, Richtung, Meinung oder Absicht disqualifiziert bzw. dem Empfang der Kommunikation als solcher nicht bestätigt. Bestätigung heißt in diesem Zusammenhang keineswegs Akzeptieren der Meinung des anderen oder Übereinstimmen mit ihm, sondern lediglich Wahrnehmung bzw. sinngemäße Auffassung der Mitteilung mit entsprechender Rücksignalisierung" (*Kaufmann,* 1972, S. 91).

Beispiele für Probleme bei der Bezugnahme wären etwa:

- Fehlende Bezugnahme: Sprechen so, als ob der Kommunikationspartner nichts gesagt hätte, z. B. Einführung eines anderen Themas.
- Bezugnahmen, die interpersonale Abgrenzungen verwischen (Mind reading),
- disqualifizierende Bezugnahme: Äußerungen (besonders persönliche Stellungnahmen) des Kommunikationspartners werden nicht als solche ernst genommen. Der Kommunikationspartner wird nicht als solcher akzeptiert.
- Tangentiale oder irrelevante Bezugnahme: Es wird auf einen nicht gemeinten oder nebensächlichen Aspekt der Äußerung des Kommunikationspartners eingegangen.

In einer Reihe von empirischen Untersuchungen konnte die Annahme gestützt werden, daß Familien mit psychisch gestörten Kindern weniger gut in der Lage sind, kommunikativ aufeinander Bezug zu nehmen. Dies gilt insbesondere für Familien mit schizophrenen Jugendlichen (s. z. B. *Mishler & Waxler,* 1968; *Solvberg & Blakar,* 1975; *Stabenau* et al., 1965), aber – in abgeschwächter Form – wahrscheinlich auch für Familien, deren Kinder leichtere psychische Störungen aufweisen (*Riskin & Faunce,* 1970). Diese Schlußfolgerung wird auch durch die Ergebnisse von *Karrass & Hausa* (1981) gestützt, die die untersuchten Familien nach dem Schweregrad der psychischen Störung des Kindes gruppierten: „Positives Aufeinandereingehen" (hier: „Bezugnahme") und „positive vs. negative Emotionalität" in der Familieninteraktion kovariierten mit dem Schweregrad der psychischen Störung des Kindes.

7.2.2.3.2 Stellungnahme

Eine produktive Kommunikation wird behindert, wenn nicht klar ist, was die einzelnen Kommunikationsteilnehmer meinen, „worauf sie hinauswollen". Diffuse und inkonsistente Mitteilungen, „um den heißen Brei herumreden", widersprüchliche Kommunikationen und die Disqualifikation der eigenen Aussagen („Das was ich sage, meine ich nicht so") können als Formen gestörter kommunikativer Stellungnahme verstanden werden. In der Forschung wird dieser Aspekt meist unter dem Stichwort „Klarheit der Kommunikation" abgehandelt.

Zur Illustration seien auch zu diesem Bereich wieder einige Beispiele genannt:

- Externale und distanzierte Stellungnahme (rationalisierender, intellektualisierender, persönlich distanzierter Kommunikationsstil);
- diffuse Stellungnahme (vorsichtige Stellungnahme; um den heißen Brei herumreden; defensiver Kommunikationsstil);
- Stellungnahme ohne persönliche Zuordnung (unklar, ob der Gesprächsteilnehmer für sich selbst spricht);
- Disqualifikation der eigenen Stellungnahme (Gesprächsteilnehmer nimmt Stellung, entwertet aber seine Aussage, oder sich selbst als Kommunikationspartner).

Die Hypothese, daß in Familien mit psychisch gestörten Kindern die Kommunikation weniger klar und deutlich ist, kann ebenfalls als vorläufig bestätigt gelten; auch dies gilt insbesondere für Familien mit schizophrenen Jugendlichen (vgl. hierzu z. B. die Untersuchungen von *Alkire,* 1969; *Ferreira & Winter,* 1968; *Friedman & Friedman,* 1970; *Riskin & Faunce,* 1970; vgl. auch die Angaben von *Doane,* 1978).

7.2.2.3.3 Kommunikative Flexibilität

Neben den beiden genannten strukturellen Kommunikationsaspekten „Stellungnahme" und „Bezugnahme" bleibt noch ein weiterer komplexer Aspekt der familiären Kommunikation zu nennen, der nicht an einzelnen Verhaltensweisen oder Kommunikationsakten, sondern nur über die Zeit hinweg identifiziert werden kann, und sich auf die kommunikativen Fähigkeiten insgesamt bezieht: Es handelt sich dabei um die Flexibilität und Anpassungsfähigkeit der familiären Kommunikation und das kommunikative Repertoire (verschiedene Kommunikationsmöglichkeiten zur Verfügung) ihrer Mitglieder.

Es ist schon fast ein Standardlehrsatz der Familientherapie, daß Familien mit psychisch Gestörten häufig sehr eingeengte, rigide Kommunikationsmuster zeigen, in denen sich die selben Abfolgen oder Züge häufig wiederholen. *Haley* (1964) war einer der ersten, der kommunikative Rigidität in Familien mit psychisch Gestörten empirisch aufzuweisen versuchte. Dabei wurde Rigidität als hohe Redundanz (und Prognostizierbarkeit) der Kommunikationsmuster und Flexibilität als eine geringere Redundanz operationalisiert. In weiteren Untersuchungen wurden als Ausgangspunkt zur Erfassung der Flexibilität der Familienkommunikation formale Parameter wie „Wer spricht zu wem? ", „Wer spricht nach wem? ", „Wie ausbalanciert ist die Kommunikation (Sprechzeit, Sprechhäufigkeit) in der Familie? ", „Gleichen sich die Muster über verschiedene Situationen hinweg? " genommen und die statistische Redundanz (vs. eher Gleichverteilung = geringere Vorhersagbarkeit) solcher Parameter gemessen. Dabei hat sich gezeigt, daß Familien mit psychisch gestörten Kindern und Jugendlichen im Vergleich mit normalen Familien weniger flexibel miteinander kommunizierten und daß die Kommunikation weniger variabel ist (häufige Wiederholung derselben problematischen Muster) (*Ferreira & Winter,* 1968; *Ferreira* et al., 1966; *Herman & Jones,* 1976; *Mishler & Waxler,* 1968 und 1975; *Winter & Ferreira,* 1967 und 1969). Empirisch gesichert ist diese Aussage vor allem für Familien mit schizophrenem Nachwuchs (vgl. *Mishler & Waxler,* 1968); für andere „klinische" Familien kann sie zumindest als vorläufige Hypothese dienen.

Übersichten zur klinischen Kommunikationstheorie, zu Forschungsmethoden und -ergebnissen geben u. a.: *Watzlawick,* 1980; *Kaufmann,* 1972; *Mishler & Waxler,* 1968; *Singer & Wynne,* 1966; *Riskin & Faunce,* 1970 und 1972; *Mattejat,* 1980; *Doane,* 1978; *Jacob,* 1975.

7.2.2.4 Zusammenfassung und Schlußfolgerungen

(1) Aufgrund der vorliegenden Ergebnisse kann vorläufig angenommen werden, daß in Familien mit psychisch gestörten Kindern und Jugendlichen Kommunikationsabweichungen (im Sinne von *Wynne*) gehäuft vorkommen, und daß das Ausmaß der Kommunikationsabweichung mit dem Schweregrad der psychischen Störung kovariiert. Die Frage allerdings, was im einzelnen als psychopathologisch relevante Kommunikationsabweichung zu werten ist, bedarf weiterer Forschung.

(2) Zum inhaltlichen Kommunikationsaspekt „Emotionalität" sind die Forschungsergebenisse konsistent und eindeutig: In Familien mit psychisch gestörten Kindern und Jugendlichen finden sich im Vergleich zu normalen Familien gehäuft negative emotionale Kommunikationen (Feindseligkeit; Defensivität; Angst). Besonders deutlich ist dies bei aggressiv-ausagierenden Syndromen; bei Familien mit Schizophrenen dagegen sind die diesbezüglichen Ergebnisse unklar.

(3) Bezüglich des inhaltlichen Kommunikationsaspektes „Dominanzverhältnisse" sind die Ergebnisse unklarer und die Interpretation komplizierter. Man kann vorläufig annehmen, daß die Machtstrukturen in Familien mit psychisch gestörten Kindern weniger differenziert sind, als in normalen Familien (Eltern-Kind-Verhältnis weniger deutlich abgegrenzt), und daß bei den Familien mit psychisch Gestörten die Dominanzverhältnisse zwischen den Eltern eher von den gesellschaftlichen Normvorstellungen abweichen (schwächere Position des Vaters gegenüber der Ehefrau und den Kindern).

(4) Fragt man nach der Art und Weise, wie in der Familie Konflikte ausgetragen werden – ein Aspekt, der sich mit den Aspekten „Emotionalität" und „Dominanzverhältnisse" überschneidet – kann man vorläufig annehmen, daß sich Familien mit psychisch gestörten Kindern eher in den Extrembereichen dieser Dimension bewegen (starke Konfliktforcierung oder Konfliktverleugnung i. S. v. Harmonisierung) und normale Kontrollfamilien eher zwischen diesen Extremen angesiedelt sind.

(5) Sinnvoller wird der Bezug zu psychischen Störungen bei Kinder und Jugendlichen, wenn man nicht die Dominanzverhältnisse in der Ehe oder die Art der Konfliktverhandlung für sich genommen betrachtet, sondern den Blick auf die Eltern-Kind-Triade lenkt und danach fragt, ob sich das Kind einer stabilen Eltern-Koalition gegenüber sieht: Die Forschungsergebnisse deuten darauf hin, daß in Familien mit psychisch gestörten Kindern die Elternkoalition gestört oder gelockert ist zugunsten einer Koalition zwischen einem Elternteil (häufiger die Mutter) und dem Kind.

(6) Bezüglich der strukturellen Kommunikationsprobleme heben sich die Familien mit schizophrenem Nachwuchs am deutlichsten von anderen Familien ab: Die empirische Forschung hat relativ konsistent gezeigt, daß

(a) Familien mit schizophrenen Jugendlichen unklarer als normale Familien kommunizieren (Aspekt Stellungnahme), und daß sie
(b) weniger aufeinander eingehen können (Aspekt Bezugnahme).
(c) Die kommunikative Flexibilität und Adaptivität und das kommunikative Repertoire ist in Familien mit Schizophrenen weniger differenziert und weniger flexibel.

Bei anderen Formen von psychischen Störungen sind die Ergebnisse weniger klar, es kann jedoch vorläufig angenommen werden, daß sie ähnliche Auffälligkeiten in abgeschwächter Form zeigen. Zur Beziehung zwischen der Art der Kommunikationsauffälligkeiten und der Art der psychischen Störungen beim Kind liegen noch keine gesicherten Ergebnisse vor; die Forschung konnte bisher nur erste Hypothesen liefern.

(7) Bei den Versuchen zur Identifikation von Kommunikationsstörungen ist aber immer mitzubedenken, daß „zwischen Pathologie und sogenannten Kommunikationsstörungen kein einfacher, direkter, aristotelischer Kausalzusammenhang besteht" (*Watzlawick,* 1980, S. 81). Außerdem sollte man sich davor hüten, jegliche Auffälligkeit in der Kommunikation oder jedes Kommunikationsproblem als pathogene Störung zu definieren. Mangelnde wechselseitige Bezugnahme oder unklare Stellungnahme *können* klinisch relevante Probleme darstellen, der umgekehrte Schluß aber, unklare, indirekte, widersprüchliche Kommunikationsformen seien immer pathologische Störungen, ist falsch: „Die Tatsache, daß ein Großteil menschlicher Kommunikation sich sozusagen stillschweigend, das heißt durch die Abwesenheit von Kommunikation, abwickelt, wird heutzutage in zunehmendem Maße von jenen terribles simplificateurs übersehen, die sich enthusiastisch der zunehmenden Vulgarisierung von Kommunikationsforschung und -praxis angeschlossen haben und Gruppen- und Familientherapie, ‚Marathonsitzungen', Selbsterfahrungsgruppen und Sensitivitätstraining auf der Basis der problemerzeugenden Annahme betreiben, daß ‚gute' Kommunikation klar, offen, ehrlich und direkt – in einem Worte total – zu sein habe. Statt aber totale Kommunikation herzustellen, ist das Ergebnis ihrer Bemühungen bestenfalls totalitär" (*Watzlawick* et al., 1974, S. 62).

(8) Stellt man die empirischen Forschungsergebnisse den hochgesteckten Erwartungen gegenüber, die die klinische Kommunikationstheorie ausgelöst hat, dann mögen die bisherigen Forschungsergebnisse enttäuschend sein. Dies ist u. a. auf die folgenden Gründe zurückzuführen:

– Die Erfassung von bedeutsamen Kommunikationsauffälligkeiten ist äußerst schwierig und erfordert eine komplexe Untersuchungsmethodik; die verwendeten Maße mußten erst entwickelt und erprobt werden. Die Untersuchungen sind darüber hinaus in der Regel auf die direkte Kommunikationsbeobachtung angewiesen, was zu einem sehr hohen Arbeitsaufwand führt. Schon aus diesem Grunde ergeben sich Stichprobenprobleme (nur kleine Stichproben; Selektionseffekte etc.). (Zu einer weiterführenden Diskussion dieser Frage s. *Jacob,* 1975; *Mattejat,* 1980.)
– Die klinische Relevanz der Kommunikationstheorie (z. B. als Handlungsanleitung für die Therapie) ist unbestritten; es ist aber fraglich, ob Untersuchungen, die sich auf Aggregate beziehen, die günstigste Methodik sind, um die klinisch

relevanten Kommunikationsaspekte empirisch aufzuzeigen. Für viele kommunikationstheoretischen Fragestellungen stellen z. B. Einzelfallanalysen einen geeigneteren methodischen Ansatz dar.

7.2.3 Systemtheoretische Arbeiten

7.2.3.1 Zu einer gesamthaften Beschreibung des Familiensystems

Die empirische Forschung ist darauf verwiesen, einzelne Merkmale oder Variablen zu isolieren und zu fixieren, und Zusammenhänge zwischen ihnen herzustellen. Ihr Zweck aber kann nicht darin liegen, bei vereinzelten Beziehungen zwischen jeweils zwei Merkmalen stehenzubleiben. Die Darstellung und Diskussion der empirischen Befunde über den Zusammenhang zwischen familiären Prozeßmerkmalen und psychischen Störungen hat gezeigt, daß die gefundenen pathogenetisch bedeutsamen Merkmale untereinander enge Bezüge aufweisen, und daß sich der pathognostische Wert jedes einzelnen Familienmerkmals erst aus dem Gesamtzusammenhang ergibt. In der Betrachtung der empirischen Befunde bestätigt sich die systemtheoretische Betrachtungsweise, aus der sich Ansatzpunkte für eine Integration der empirischen Befunde zu einem Gesamtbild ergeben:

Die Familie ist das primäre soziale Erlebnisfeld des Kindes, in dem das Kind lernt, sich auf andere Menschen zu beziehen, und gleichzeitig eine eigenständige Identität zu entwickeln. Mit der Dialektik zwischen interpersonaler Verbundenheit und individueller Eigenständigkeit ist eine grundlegende Dimension des psychosozialen Entwicklungsprozesses angesprochen: Aus der Verbindung erwächst Individualität und die individuelle Selbständigkeit ermöglicht neue Beziehungsformen.

Das systemtheoretische Denken ermöglicht eine konzeptuelle Erfassung dieses Aspekts: Die Familie wird gedacht als ein System, das durch seine Abgrenzung nach außen hin (äußere Grenzen) und durch seine innere Struktur (innere Abgrenzungen; Subsysteme) konstituiert wird. Diffuse, unklare und verschwommene Abgrenzungen zwischen den Individuen behindern die Entwicklung einer eigenständigen Individualität, bei starren und undurchlässigen Abgrenzungen zwischen den Familienmitgliedern fehlt die interpersonale Verbundenheit (Mangel an Bezogenheit), die zentrifugalen Kräfte dominieren und die Existenz der Familie als soziale Einheit ist gefährdet (jeder lebt isoliert für sich). *Minuchin* (1977) nennt die extremen Pole dieser zentralen Familiendimension „Enmeshment" (Verstrickung, Fusion) und „Disengagement" (Beziehungslosigkeit, Isolation).

Eine große Zahl von Autoren mit unterschiedlichstem Hintergrund beziehen sich auf diese Dimension. *Stierlin* etwa spricht von „bezogener Individuation" und verwendet die Begriffspolarität „Bindung" versus „Ausstoßung" (s. *Stierlin* et al., 1977). *Lidz* gelangte durch eine Verbindung psychoanalytischer und systemtheoretischer Gedankengänge zu einer Beschreibung struktureller Merkmale des schizophrenen Familiensystems, wie z. B. zur Unterscheidung gespaltener und schiefer (verschobener) Ebene von Eltern Schizophrener oder zur Hypothese, daß in Familien mit schizophrenen Jugendlichen die Geschlechts- und Generationsgrenzen verwischt sind (s. z. B. *Lidz* et al., 1969; *Lidz,* 1974). In diesem Zusammenhang spricht *Lidz* (1970, 1971) von Differenzierungsstörungen, die zu Identitätskonfusionen führen. *Bowen* (1960) verwendet den Ausdruck „undifferenzierte familiäre Ich-Masse" (und „emotionale Fusion"), den anderen Extrempol beschreibt er als „emotionale Scheidung". *Boszormeny-Nagy* (1975) betont in seiner Theorie der Beziehungsstufen die Veränderung der Beziehungsformen im Verlaufe der individuellen Entwicklung in Richtung auf zunehmende Autonomie. *Reiss* (1971) unterscheidet zwischen konsensus-sensitiven (fusionierten) und distanz-sensitiven (isolierten) Familien. Zu weiteren Angaben siehe *Olson* et al. (1979; 1980). *Stierlin* et al. (1977), *Barnhill* (1979), *Baker* (1976) und *Hassan* (1977).

Hassan (1977) hat die theoretischen Beschreibungen der „schizophrenogenen" und der „Delinquenz fördernden" Familien zusammengestellt, die in abgekürzter Form in Abb. 9 wiedergegeben ist.

	„Enmeshment"	**„Disengagement"**
1. Mythos	Einheit	Autonomie
2. Erleben von Konsens	Auf Konsens bedacht. Die Familie strebt einen Konsens an, der die Ansichten jedes einzelnen verwischt.	Auf interpersonale Distanz bedacht. Die Familienmitglieder entwickeln ein Gefühl der „Ich-zentrierten Zufriedenheit"
3. Rollenstruktur	Pseudogegenseitig. Die Familienmitglieder sind starr zusammen „eingeschlossen" oder miteinander „verwickelt"	Locker und konkurrierend. Die Familienmitglieder sind voneinander „losgelöst" und richten sich nach der Fremdgruppe aus
4. Kommunikation	Einseitiger „double bind", wobei der „Bindende" das „Opfer" daran hindert, das Feld zu verlassen	Gespaltener „double bind", wobei die „Bindenden" das „Opfer" ausstoßen

Abb. 9 Ausdrucksformen der Familiendimension „Enmeshment vs. Disengagement" in verschiedenen Bereichen: Typologische Familienkonzepte (modifiziert nach *Hassan*, 1977, S. 255)

7.2.3.2 Systemmerkmale und Transaktionsprozesse

Die Übersicht von *Hassan* macht deutlich, daß Interaktions- und Kommunikationsprozesse, die daraus sich ergebende Rollen- und Familienstruktur, die Ideologie der Familie und ihre Systemmerkmale, verschiedene Ausdrucksformen ein- und derselben Sache sind: Familiäre Systemmerkmale sind gleichermaßen komprimierte Konzeptualisierungen und sedimentierte Ausdrucksformen familiärer Transaktionsprozesse (zur Dialektik von Ereignis und System vgl. *Mattejat & Brumm*, 1977).

Dies kann sehr schön am Beispiel der Untersuchungen von *Minuchin* und seiner Arbeitsgruppe gezeigt werden. Ausgangspunkt ihrer Arbeiten zu interaktionalen Aspekten von Erkrankungen, wie Asthma bronchiale, Diabetes und der Anorexia nervosa waren neben der Annahme einer spezifischen physiologischen Vulnerabilität die Hypothesen, daß

(1) ein bestimmter Typ der Familienstruktur Somatisierungstendenzen begünstigt und
(2) daß das Kind in die Konflikte zwischen den Eltern involviert wird.

Zum ersten Punkt (Familienstruktur) wurden aufgrund von klinischen Beobachtungen die transaktionalen Charakteristiken von psychosomatischen Familien herausgearbeitet: Verstrickung (Fusion), Überbehütung und Rigidität (vgl. hierzu *Minuchin* et al., 1975). Pathologisch verstrickte oder fusionierte Familien sind durch einen hohen Grad an wechselseitiger Beschäftigung miteinander charakterisiert, die Grenzen, durch die die individuelle Autonomie eines jeden einzelnen Familienmitgliedes konstituiert wird, sind ebenso verwischt wie die zwischen familiären Subsystemen. Die familiäre Fusion zeigt sich auch dadurch, daß die Selbstwahrnehmung und die Wahrnehmung der anderen Familienmitglieder wenig differenziert ist. Die extrem überbehütende Beschäftigung mit dem Wohlergehen der anderen Familienmitglieder hängt eng mit den symbiotischen Tendenzen zusammen. Die Gedanken der Eltern kreisen um die Gesundheit des Kindes und umgekehrt empfinden die Kinder eine große Verantwortung für die Familie. Die Rigidität zeigt sich vor allem darin, daß die Familienmitglieder bemüht sind, den Status quo aufrechtzuerhalten. Jede Veränderung wird als Bedrohung der familiären Integration empfunden.

Zum zweiten Punkt, der sich auf die Mechanismen der Konfliktlösung bezieht, werden die Familiencharakteristiken in prozessualen Begriffen beschrieben: Rigidität und Verstrickung stellen sich prozessual als verminderte Konflikttoleranz der Familie dar. Explizite Konfliktverhandlungen werden als zu bedrohlich empfunden und werden deshalb vermieden. Die Probleme bleiben so ungelöst, erscheinen immer bedrohlicher und zwingen die Familie zu einer Verstärkung ihrer harmonisierenden bzw. konfliktvermeidenden Tendenzen. Bei der Vermeidung von Konfliktverhandlungen spielt das kranke Kind eine entscheidende Rolle. *Minuchin* et al. (1975) beschrieben die drei wichtigsten Muster, die in diesem Zusammenhang auftreten können. Das Kind kann in unterschiedlicher Weise in Konflikte zwischen den Ehepartnern einbezogen werden:

In der Dreiecksbindung („Triangulation“) ist das Kind in einer Position, in der es sich selbst nicht ausdrücken kann (z. B. eigene Wünsche oder eigene Meinungen), ohne sich damit gleichzeitig auf die Seite eines Elternteils gegen den anderen zu stellen. (Dieses Muster ähnelt *Richter*s „Kind als Bundesgenossen“.) Im zweiten Muster, der stabilen Eltern-Kind-Koalition, steht das Kind mit einem Elternteil in einer stabilen Koalition, die sich gegen den anderen Elternteil richtet. Beim dritten Muster, der Konfliktumleitung („detourment“), ist die elterliche Koalition stabil, die Eltern verwandeln ihren Konflikt in ein gemeinsames Vorgehen gegenüber dem Kind, das als einziges Familienproblem definiert wird; dabei nehmen die Eltern gegenüber dem Kind entweder eine beschützende oder eine beschuldigende Haltung ein.

In Untersuchungen an Familien von Diabetikern (*Baker & Barcai,* 1970; *Baker* et al., 1975) konnte speziell der Mechanismus der Konfliktverschiebung experimentell nachgewiesen werden. In einer weiteren Untersuchung von *Minuchin* et al. (1978) mit 30 psychosomatischen Familien (Anorexie, Diabetes, Asthma) und Kontrollgruppen zeigte sich, daß bei den psychosomatischen Familien eine Asymmetrie in der Verteilung der funktionalen Rollen der Eltern feststellbar ist; ein Elternteil, meist die Mutter, dominierte die experimentelle Aufgabendurchführung. In Problemdiskussionen zeigten die Kontrollfamilien im Vergleich zu den Familien mit psychosomatisch erkrankten Kindern mehr persönliche Stellungnahmen, mehr offene Ablehnung, aber auch mehr offene Zustimmung. Die Kontrollfamilien gelangten deshalb auch zu besseren gemeinsamen Lösungen, während die psychosomatischen Familien in überbehütenden oder beschuldigenden Interaktionen verharrten.

7.2.3.3 Das zweidimensionale Modell des Familiensystems

Neben der Dimension „Fusion – Isolation", die sich in erster Linie auf die Frage des Familienzusammenhalts, der interpersonalen Verbundenheit und der individuellen Abgrenzungen bezieht, hat eine Reihe von Autoren einen zweiten Aspekt betont: die Frage nach der Macht- und Einflußstruktur, der Rollen- und Kompetenzverteilung (*Ackerman,* 1962; *Lederer & Jackson,* 1968; *Minuchin,* 1977). Eine rigide Familienstruktur mit starrer und nicht veränderlicher Aufteilung der Befugnisse, Kompetenzen und Aufgaben ist nicht in der Lage, sich an Veränderungen anzupassen. Der extreme Gegenpol zur erstarrten Familienstruktur wäre die desorganisierte chaotische Familie, der es an Stabilität, Konsistenz, klaren Verantwortlichkeiten und an Rollensicherheit fehlt.

Olson et al. (1979, 1980) haben die beiden Aspekte ausführlich analysiert und auf dieser Grundlage eine zweidimensionale Familientheorie entwickelt. Sie nennen die erste Dimension „familiale Kohäsion", mit den in Abb. 10 dargestellten Abstufungen:

Disengagiert (Isoliert) ———	Getrennt ———	Verbunden ———	Verstrickt (Fusioniert)
Dysfunktion. Familie	Normale Familie		Dysfunktion. Familie

Abb. 10 Abstufungen der Dimension „familiale Kohäsion" (nach *Olson* et al., 1979, 1980)

Die zweite Dimension nennen sie „familiale Adaptivität"; die Abstufungen sind in Abb. 11 dargestellt.

Chaotisch ———	Flexibel ———	Strukturiert ———	Rigide
Dysfunktion. Familie	Normale Familie		Dysfunkt. Familie

Abb. 11 Abstufungen der Dimension „familiale Adaptivität" (nach *Olson* et al., 1979, 1980)

Auf der Grundlage dieser beiden Dimensionen ergibt sich eine Familientypologie mit 16 verschiedenen Familientypen. Das zweidimensionale Familienkonzept wurde durch eine Reihe von empirischen Untersuchungen empirisch gestützt. In zwei Untersuchungen konnte *Russell* (1978, 1979) die beiden Familiendimensionen faktorenanalytisch als unabhängige Faktoren darstellen. In einer eigenen empirischen Analyse (*Mattejat & Remschmidt,* 1981) von klinischen Einschätzungen ergaben sich zwei Cluster, „emotionale Differenzierung" und „funktionale Differenzierung", die die kognitive Struktur der klinischen Beurteiler (Psychiater, Psychologen) repräsentieren und die den beiden Dimensionen „Kohäsion" und „Adaptivität" weitgehend entsprechen. Familiäre Differenzierungsprobleme (die durch diese beiden Systemdimensionen beschreibbar sind) treten besonders deutlich in Belastungssituationen, wie z. B. in Familieninterviews am Tage der stationären Aufnahme eines Kindes (s. *Bovensiepen & Mattejat,* 1981), hervor.

Der Hauptvorteil eines solchen dimensionalen Familienkonzeptes besteht darin, daß sich die Beschreibung nicht mehr auf einzelne Individuen richtet, sondern daß das Familiensystem insgesamt die Einheit der Betrachtung darstellt. Am Rande sei darauf hingewiesen, daß dieses zweidimensionale Modell viele Querverbindungen zu anderen sozialpsychologischen Forschungsansätzen aufweist (obwohl es weitgehend unabhängig von ihnen entwickelt wurde) und auch der Anschluß an vorliegende klinisch-psychologische Konzepte keine Schwierigkeiten bereitet. Unter Verweis auf *Cattell* („Syntalitätsfaktoren", 1948) hebt z. B. *Pongratz* (1973, S. 214 ff.) zwei Aspekte der „Familienatmosphäre",

- Zusammenhalt vs. Desintegration,
- Führung (Struktur) vs. Konzeptlosigkeit

hervor, die den Systemdimensionen entsprechen (oder man denke an die Gruppentheorie von *Bales,* 1970).

Die Theorienbildung zielt natürlich darauf ab, psychopathologische Auffälligkeiten beim Kind bzw. Jugendlichen und Familientypen einander zuzuordnen. Familien mit schizophrenen Jugendlichen z. B. wurden als fusioniert, verstrickt, nach außen hin abgeschlossen beschrieben (vgl. z. B. *Lidz,* 1974), Familien mit delinquenten Jugendlichen dagegen als isoliert, auf Autonomie und interpersonale Distanz bedacht (s. z. B. *Kaufman* et al., 1963). *Reiss* (1971) konnte zeigen, daß die Fähigkeit, gemeinsam Probleme zu lösen, bei konsens-sensitiven (fusionierten) und distanz-sensitiven (isolierten) Familien deutlich verringert ist. In den von ihm untersuchten Familien mit schizophrenem Nachwuchs war der konsens-sensitive Stil vorherrschend, in den delinquenten Familien der distanz-sensitive Stil. Eine Untersuchung an Familien mit psychosomatisch erkrankten Kindern ergab, daß diese überwiegend dem fusionierten Familientyp zuzuordnen sind (*Baker* et al., 1974). *Druckman* (1979) (zit. n. *Olson* et al., 1980) untersuchte Familien mit weiblichen jugendlichen Delinquenten, die an einer familienbezogenen Therapie teilnehmen sollten. Auf beiden Dimensionen zeigten die Familien extreme Werte, überwiegend handelte es sich um disengagiert-chaotische Familien. Bei der Nachtestung verschoben sich die Werte wie erwartet in den mittleren Bereich der Skala.

Die Annahme, daß psychiatrische Störungen bei Kindern und Jugendlichen und familiäre Systemeigenschaften eng zusammenhängen, wird durch solche empirischen Untersuchungen gestützt. Sehr viel mehr kann zum jetzigen Forschungsstand noch nicht gesagt werden. Es liegen noch zu wenige Untersuchungen vor. Die Forschungsergebnisse sind insgesamt gesehen noch nicht so deutlich, daß Zuordnungen zwischen Familientypen und psychopathologischen Syndromen getroffen werden könnten. In den Forschungen der Arbeitsgruppe um *Minuchin* wurde aber zumindest klar, daß Familien mit psychisch auffälligen Kindern und Jugendlichen auf den beiden Dimensionen in den extremen Bereichen liegen: Dysfunktionales Verhalten kann in verschiedene Richtungen ausgelenkt sein: Die Kommunikation kann sehr dicht oder spärlich und zwischen den einzelnen Familienmitgliedern gleich oder schief verteilt sein; die Führung in der Familie kann autoritär oder anarchisch, kontrollierend oder passiv sein, die affektiven Beziehungen überprotektiv oder aggressiv; Konflikte können offen eskalieren oder verdeckt ablaufen (*Aponte & Vandeusen,* 1981, S. 348).

So bleibt die Schlußfolgerung, daß die beiden Dimensionen zur Beschreibung von Familien nützlich und sinnvoll und als *deskriptive* Konzepte auch empirisch nachgewiesen sind; ihr Bezug zu psychischen Störungen bei Kindern und Jugendlichen – d. h. ihre klinische Validität – aber ist noch offen.

8 *Fazit*

8.1 Ergebnisse

Die vorgestellte Übersicht zu den Ergebnissen der empirischen Forschung hinsichtlich der Frage des Zusammenhanges zwischen Familienmerkmalen und psychischen Störungen bei Kindern und Jugendlichen zielt auf die familientherapeutische Praxis: Was kann die klinische Familienforschung dem Praktiker sagen? Was kann als empirisch gesichert und was kann als vorläufige Hypothese angenommen werden? Geleitet von diesen Fragen stellt die Arbeit den Versuch dar, zu einem komprimierten Bild des gegenwärtigen Forschungsstandes zu gelangen, in der Hoffnung auf die Möglichkeit einer besseren Vermittlung zwischen Forschung und Praxis. Was können wir nach dieser Zusammenstellung als Ergebnis festhalten?

(1) Die Forschung bestätigt die *familientherapeutische Grundannahme,* daß die psychische Gesundheit des einzelnen und seine familiäre und soziale Situation in einem engen Bedingungszusammenhang stehen.

(2) Sie kann im einzelnen aufzeigen, welche Aspekte des Familienlebens und der sozialen Beziehungen zentrale pathognostische Bedeutsamkeit besitzen und welche Faktoren einen eher marginalen Stellenwert einnehmen. D. h. sie liefert dem Kliniker Hintergrundwissen darüber, welches *Gewicht* er möglichen *pathogenen Faktoren* zumessen kann. Damit aber führt sie über theoretische Überlegungen und die subjektive klinische Erfahrung hinaus; sie ergänzt diese und kann ideologische Vorurteile korrigieren. Man denke nur daran, daß auch heute noch die empirisch nicht haltbare pauschale Behauptung zu hören ist, mütterliche Berufstätigkeit sei ein pathogener Faktor. Ein anderes Beispiel für die Überbewertung der pathognostischen Relevanz von Einzelfaktoren ist die Interpretation einzelner Erziehungspraktiken in der frühen Kindheit (Stillen, Umgang mit kindlichem Trotz, Sauberkeitserziehung). Diesen Aspekten der Entwicklungsgeschichte eines Kindes kann ebensowenig wie der mütterlichen Berufstätigkeit pauschal eine bestimmte pathogene Relevanz zugesprochen werden, sie haben von Fall zu Fall eine sehr unterschiedliche Bedeutung. Ganz anders ist der Fall z. B. bei Elternverlust oder disharmonischen bzw. unbefriedigenden ehelichen Beziehungen. Die empirische Forschung zeigt, daß es sich hier um Faktoren handelt, denen relativ durchgängig (in den meisten Fällen) ein großes pathogenetisches Gewicht zukommt.

(3) Doch viele Forschungsergebnisse sind nicht so einfach strukturiert, daß man bei einer einfachen Gewichtung pathognostischer Faktoren nach dem Schema „der Faktor x hat durchgängig eine große/geringe pathogene Relevanz" stehen bleiben könnte: Häufig hängt die *pathogene Relevanz* eines Merkmals vom *Gesamtkontext* ab. Ein Musterbeispiel hierfür ist die Frage der Bedeutsamkeit der sozialen Schicht für die Entstehung und Ausprägung psychischer Störungen beim Kind. Eine genaue Betrachtung und differenzierte Bewertung der Forschungsergebnisse gibt uns Hinweise darüber, unter welchen Bedingungen ein Merkmal als Belastungsfaktor wirkt und unter welchen Bedingungen dies nicht der Fall ist. In diesem Zusammenhang werden für die Praxis solche Forschungsbefunde besonders wichtig, die über die familienpathologische Betrachtung im engeren Sinne hinausgehen und die Beziehung zwischen dem Fachmann (Kliniker, Forscher) und der Familie bzw. dem Patienten in den Blick nehmen. Die von fachlicher Seite gewon-

nenen Informationen selbst sind auf die jeweilige Situation der Informationsgewinnung zu relativieren.
(4) Wenn die Diskussion der Forschungsbefunde uns zum Ergebnis führt, daß einzelne Merkmale nicht konkretistisch genommen werden dürfen, daß sie vielmehr ihren Sinn und ihre klinische Bedeutsamkeit erst aus ihrem Kontext gewinnen, dann ist implizite darüber etwas ausgesagt, wie die Ergebnisse überhaupt verstanden und zu einem Gesamtbild integriert werden können. In der Diskussion der empirischen Befunde bestätigt sich die – in allen familientherapeutischen „Schulen" mehr oder weniger explizit realisierte – *systemtheoretische Betrachtungsweise,* in der das Moment der Kontextrelativität von Merkmalen besonders hervorgehoben wird. Darüber hinaus verdeutlicht sich im Versuch, zu einem Gesamtbild empirischer Ergebnisse zu gelangen, ein Aspekt im Verhältnis zwischen Empirie und Theorie: Einzelne empirische Befunde können nur Hinweischarakter haben, ihre Interpretation ist auf die Theorie verwiesen.

8.2 Entwicklungstendenzen und Desiderate*

(1) In der positiven Schlußfolgerung, daß die klinische Familienforschung der Praxis ein *Hintergrundswissen* vermittelt, das die *subjektive klinische Erfahrung korrigiert* oder auch *absichert,* sind die Begrenzungen empirischer Forschungsbemühungen mit angedeutet:
(a) Die empirische Familienforschung hat vorwiegend bestätigende oder korrektiv-kritische Funktion; innovative Impulse dagegen sind nicht von ihr, sondern von der theoretischen Reflexion zu erwarten.
(b) Die Kenntnis empirischen Hintergrundwissens ist nicht gleichbedeutend mit praktischer Kompetenz; solches Hintergrundwissen ist keine hinreichende Grundlage, sondern nur ein Baustein für die Entwicklung einer differenzierten praktischen Arbeit.

Beide Einschränkungen berühren grundlegende metatheoretische Fragen im Verhältnis zwischen Theorie, Forschung und Praxis. Eine gezielte *Diskussion* dieser *metatheoretischen Zusammenhänge,* die nur zu oft mißverstanden werden, kann wesentlich zur Vermittlung zwischen Forschung und Praxis beitragen.
(2) Das Ergebnis, daß die in der therapeutischen Praxis bewährte systemtheoretische Perspektive sich auch zur Integration der empirischen Befunde anbietet, ist gleichzeitig eine Aufforderung zur Weiterentwicklung einer *klinischen Familientheorie.* Aufgabe einer solchen Theorie ist Entwicklung eines begrifflichen Instrumentariums zur Aufklärung der Dynamik innerhalb der Systemebenen „Individuum", „Familie" (natürliches/unmittelbares soziales System) und „Gesellschaft" bzw. „Institution" (mittelbares soziales System) und der Beziehungen zwischen diesen Systemniveaus. Hierbei kommt es darauf an, psychopathologische Phänomene in ihrer dialektischen Bewegung als Risiko und Chance, Belastung und Bewältigung, Probleme und Problemdefinition, theoretisch zu fassen; d. h. angezielt sind Begriffe,

* Die hier nur angedeuteten Überlegungen werden in meiner Arbeit „Pathogene Familienmuster – Theoretische und empirische Analysen zum Zusammenhang zwischen Familienmerkmalen und psychischen Störungen bei Kindern und Jugendlichen" (*Mattejat,* 1985) ausgeführt. Neben der Explikation eines systemtheoretischen Konzeptes wird dort eine makrostrukturelle empirische Analyse dargestellt.

die empiristische Fixierungen überwinden und doch auf die empirische Forschung bezogen werden können. Eine systemische Familientheorie wird auch daran gemessen werden, inwieweit sie Ansätze aus anderen theoretischen Traditionen (z. B. lerntheoretische, psychoanalytische Ansätze) aufgreifen, nutzen und integrieren kann. Die hierzu vorliegenden Versuche erscheinen vielversprechend.

(3) Die vorliegenden Forschungsergebnisse und der Stand der theoretischen Überlegungen führen zu den Desideraten für die empirische Forschung selbst: Über das bloße Nebeneinanderstellen und Gewichten von pathogenen Faktoren hinaus kann man sich jetzt stärker darauf konzentrieren, die spezifische Konstellation und Interaktion von Einzelmomenten bei der Entwicklung und Bewältigung von psychischen Störungen zu verfolgen. D. h. anstelle einer statischen Identifikation von „Krankheitsursachen" geht es um die *Rekonstruktion von pathogenen Systemen*. Hierbei wird die makrostrukturelle Darstellung von Systemstrukturen (so wie sie z. B. in der epidemiologischen Forschung versucht werden kann) durch die mikrostrukturelle, auf Systemprozesse gerichtete Rekonstruktion von einzelnen Vermittlungsmechanismen ergänzt. Die in den letzten Jahren wiederentdeckte und mit neuen Methoden bereicherte Einzelfallforschung ist hierfür ein Beispiel. Die empirische Rekonstruktion systemhafter Strukturen und Prozesse richtet sich aber nicht nur auf pathogene Aspekte, sondern ebenso auf Systemcharakteristiken, die die Möglichkeiten zur Bewältigung problematischer Situationen verbessern: Das wachsende Interesse an der Untersuchung protektiver und kompensierender Faktoren und die auf Prävention (auch Interventionsforschung) ausgerichtete Forschung steht für diese Tendenz*.

---

* Der Bereich der mikrostrukturellen Analyse von Interaktionsprozessen wurde hier nur gestreift und der Bereich der Therapieforschung wurde überhaupt nicht berührt, obwohl er zum Rahmenthema „Empirische Grundlagen des familientherapeutischen Ansatzes" gehört. Die Betrachtung der Ergebnisse aus diesen Forschungsbereichen würde die hier referierten Befunde ergänzen.

Literatur

Aba, O., Pfeifer, W.K. & E.-R. Rey: Häufigkeit und Verteilung von Diagnosen. Erste Auswertungsergebnisse aus dem Statistischen Erhebungsbogen für Erziehungsberatungsstellen. In: Zeitschrift für Kinder- und Jugendpsychiatrie, 6, S. 27–39, 1978.

Achenbach, T.M.: The child behavior profile: I. Boys aged 6–11. In: Journal of Consulting and Clinical Psychology, 46, S. 478–488, 1978.

Achenbach, T.M.: The child behavior profile: An empirically based system for assessing children's behavioral problems and competencies. In: International Journal of Mental Health, 7, S. 24–42, 1979.

Achenbach, T.M.: Developmental Psychopathology. 2nd Ed. New York: Wiley, 1982.

Achenbach, T.M. & C.S. Edelbrock: The classification of child psychopathology. A review and analysis of empirical efforts. In: Psychol. Bull., 85, S. 1275–1301, 1975

Achenbach, T.M. & C.S. Edelbrock: The child behavior profile: II. Boys aged 12–16 and girls aged 6–11 and 12–16. In: Journal of Consulting and Clinical Psychology, 47, S. 223–233, 1979.

Achenbach, T.M. & C.S. Edelbrock: Behavioral problems and competencies reported by parents of normal and disturbed children aged 4 through 16. Monographs of the Society for Research in Child development, 46, 1981.

Ackerman, N.W.: Treating the troubled family. New York: Basic Books, 1966.

Ackerman, N.W.: The growing edge of family therapy. In: Family Process, 10, S. 143–156, 1971.

Ackerson, L.: Children's behaviour problems I: Incidence, genetic and intellectual factors. Chicago: Chicago Univ. Pr., 1931

Ackerson, L.: Children's behaviour problems II: Relative importance and interrelations among traits. Chicago: Chicago Univ. Pr., 1931

Adler, A.: Praxis und Theorie der Individualpsychologie. München, 1920.

Alexander, J.: Defensive and supportive communications in normal and deviant families. In: Journal of Consulting and Clinical Psychology, 40, S. 223–231, 1973.

Alkire, A.: Social power and communication within families of disturbed and nondisturbed pre-adolescents. In: J. of Personality and Social Psychology, 13, S. 335–349, 1969.

American Psychiatric Association (Ed.): Diagnostic and statistical manual of mental disorders (DSM III). 3rd Ed. Washington, D.C.: Am. Psychiat. Ass., 1980.

Andry, R.G.: Delinquency and parental pathology. London: Methuen, 1960.

Angermeyer, M.: 20 Jahre Double Bind: Versuch einer Bilanz. In: Psychiat. Prax., 5, S. 106–117, 1978.

Angermeyer, M.C. & D.R. Schwoon: Zur Bestimmung familialer Dominanz. Ein methodischer Beitrag zur Familienforschung. In: Gruppenpsychotherapie und Gruppendynamik, 16 (1/2), S. 91–106, 1980.

Anthony, E.J.: Kinder manisch-depressiver Eltern. In: *Remschmidt, H.* (Hrsg.): Psychopathologie der Familie und kinderpsychiatrische Erkrankungen. Bern: Huber, S. 12–34, 1980.

Apley, J. & R. MacKeith: The child and his symptoms. Oxford: Blackwell Sc. Publ., 1968.

Aponte, H.J. & J.M. Vandeusen: Structural family therapy. In: *Gurman, A.S. & D.P. Kniskern* (Eds.): Handbook of family therapy. New York: Brunner/Mazel, S. 310–360, 1981.

Aronfreed, J.: The concept of internalization. In: *Goslin, D.* (Ed.): Socialization theory and research. New York: Rand McNally, S. 263–324, 1969.

Bahr, S.J.: Family determinants and effects of deviance. In: *Burr, W.R., Hill, R., Nye, F.I. & I.L. Reiss* (Eds.): Contemporary theories about the family. Vol. I. New York, London: Free Press, Macmillan, S. 615–644, 1979.

Baker, J.: Family systems: A review and synthesis of eight major concepts. In: Family Therapy, 3, S. 1–19, 1976

Baker, J. & A. Holzworth: Social histories of successful and unsuccessful children. In: Child Development, 32, S. 135–149, 1961.

Baker, L. & A. Barcai: Psychosomatic aspects of diabetes mellitus. In: *Hill, O.W.* (Ed.): Modern trends in psychosomatic medicine. Vol. II. London: Butterworths, 1970.

Baker, L., Minuchin, S., Milman, L., Liebman, R. & T. Todd: Psychosomatic aspects of juvenile diabetes mellitus: A progress report. In: Modern Problems in Pediatrics, Vol. 12. Basel: Karger, 1975.

Baldwin, J.A.: Psychiatric illness from birth to maturity: An epidemiological study. In: Acta Psychiat. Scand., 44, S. 313–333, 1968.

Bales, R.F.: Personality and interpersonal behavior. New York, 1970.

Bandura, A. & R.H. Walters: Adolescent aggression. New York: Ronald, 1959.

Bannister, D. & M.M. Mair: The evaluation of personal constructs. New York: Academic Pr., 1968.

Barnhill, L.R.: Healthy family systems. In: Fam. Proc., 18, S. 94–100, 1979.

Bateson, G.: Ökologie des Geistes. Frankfurt: Suhrkamp, 1981.

Bateson, G., Jackson, D.D., Haley, J. & J.W. Weakland: Toward a theory of schizophrenia. In: Behav. Sci., 1, S. 251–264, 1956.

Battle, E. & B. Lacey: A context for hyperactive children over time. In: Child Development, 43, 757–773, 1972.

Baumert, I.: Untersuchung zur diagnostischen Valenz des HAWIK und die Entwicklung einer Kurzform (WIPKI). Bern: Huber, 1973.

Baumrind, D.: Child care practices anteceding three patterns of pre-school behavior. In: Genetic Psychology Monographs, 75, S. 43–88, 1967.

Becker, K., Lemp, R. & B. Veit-Nowack: Feldstudie über kinder- und jugendpsychiatrische Erkrankungen in Tübingen. In: Psychiatrische Praxis, 1, S. 150–160, 1974.

Becker, P.: Differentialätiologie. In: *Schmidt, L.R.* (Hrsg.): Lehrbuch der klinischen Psychologie. Stuttgart: Enke, S. 100–127, 1978.

Becker, W.C. & R.S. Krug: The PARI – a research review. In: Child Development, 35, S. 329–365, 1965.

Becker, W.C., Madsen, C.H., Arnold, C.R. & D.R. Thomas: The contingent use of teacher attention and praise in reducing classroom behavior problems. In: Journal of Specific Education, 1, S. 287–307, 1967.

Becker, W.C., Peterson, D.R., Luria, Z., Shoemaker, D.J. & L.A. Hellmer: Relations of factors derived from parent-interview-ratings to behavior problems of five-year-olds. In: Child Development, 33, S. 509–535, 1962.

Beckmann, D. & H.-E. Richter: Gießen-Test. Bern, Stuttgart, Wien: Huber, 1972.

Behrens, M., Rosenthal, A. & P. Chodoff: Communication in lower-class families of schizophrenics: Observations and findings. In: Archives of General Psychiatry, 18, S. 689–696, 1968.

Beiser, M.: Etiology of mental disorders: Sociocultural aspects. In: *Wolman, B.B.* (Ed.): Manual of child psychopathology. New York: McGraw Hill, S. 150–188, 1972.

Benjamin, L.S.: Structural analysis of social behavior. In: Psychol. Rev., 81 (5) S. 392–425, 1974.

Benjamin, L.S.: Structural analysis of differentiation failure. In: Psychiatry, 42, S. 1–23, 1979.

Bennett, I.: Delinquent and neurotic children: A comparative study. New York: Basic Books, 1960.

Berg, I.: Self-administered dependency questionaire for use with mothers of schoolchildren. In: British Journal of Psychiatry, 124, S. 101–109, 1974.

Berg, I. & R. McGuire: Are mothers of school-phobic adolescents overprotective? In: British Journal of Psychiatry, 124, S. 10–13, 1974.

Berger, M.: Early experience and other environmental factors: An overview. In: *Eysenck, H.J.* (Ed.): Handbook of abnormal psychology. London: Pitman Medical, S. 604–644, 1973.

Berger, M., Yule, W. & M. Rutter: Attainment and adjustment in two geographical areas. II. The prevalence of specific reading retardation. In: British Journal of Psychiatry, 126, S. 510–519, 1975.

Biermann, G., Galm, D., Kassian, A., Klüwer, K., Schmeer, G. & M. Six: Die Tätigkeit der Psychosomatischen Beratungsstelle für Kinder bei der Universitäts-Kinderpoliklinik München. In: Praxis der Kinderpsychologie und Kinderpsychiatrie, 12, S. 193–204; 246–256, 1963.

Bleckmann, K.H.: Das Schicksal sogenannter Risikokinder im Spiegel der Erziehungsberatung. In: Praxis der Kinderpsychologie und Kinderpsychiatrie, 20, S. 125–132, 1971.

Block, J.H., Block, J. & A. Morrison: Parental agreement – disagreement on child-rearing orientations and gender-related personality correlates in children. Manuskript, 1980.

Bodin, A.M.: The interactional view: Family therapy approaches of the Mental Research Institute. In: *Gurman, A.S. &*

D.P. Kniskern (Eds.): Handbook of family therapy. New York: Brunner/Mazel, S. 267–309, 1981.

Boszormenyi-Nagy, I.: Eine Theorie der Beziehungen: Erfahrung und Transaktion. In: *Zuk, G.* et al.: Familientherapie 1. Reinbek: Rowohlt, S. 51–109, 1975.

Boszormenyi-Nagy, I. & G.M. Spark: Unsichtbare Bindungen. Die Dynamik familiärer Systeme. Stuttgart: Klett-Cotta, 1981.

Bovensiepen, G. & F. Mattejat: Erfahrungen mit dem Familien-Erstinterview als Beginn der stationären kinderpsychiatrischen Behandlung. Vortrag auf der Tagung der Deutschen Ges. f. Kinder- und Jugendpsychiatrie. München, 1981.

Bovensiepen, G., Oesterreich, R., Wilhelm, K. & M. Arndt: Die elterliche Erziehungseinstellung als Ausdruck der Familiendynamik bei Kindern mit Asthma bronchiale. In: Praxis der Kinderpsychol. und Kinderpsychiat., 29 (5), S. 163–170, 1980.

Bowen, M.: The family as the unit of study and treatment. In: Am. J. Orthopsychiat., 31, S. 40–60, 1960.

Bower, E.M.: Early identification of emotionally handicapped children in school. Springfield, 1960.

Bowlby, J.: Forty-four juvenile thieves: Their characters and home-life. London: Baillere, Tindall & Cox, 1946.

Bowlby, J.: Maternal care and mental health. Genf, 1952.

Bowlby, J.: Attachment and loss: I. Attachment. London: Hogarth Press, 1969.

Brackmann, S.: Ideen zur gesellschaftlichen Bedeutung der Ergebnisse einer statistischen Erhebung über die soziale Zusammensetzung der Klientel einer Erziehungsberatungsstelle. In: Praxis der Kinderpsychologie und Kinderpsychiatrie, 23, S. 226–232, 1974.

Brandt, G.A.: Probleme und Erfolge der Erziehungsberatung. Ergebnisse einer Erhebung. Weinheim: Beltz, 1967.

Brody, C., Plutchik, R., Reilly, E. & M. Peterson: Personality and problem behavior of third-grade-children in regular classes. In: Psychol. in the Schools, 10, 99–199, 1973.

Brofenbrenner, U.: Toward a theoretical model for the analysis of parent-child-relationships in a social context. In: *Glidewell, J.C.* (Ed.): Parental attitudes and child behavior. Springfield, Ill.: C.C. Thomas, 1961.

Brofenbrenner, U.: Some familial antecedents of responsibility and leadership in adolescents. In: *Petrullo, L. & B.M. Bass* (Eds.): Leadership and interpersonal behavior. New York: Holt, 1961.

Bronson, W.C.: Central orientations. A study of behavior organization from childhood to adolescence. In: Child Development, 37, 125–155, 1966.

Bronson, W.C.: Adult derivates of emotional expressiveness and reactivity-control; developmental continuities from childhood to adulthood. In: Child Development, 38, S. 801–817, 1967.

Brown, G., Chadwick, O., Schaffer, D., Rutter, M. & M. Traub: A prospective study of children with head injuries. III. Psychiatric sequelae. Manuskript, 1980.

Brumm, I.: Perspektiven einer theoretischen Grundlegung der Familientherapie. Würzburg: Diplomarbeit, 1977.

Brunn, L.: Statistische Ergebnisse an 1291 Kieler Schulkindern einer gemischten Volks- und Mittelschule aus der Sicht der Erziehungsberatung. In: Praxis der Kinderpsychologie und Kinderpsychiatrie, 6, S. 261–265, 1957.

Buck, C. & K.L. Ladd: Psychoneurosis in marital partners. In: British Journal of Psychiatry, 111, S. 587–590, 1965.

Buck, C. & K. Laughton: Family patterns of illness: The effect of psychoneurosis in the parent upon illness in the child. In: Acta Psychiatrica, 34, S. 165–175, 1959.

Bugental, D.E., Love, L.R., Kaswan, J.W. & C. April: Verbal-nonverbal conflict in parental messages to normal and disturbed children. In: Journal of Abnormal Psychology, 77, S. 6–10, 1971.

Bundeskonferenz für Erziehungsberatung: Bericht über gegenwärtigen Stand und bisherige Ergebnisse des Projektes Erhebungsbogen. Fürth, 1975.

Bundesminister für Jugend, Familie und Gesundheit: Die Lage der Familie. Bundesdrucksache V/2132. Bonn: 1968.

Bundesminister für Jugend, Familie und Gesundheit: Zweiter Familienbericht. Bundesdrucksache VII/3502. Bonn: 1975.

Burchinal, L., Gardner, B. & G.R. Hawkes: Childrens personality adjustment and the socio-economic status of their families. In: J. Gen. Psychol., 92, S. 149, 1958.

Burton, L.: The family life of sick children. London, Boston: Routledge & Kegan Paul, 1975.

Buss, A.H. & R. Plomin: A temperament theory of personality development. New York, 1975.

Butollo, W.H.L., Meyer-Platz, S. & B. Winkler: Bedingungen der Entwicklung von Verhaltensstörungen. In: *Pongratz, L.* (Hrsg.): Handbuch der Psychologie, Bd. 8: Klinische Psychologie, 2. Hlbbd. Göttingen: Hogrefe, S. 3074–3101, 1978.

Campbell, S.B., Endman, M.W. & S. Bernfeld: A three-year follow-up of hyperactive preschoolers into elementary school. In: Journal of Child Psychology and Psychiatry, 18, S. 239–249, 1977.

Castell, R., Biener, A., Artner, K. & H. Dilling: Häufigkeit von psychischen Störungen und Verhaltensauffälligkeiten bei Kindern und ihre psychiatrische Versorgung. In: Zeitschrift für Kinder- und Jugendpsychiatrie, 9, S. 115–125, 1981.

Cattell, R.B.: Concepts and methods in the measurement of group syntality. In: Psychologic Review, 55, 1948.

Centers, R., Raven, B.H. & A. Rodriguez: Conjugal power structure: A re-examination. In: American Sociological Review, 36, S. 264–278, 1971.

Chadwick, O., Rutter, M., Brown, G., Shaffer, D. & M. Traub: A prospective study of children with head injuries. II. Cognitive sequelea. Manuskripft, 1980.

Chadwick, O., Thompson, J., Shaffer, D. & M. Rutter: Intellectual performance and reading skills after localized head injury in childhood. In: Journal of Child Psychology and Psychiatry, 1980.

Chazan, M. & S. Jackson: Behavior problems in the infant school. In: J. Child Psychol. Psychiat., 12, S. 191–210, 1971.

Chazan, M. & S. Jackson: Behavior problems in the infant school: Changes over two years. In: J. Child Psychol. Psychiat., 15, S. 33–46, 1974.

Cheek, F.: The 'schizophrenogenic mother' in word and deed. In: Family Process, 3, S. 155–177, 1964.

Clarizio, H.F.: Stability of deviant behavior through time. In: *Clarizio, H.F.* (Ed.): Mental health and the educative process. Chicago: Rand McNally, 1969.

Clarke-Stewart, A.: Child care in the family. A review of research and some propositions for policy. New York: Academic Press, 1977.

Corboz, R., Schmidt, M., Remschmidt, H., Schieber, P. & D. Göbel: Multiaxiale Klassifikation in Berlin, Mannheim und Zürich. Gemeinsamkeiten und Differenzen der Inanspruchnahmepopulationen dreier Kliniken: Artefakt oder Realität. In: *Remschmidt, H. & M. Schmidt* (Hrsg.): Multiaxiale Diagnostik in der Kinder- und Jugendpsychiatrie. Bern: Huber, S. 77–110, 1983.

Cowen, E.L., Dorr, D.A., Trost, M.A. & L.D. Izzo: Follow-up study of maladapting school children seen by nonprofessionals. In: J. Consult. & Clin. Psychol., 39, S. 235–238, 1972.

Cowen, E.L., Pederson, A., Babigian, H., Izzo, L.D. & M.A. Trost: Long term Follow-up of early detected vulnerable children. In: J. Consult. & Clin. Psychol., 41, S. 438–446, 1973.

Crellin, E., Pringle, M., Kellmer, L. & P. West: Born illegitimate: Social and ecucational implications. Windsor: NFER, 1971.

Cromwell, R.E., Olson, D.H. & D.G. Fournier: Tools and techniques for diagnosis and evaluation in marital and family therapy. In: Family Process, 15, S. 1–49, 1976.

Cummings, J.D.: A follow-up study of emotional symptoms in school-children. In: Brit. J. Educ. Psychol., 16, S. 163–177, 1946.

Cummings, S.T., Bayley, H.C. & H.E. Rie: The effects of the child's deficiency on the mother: A study of mentally retarded, chronically ill and neurotic children. In: American Journal of Orthopsychiatry, 36, S. 595–608, 1966.

Czerwenka, K. & W. Seitz: Schulrelevante Persönlichkeitsmerkmale bei Jungen und Mädchen und ihr Zusammenhang mit dem verbalen Erziehungsverhalten des Vaters. In: *Lukesch, H.* (Hrsg.): Auswirkungen elterlicher Erziehungsstile. Göttingen: Hogrefe, S. 131–149, 1975.

Dahl, G.: WIP – Reduzierter Wechsler-Intelligenztest. Meisenheim/Glan: Verl. A. Hain, 1972.

Davie, R., Butler, N. & H. Goldstein: From birth to seven: A report of the National Child Development Study. London: Longman, 1972.

Dell, P.: Beyond homeostasis. Manuskript. Zit. n. *Hoffman* (1982).

DeShazer, S.: Patterns of brief family therapy. An ecosystemic approach. New York: Guilford, 1982.

Dielman, T.E. & R.B. Cattell: The prediction of behavior problems in 6- to 8-year old children from mother's reports of child rearing practices. In: J. of Clin. Psychol., 28, S. 13–17, 1972.

Dietsch, P. & W. Volk: Endogene Störungen. In: *Pongratz, L.J.* (Hrsg.): Handbuch der Klinischen Psychologie. Bd. 8: Klinische Psychologie. Göttingen; Hogrefe, 1. Hlbbd., S. 255–329, 1977.

Doane, J.A.: Family interactional and communication deviance in disturbed and normal families: A review of research. In: Fam. Proc., 17 (3), S. 357–376, 1978.

Doane, J.A.: Questions of strategy: Rejoinder to *Jacob* and *Grounds.* In: Family Process, 17, S. 389–394, 1978.

Dohrenwend, B.P. & B.S. Dohrenwend: The problem of validity in field studies of psychological disorder. In: Int. J. Psychiat., 1, 1965.

Douglas, J.W.B.: The home and the school. London: MacGibbon & Kee, 1965.

Douglas, J.W.B.: Early hospital admissions and later disturbances of behaviour and learning. In: Developmental Medicine and Child Neurology, 17, S. 456–480, 1975.

Douglas, J.W.B., Ross, J.M., Hammond, W.A. & D.G. Mulligan: Delinquency and social class. In: British Journal of Criminology, 6, S. 294–302, 1966.

Douglas, J.W.B., Ross, J.M. & H.R. Simpson: All our future: A longitudinal study of secondary education. London: P. Davies, 1968.

Druckman, J.A.: Family oriented policy and treatment program for juvenile status offenders. In: J. of. Marr. and the Family, 1979 (zit. n. *Olson* et al., 1980).

Dührssen, A.: Heimkinder und Pflegekinder in ihrer Entwicklung. Eine vergleichende Untersuchung an 150 Kindern in Elternhaus, Heim und Pflegefamilie. Göttingen: Vandehoeck & Rupprecht, 1958.

Edelbrock, C.S. & T.M. Achenbach: A typology of child behavior profile patterns: Distribution and correlates for disturbed children aged 6–16. In: Journal of Abnormal Child Psychology, 8, S. 441–470, 1980.

Ehlers, T.: Zur Brauchbarkeit der Fremdanamnese für die Diagnose der Therapiebedürftigkeit bei Kindern. In: *Bommert, H. & M. Hockel* (Hrsg.): Therapie-orientierte Diagnostik. Stuttgart: Kohlhammer, S. 129–146, 1981.

Ehrenwald, J.: Neurotic interaction and patterns of pseudoheredity in the family. In: Am. J. Psychiat., S. 115–134, 1958.

Eissler, R.S., Freud, A., Kris, M. & A.J. Solnit (Eds.): Psychoanalytic assessment: The diagnostic profile. New Haven: Yale Univ. Pr., 1977.

Ellis, A. & R.M. Beechley: A comparison of child guidance clinic patients coming from large, medium and small families. In: J. Gen. Psychol., 79, S. 131–144, 1951.

Emery, R.E. & K.D. O'Leary: Childrens's perceptions of marital discord as related to behavior problems of boys and girls. Manuskript, 1980. (Zit. n. *Rutter,* 1981).

Eron, L.D., Banta, T.J., Waller, L.O. & J.H. Laulicht: Comparison of data obtained from mothers and fathers on childrearing practices and their relation to child aggression. In: Child Development, 32, S. 457–472, 1961.

Etaugh, C.: Effects of maternal employment on children: A review of recent research. In: Merrill-Palmer Quarterly, 20, S. 71–98, 1974.

Eysenck, H.: Neurotizismusforschung. In: *Pongratz, L.J.* (Hrsg.): Handbuch der Klinischen Psychologie. Bd. 8: Klinische Psychologie. Göttingen: Hogrefe, 1. Hlbbd., S. 565–598, 1977.

Farina, A. & J. Holzberg: Interaction patterns of parents and hospitalized sons diagnosed as schizophrenic or nonschizophrenic. In: J. Abnorm. Psychol., 73, S. 114–118, 1968.

Ferreira, A. & W. Winter: Information exchange and silence in normal and abnormal families. In: Fam. Proc., 7, S. 251–276, 1968.

Ferreira, A., Winter, W. & E. Poindexter: Some interactional variables in normal and abnormal families. In: Family Process, 5, S. 60–75, 1966.

Filipp, V.D. & K.A. Schneewind: Elterliche Erziehungsziele aus der Sichtweise von Eltern und Kindern. In: *Lukesch, H.* (Hrsg.): Auswirkungen elterlicher Erziehungsstile. Göttingen: Hogrefe, S. 96–110, 1975.

Fransella, F. & D. Bannister: A manual for repertory grid technique. London, New York: Acad. Pr., 1977.

Friedman, C. & A. Friedman: Characteristics of schizogenic families during a joint family story telling task. In: Fam. Proc., 9, S. 332–354, 1970.

Frederking, U.: Häufigkeiten, somatische und soziale Bedingungen von Verhaltensstörungen 10jähriger Schulkinder. In: Praxis der Kinderpsychologie und Kinderpsychiatrie, 24, S. 204–213, 1975.

Frederking, U.: Emotionale Bedingungen von Verhaltensstörungen 10jähriger Schulkinder. In: Praxis der Kinderpsychologie und Kinderpsychiatrie, 24, S. 258–265, 1975.

Friedrich, H.: Psychosoziale Konflikte und schulpsychologische Beratung. In: *Roth, H. & D. Friedrich* (Hrsg.): Bildungsforschung. Probleme – Perspektiven – Prioritäten. Bd. 51. Teil II, Stuttgart: Klett, 1975.

Frodi, A., Macaulay, J. & P.R. Thome: Are women always less aggressive than men? A review of the experimental literature. In: Psychological Bulletin, 84, S. 634–660, 1977.

Frommer, E.A. & G. O.Shea: Antenatal identification of women liable to have problems in managing their infants. In: British Journal of Psychiatry, 123, S. 149–156, 1973.

Frommer, E.A. & G. O'Shea: The importance of childhood experience in relation to problems of marriage and family-building. In: British Journal of Psychiatry, 123, S. 157–160, 1973.

Furman, S.S., Sweat, L.G. & G.M. Crocetti: Social class factors in the flow of children to outpatient psychiatric facilities. In: Amer. J. Public Health, 55, S. 285–392, 1965.

Gadenne, V.: Die Gültigkeit psychologischer Untersuchungen. Stuttgart: Kohlhammer, 1976.

Gärtner-Harnach, V.: Fragebogen für Schüler FS 5–10. Weinheim: Beltz, 1973.

Garner, A.M. & G. Wenar: The mother-child interaction in psychosomatic disorders. Urbana, Ill.: Univ. of Ill. Pr., 1959.

Gassner, S. & E.J. Murray: Dominance and conflict in the interactions between parents of normal and neurotic children. In: Journal of Abnormal and Social Psychology, 74, S. 33–41, 1969.

Ghodsian, M., Fogelman, K., Lambert, L. & A. Tibbenham: Changes in behaviour ratings of a national sample of children. In: British Journal of Social and Clinical Psychology, 19, S. 247–256, 1980.

Gibson, H.B.: Early delinquency in relation to broken homes. In: J. Child Psychol. Psychiat., 10, S. 195–202, 1969.

Glueck, S. & E.T. Glueck: Unraveling juvenile delinquency. New York: Commonwealth fund, 1950.

Gregory, I.: Anterospective data following childhood loss of a parent. In: Arch. Gen. Psychiat., 13, S. 110–120, 1965.

Grolnick, L.: A family perspective of psychosomatic factors in illness. A review of the literature. In: Fam. Proc., 11, S. 457–485, 1972.

Günther, G.: Das Bewußtsein der Maschinen. Baden-Baden: Agis, 1963.

Gurman, A.S. & D.P. Kniskern: Family therapy outcome research: Knowns and unknowns. In: *Gurman, A.S. & D.P. Kniskern* (Eds.): Handbook of family therapy. New York: Brunner/Mazel, S. 742–776, 1981.

Hagnell, O. & N. Kreitman: Mental illness in married pairs in a total population. In: British Journal of Psychiatry, 125, S. 293–302, 1974.

Haley, J.: The family of the schizophrenic: A model system. In: Journal of Nervous and Mental Diseases, 129, S. 357–372, 1959.

Haley, J.: Research on family patterns: An instrument measurement. In: Family Progress, 3, S. 41–65, 1964.

Haley, J.: Direktive Familientherapie. Strategien für die Lösung von Problemen. München: Pfeiffer, 1977.

Haley, J.: Toward a theory of pathological systems. In: *Watzlawick, P. & J. Weakland* (Eds.): The interactional view. New York: Norton, 1977.

Hare, E.H. & G.K. Shaw: Mental health on a new housing estate. Institute of Psychiatry Maudsley Monograph Nr. 10. London: Oxford Univ. Press, 1965.

Harnack, G.-A.V.: Wesen und soziale Bedingtheit frühkindlicher Verhaltensstörungen. Basel, New York: Karger, 1953.

Harnack, G.-A.V.: Nervöse Verhaltensstörungen beim Schulkind. Stuttgart: Thieme, 1958.

Hassan, S.A.: Transactional and contextual invalidation between the parents of disturbed families. A comparative study. In: Fam. Proc., 13, S. 53–76, 1974.

Hassan, S.A.: Familie und Störungen Jugendlicher. Eine Literaturübersicht. In: Familiendynamik, 2, Teil 1: S. 69–100; Teil 2: S. 242–278, 1977.

Hechtman, L.: Families of hyperactives. In: Research in Community and Mental Health, 2, S. 275–292, 1981.

Heigl-Evers, A. & F. Heigl: Der „implizite Ehevertrag" in seiner Bedeutung als therapeutisches Konzept. In: Praxis der Psychotherapie, 20, S. 25–34, 1975.

Heil, F.E., Klein, C. & H. Sevenig: Das Trierer Partnerschafts-Inventar TPI. Forschungsversion. Trier: Manuskript, 1977.

Heindorf, H., Renker, K. & G. Schönrok: Über Auffälligkeiten bei Vorschulkindern. Berlin: VEB Verlag Volk und Gesundheit, 1967.

Helmke, A. & K.H. Kischkel: Zur Wahrnehmung elterlichen Erziehungsverhaltens durch Eltern und ihre Kinder und dessen

Erklärungswert für kindliche Persönlichkeitsmerkmale. In: *Lukesch, H., Perrez, M. & K.A. Schneewind* (Hrsg.): Familiäre Sozialisation und Intervention. Bern: Huber, S. 81–105, 1980.

Helmke, A. & R. Väth-Szusdziara: Familienklima, Leistungsangst und Selbstakzeptierung bei Jugendlichen. In: *Lukesch, H., Perrez, M. & K.A. Schneewind* (Hrsg.): Familiäre Sozialisation und Intervention. Bern: Huber, S. 199–219, 1980.

Herbert, M.: Emotional problems of development in children. London, 1974.

Herman, B. & J.E. Jones: Lack of acknowledgement in the Family Rorschachs of families with a child at risk for schizophrenia. In: Family Process, 15, S. 289–302, 1976.

Hess, R.D. & K.A. Camera: Post-divorce family relationships as mediating factors in the consequences of divorce for children. In: Journal of Social Issues, 35, S. 79–96, 1979.

Hetherington, E.M., Cox, M. & R. Cox: The aftermath of divorce. In: *Stevens, J.H. & M. Matthews* (Eds.): Mother-child, father-child relations. Washington, D.C.: Nat. Association for the Education of Young Children, 1978.

Hetherington, E.M., Cox, M. & R. Cox: Play and social interaction in children following divorce. In: Journal of Social Issues, 35, S. 26–49, 1979.

Hetherington, E.M. & B. Martin: Family interaction and psychopathology in children. In: *Quay, H.C. & J.S. Werry* (Eds.): Psychopathological disorders of childhood. London: Wiley, S. 30–72, 1972.

Hetherington, E.M., Stouwie, R. & E. Ridberg: Patterns of family interaction and child rearing attitudes related to three dimensions of juvenile delinquency. In: Journal of Abnormal Psychology, 78, S. 160–176, 1971.

Hirsch, S. & J. Leff: Parental abnormalities of verbal communication in the transmission of schizophrenia. In: Psychological Medicine, 1, S. 118–127, 1971.

Hoffman, L.: Grundlagen der Familientherapie. Hamburg: Isko-Press, 1982.

Hoffman, M.L.: Moral development. In: *Mussen, P.H.* (Ed.): Carmichael's manual of child psychology. 3rd Ed. Vol. II. London: Wiley, 1970.

Hoffmann, L.W.: Effects of maternal employment on the child. In: Child Development, 32, S. 187–197, 1961.

Hollingshead, A.B. & F.C. Redlich: Social class and mental illness. New York: Wiley, 1958.

Howard, J.: The influence of children's developmental dysfunctions on marital quality and family interaction. (Übersichtsarbeit) Manuskript, 1981.

Howells, J.G. & J.R. Lickorish: Familien-Beziehungs-Test. München, Basel: E. Reinhard, 1972.

Innerhofen, P.: Das Münchner Trainingsmodell. Heidelberg: Springer, 1977.

Jackson, D.D.: The study of the family. In: Fam. Proc., 4, S. 1–20, 1965.

Jacob, T.: Family interaction in disturbed and normal families: A methodological and substantive review. In: Psychol. Bull., 82, S. 33–65, 1975.

Jacob, T. & L. Grounds: Confusions and conclusions: A response to *Doane.* In: Family Process, 17, S. 377–387, 1978.

Jankowski, P.: Diagnostik in der Erziehungs- und Familienberatung. In: *Pongratz, L.* (Hrsg.): Handbuch der Psychologie, Bd. 12, Klinische Psychologie, 2. Hlbbd. Göttingen: Hogrefe, S. 1726–1755, 1978.

Jenkins, R.L.: The varieties of children's behavioral problems and family dynamics. In: Amer. J. Psychiat., 124, S. 1440–1445, 1968.

Jones, J.E.: Patterns of transactional style deviance in the TAT's of parents of schizophrenics. In: Family Process, 16, S. 327–337, 1977.

Jonsson, G.: Delinquent boys, their parents and grandparents. In: Acta Psychiatrica Scandinavica, Suppl. 195 (zu Vol. 43), Kopenhagen, 1967.

Jonsson, G. & A.-L. Kälvesten: 222 Stockholms pojkar; En Socialpsykiatriesk undersökning av pojkar i skolalderen. Stockholm (2. Aufl.), 1964.

Jungmann, J., Göbel, D. & H. Remschmidt: Erfahrungen mit einer kinder- und jugendpsychiatrischen Basisdokumentation unter Berücksichtigung des multiaxialen Diagnosenschlüssels. In: Zeitschrift für Kinder- und Jugendpsychiatrie, 6, S. 56–75, 1978.

Kagan, J. & H.A. Moss: Birth to maturity: A study in psychological development. New York: Wiley, 1962.

Kalverboer, A.F.: Neurobehavioral study in preschool children. London, 1975.

Kalverboer, A.F., Touwen, B.C.L. & H.F.R. Prechtl: Follow-up of infants at risk of minor brain dysfunction. In: Ann. of the New York Acad. of Sci., 205, S. 173–187, 1973.

Kanner, L.: Child Psychiatry. Oxford: Blackwell Scientific Publ., 1948.
Kaplan, A.R. (Ed.): Human behavior genetics. Springfield (Ill.), 1976.
Karrass, W. & U. Hausa: Untersuchung zur Interaktion in Familien mit verschieden gestörten Kindern. In: Zeitschrift für klinische Psychologie, 10, S. 1–12, 1981.
Katschnig, H.: Epidemiologie und primäre Soziogenese psychischer Erkrankungen. In: *Becker, A.M. & L. Reiter* (Hrsg.): Psychotherapie als Denken und Handeln. München: Kindler, S. 77–92, 1977.
Kaufman, I., Durkin, H., Frank, T., Hems, L.W., Jones, D.B., Ryter, Z., Stone, E. & J. Zilbach: Delineation of two diagnostic groups among juvenile delinquents: The schizophrenic and the impulse-ridden character disorder. In: J. Am. Acad. Child Psychiat., 2, S. 292–318, 1963.
Kaufmann, L.: Familie, Kommunikation, Psychose. Bern, Stuttgart: Huber, 1972.
Kaufmann, L.: Familientherapie. In: *Kisker, K.P.* et al. (Hrsg.): Psychiatrie der Gegenwart. Bd. 3, 2. Aufl. Berlin, Heidelberg: Springer, S. 669–710, 1975.
Kellner, R.: Family ill health: An investigation in general practice. London: Tavistock, 1963.
Kemmler, L.: Untersuchung über den frühkindlichen Trotz. In: Psychologische Forschung, 25, S. 279–338, 1957.
Kendell, R.E.: Die Diagnose in der Psychiatrie. Stuttgart: Enke, 1978.
Kerr, M.E.: Family systems theory and therapy. In: *Gurman, A.S. & D.P. Kniskern* (Eds.): Handbook of family therapy. New York: Brunner/Mazel, S. 226–266, 1981.
Kinston, W., Loader, P. & J. Stratford: Clinical assessment of family interaction: A reliability study. In: Journal of Family Therapy, 1, S. 291–312, 1979.
Kniskern, D.P.: Including children in marital and family therapy. In: *Gurman, A.S.* (Ed.): Questions and answers in the practice of family therapy. New York: Brunner/Mazel, S. 70–74, 1981.
Kohlberg, L., Lacrosse, J. & D. Ricks: The predictability of adult mental health from childhood behavior. In: *Wolman, B.* (Ed.): Handbook of Child Psychopathology. New York: McGraw Hill, 1970.
Kohlscheen, G.: Untersuchungen zur Bedarfsermittlung eines Versorgungssystems für somatisch und psychisch auffällige Kinder und Jugendliche. Anhang zum Bericht über die Lage der Psychiatrie in der BRD. Bundestag-Drucksache 7/4201, S. 432–457, 1975.
Koliadis, E.: Mütterliche Erwerbstätigkeit und kindliche Sozialisation. Weinheim: Beltz, 1975.
Koschorke, M.: Unterschicht und Beratung. In: Wege zum Menschen, 25, S. 129–163, 1973.
Kreitman, N.: The patient's spouse. In: British Journal of Psychiatry, 110, S. 159–173, 1964.
Kreitman, N., Collins, J., Nelson, B. & J. Troop: Neurosis and marital interaction: I. Personality and symptoms. In: British Journal of Psychiatry, 117, S. 33–46, 1970.
Kreitman, N., Collins, J., Nelseon, B. & J. Troop: Neurosis and marital interaction: IV. Manifest psychological interaction. In: British Journal of Psychiatry, 119, S. 243–252, 1971.
Kury, H.: Erziehungsstil und Aggressionen bei straffälligen Jugendlichen. In: *Lukesch, H., Perrez, M. & K.A. Schneewind* (Hrsg.): Familiäre Sozialisation und Intervention. Bern: Huber, S. 337–351, 1980.
Kury, H. & S. Bäuerle: Perzipierter elterlicher Erziehungsstil und Angst bei Schülern. In: *Lukesch, H., Perrez, M. & K.A. Schneewind* (Hrsg.): Familiäre Sozialisation und Intervention. Bern: Huber, S. 307–319, 1980.
L'Abate, L. & M.L. Thaxton: Popularity oder influence? The use of citation index to identify leaders in family therapy. In: Fam. Proc., 19, S. 337–339, 1980.
Laing, R.D.: Das Selbst und die anderen. Köln: Kiepenheuer & Witsch, 1973 (Englisch: 1961).
Laing, R.D., Phillipson, H. & A.R. Lee: Interpersonelle Wahrnehmung. Frankfurt: Suhrkamp, 1971.
Langenmayr, A.: Die Berufstätigkeit von Müttern verhaltensgestörter Kinder. Göttingen: Hogrefe, 1976.
Langenmayr, A.: Familienkonstellation, Persönlichkeitsentwicklung, Neuroseentstehung. Göttingen, Hogrefe, 1978.
Lapouse, R. & N.R. Monk: An epidemiologic study of behavior characteristics in children. In: Amer. J. Public Health, 48, S. 1134–1144, 1958.
Lapouse, R. & N.R. Monk: Fears and worries in a represantative sample of children. In: Amer. J. of Orthopsychiatry, 29, S. 803–818, 1959.
Lapouse, R. & N.R. Monk: Behavior deviations in a representative sample of chil-

dren: Variations by sex, age, race, social class and family size. In: Amer. J. Orthopsychiat., 34, S. 436–446, 1964.

Leary, T.: Interpersonal diagnosis of personality. New York, 1957.

Lechner, H. & A. Ruhs: Die Familie des epileptischen Kindes. In: *Pakesch, E.* (Hrsg.): Die Familie als Patient. Graz: Akad. Druck- und Verlagsanstalt, S. 93–99, 1974.

Lederer, W. & D. Jackson: The mirages of marriage. New York: Norton, 1968.

Lehr, U.: Die Rolle der Mutter in der Sozialisation des Kindes. Darmstadt: Steinkopff, 2. Aufl., 1978.

Lempp, R.: Eine Pathologie der psychischen Entwicklung. Bern: Huber, 3. Aufl., 1967.

Lempp, R.: Frühkindliche Hirnschädigung und Neurose. Bern: Huber, 3. Aufl., 1978.

Lennard, H., Beaulieu, M. & N. Embry: Interaction in families with a schizophrenic child. In: Archives of General Psychiatry, 12, S. 166–183, 1965.

Lenz, W.: Humangenetik in Psychologie und Psychiatrie. UTB-Taschenbuch, 1980.

Lewin, K., Lippit, R. & R.K. White: Patterns of aggressive behavior in experimentally created „social climates". In: J. of Soc. Psychol., 10, S. 271–299, 1939.

Lidz, T.: Das menschliche Leben – Die Entwicklung der Persönlichkeit im Lebenszyklus. Frankfurt: Suhrkamp, 1970.

Lidz, T.: Familie und psychosoziale Entwicklung. Frankfurt: Fischer, 1971.

Lidz, T.: Family studies and a theory of schizophrenia. In: *Cancro, R.* (Ed.): Annual review of the schizophrenic syndrome. New York: Brunner/Malzel, S. 386–402, 1974.

Lidz, T., Cornelison, A., Fleck, S. & D. Terry: Spaltung und Strukturverschiebung in der Ehe. In: *Bateson* et al.: Schizophrenie und Familie. Frankfurt: Suhrkamp, S. 108–127, 1969.

Lukesch, H.: Erziehungsstile. Pädagogische und psychologische Konzepte. Stuttgart: Kohlhammer, 1975.

Lukesch, H. (Hrsg.): Auswirkungen elterlicher Erziehungsstile. Göttingen: Hogrefe, S. 50–60, 1975.

Lukesch, H., Perrez, M. & K.A. Schneewind: Zum gegenwärtigen Stand der familiären Sozialisationsforschung. In: *Lukesch, H.* et al. (Hrsg.): Familiäre Sozialisation und Intervention. Bern: Huber, S. 15–31, 1980.

MacCoby, E.E. & C.N. Jacklin: Psychology of sex differences. Stanford, Cal.: Stanford Univ. Pr., 1974.

MacFarlane, J.W., Allen, L. & M.P. Honzik: A developmental study of the behavior problems of normal children between 21 months and 14 years. Berkley, Los Angeles: Univ. Calif. Pr., 1954.

Madanes, C. & J. Haley: Dimensions of family therapy. In: J. of Nerv. and Ment. Disease, 165 (2), S. 88–98, 1977.

Madsen, C.H., Becker, W.C. & D.R. Thomas: Rules, praise and ignoring: Elements of elementary classroom control. In: Journal of Applied Behavior Analysis, 1, S. 139–150, 1968.

Marotz-Baden, R., Adams, G.R., Bueche, N., Munro, B. & G. Munro: Family form or family process? Reconsidering the deficit family model approach. In: The family coordinator, S. 5–14, (Jan.), 1979.

Martin, B.: Parent-child relations. In: *Horowitz, F.D.* (Ed.): Review of child development research. Vol. 4. Chicago: Univ. of Chicago Pr., 1975.

Martin, P.A.: No treatment as the treatment of choice. In: *Gruman, A.S.* (Ed.): Questions and answers in the practice of family therapy. New York: Brunner/Mazel, S. 67–69, 1981.

Maser, S.: Grundlagen der allgemeinen Kommunikationstheorie. Stuttgart: Kohlhammer, 1971.

Mattejat, F.: Familieninteraktion und psychische Störungen bei Kindern und Jugendlichen. Überblick zur Familieninteraktionsforschung und Erörterung ihrer praktischen Relevanz für die Kinder- und Jugendpsychiatrie. In: *Remschmidt, H.* (Hrsg.): Psychopathologie der Familie und kinderpsychiatrische Erkrankungen. Bern, Stuttgart, Wien: Huber, S. 118–155, 1980.

Mattejat, F.: Familienpathologische Merkmale in einem Mutter-Kind-Erstinterview. Ansatzpunkte zu einer praxisnahen Familiendiagnostik. In: *Bommer, H. & H. Hockel* (Hrsg.): Therapie-orientierte Diagnostik. Stuttgart: Kohlhammer, 1981.

Mattejat, F.: Schulphobie: Klinik und Therapie. In: Praxis der Kinderpsychologie und Kinderpsychiatrie, 30 (8), S. 286–298, 1981.

Mattejat, F.: Symptomfixierung und Widerstand. Zur fokalen Familientherapie bei psychosomatischen Symptomen im Kontext fusionierter Familiensysteme. In: Zeitschr. f. Kinder- und Jugendpsychiatrie, 11 (3), S. 208–233, 1983.

Mattejat, F.: Soziale Position, Interaktion und Therapieerfolg von psychisch gestörten Kindern in stationärer psychiatrischer Behandlung. Manuskript, 1983.

Mattejat, F.: Der interaktionstheoretische Ansatz zur Ätiologie und Pathogenese. In: *Remschmidt, H. & M. Schmidt* (Hrsg.): Handbuch der Kinder- und Jugendpsychiatrie. Bd. 1. In Vorber., 1985.

Mattejat, F.: Pathogene Familienmuster – Theoretische und empirische Analysen zum Zusammenhang zwischen Familienmerkmalen und psychischen Störungen bei Kindern und Jugendlichen. Stuttgart: Enke, 1985.

Mattejat, F. & J. Brumm: Kommunikationspsychologische Grundlagen. In: *Pongratz, L.J.* (Hrsg.): Handbuch der Klinischen Psychologie. Bd. 8: Klinische Psychologie. Göttingen: Hogrefe, 1. Hlbbd., S. 715–846, 1977.

Mattejat, F. & H. Remschmidt: Emotionale und funktionale Differenzierung: Zwei Aspekte bei der Wahrnehmung von Familien mit einem psychisch kranken Kind. In: Zeitschr. f. Kinder- und Jugendpsychiatrie, 9, S. 139–151, 1981.

Mattejat, F. & H. Remschmidt: Übungseffekte bei der Beurteilung von Familien. Voruntersuchungen zur Entwicklung eines familiendiagnostischen Trainingsprogramms. In: Zeitschr. f. Kinder- und Jugendpsychiatrie, 9, S. 317–333, 1981.

Mattejat, F. & H. Remschmidt: Oberflächen- und Tiefenaspekte des Interaktionsverhaltens. In: Psychotherapie, Psychosomatik, Medizinische Psychologie, 33 (3), S. 117–122, 1983.

Mattejat, F. & H. Remschmidt: Familiäre Interaktionsstörungen. In: *Remschmidt, H. & M. Schmidt* (Hrsg.): Handbuch der Kinder- und Jugendpsychiatrie, Bd. 2. Bern: Huber (im Druck), 1985.

Mattejat, F. & H. Remschmidt: Kinderpsychiatrische Familiendiagnostik. Bern: Huber (in Vorber.), 1985.

Mattejat, F. & J. Wiesse: Zur Untersuchung familienpathologischer Aspekte mit der Interaktionschronographie. Eine Erkundungsstudie. In: Zeitschrift für Klinische Psychologie, 12, S. 94–112, 1983.

McCord, J. & W. McCord: The effects of parental role model on criminality. In: J. of Social Issues, 14, S. 66–75, 1958.

McCord, W., McCord, J. & I.K. Zola: Origins of crime. New York: Columbia Univ. Pr., 1959.

McCord, W., McCord, J. & A. Howard: Familial correlates of aggression in nondelinquent male children. In: J. of Abn. and Soc. Psychol., 62, S. 79–93, 1961.

McCorkie, M. & J. Riskin: „Non-labeled" families project. Progress Report, 1978.

McFie, B.S.: Behavior and personality difficulties in school children. In: Brit. J. Educational Psychol., 4, S. 30–44, 1934.

Mednick, S.A. & J.B.P. Shaffer: Mothers retrospective reports in child rearing research. In: Am. J. Orthopsychiat., 33, S. 457–461, 1963.

Mednick, S.A. & F. Schulsinger: Kinder schizophrener Eltern. In: *Remschmidt, H.* (Hrsg.): Psychopathologie der Familie und kinderpsychiatrische Erkrankungen. Bern: Huber, S. 35–49, 1980.

Meissner, W.W.: Family process and psychosomatic disease. In: *Lipowski, Z.J., Lipsitt, D.R. & P.C. Whybrown* (Eds.): Psychosomatic medicine. New York: Oxford Univ. Pr., 1977.

Mensh, I.N., Kantor, M.B., Domke, H.R., Gildea, M.C. & J.C. Glidewell: Children's behavior symptoms and their relationship to school adjustment, sex and social class. In: J. Soc. Issues, 15, S. 8–15, 1959.

Merschmann, W., Walter, R. & G. Höhner: Schicht- und Geschlechterverteilung Strafunmündiger im Dunkelfeld. In: *Nissen, G. & F. Specht* (Hrsg.): Psychische Gesundheit und Schule. Neuwied: Luchterhand, S. 145–159, 1976.

Miller, F., Court, S., Walton, W. & E. Knox: Growing up in Newcastle upon Tyne. London: Oxford Univ. Pr., 1960.

Minuchin, S.: Familie und Familientherapie. Freiburg: Lambertus, 1977.

Minuchin, S., Baker, L., Rosman, B., Liebman, R., Milman, L. & T. Todd: A conceptual model of psychosomatic illness in children. In: Arch. Gen. Psychiat., 32, S. 1031–1035, 1975.

Minuchin, S., Rosman, B. & L. Baker: Psychosomatic families. Cambridge: Harvard Univ. Pr., 1978.

Mishler, E.G. & N.E. Waxler: Interaction in families: An experimental study of family processes and schizophrenia. New York: Wiley, 1968.

Mishler, E.G. & N.E. Waxler: The sequential patterning of interaction in normal and schizophrenic families. In: Family Process, 14, S. 17–50, 1975.

Murrell, S.: Family interaction variables and adjustment of nonclinic boys. In: Child Development, 42, S. 1485–1494, 1971.

Murrell, S. & J. Stachiowak: Cosistency, rigidity and power in the interactions of

clinic and non-clinic families. In: J. Abnorm. Psychol., 72, S. 265–272, 1967.
Niebergall, G.: Soziometrische Erfassung von Stationsgruppen und Familienstrukturen. In: *Remschmidt, H.* (Hrsg.): Kinder- und Jugendpsychiatrie. Stuttgart: Thieme, S. 75–79, 1979.
Nye, F.I.: Family relationships and delinquent behavior. New York: Wiley, 1958.
Olson, D.H., Bell, R. & J. Portner: Family adaptability and cohesion evaluation scales (FACES). St. Paul, Minn.: Family Soc. Sci., Univ. Minn., 1978.
Olson, D.H., Russell, C.S. & D.H. Sprenkle: Circumplex model of marital and family systems. II: Empirical studies and clinical intervention. In: *Vincent, H.P.* (Ed.): Advances in family intervention, assessment and theory. Greenwich, Conn.: JAI Press, 1980.
Olson, D.H., Sprenkle, D.H. & C.S. Russell: Circumplex model of marital and family systems. I: Cohesion and adaptability dimensions, family types, and clinical applications. In: Fam. Proc., 18, S. 3–28, 1979.
Olson, D.H. & M.A. Straus: Ein diagnostisches Hilfsmittel für Ehe- und Familientherapie: Die SIMFAM-Technik. In: *Scholz, O.B.* (Hrsg.): Diagnostik in Ehe- und Partnerschaftskrisen. München: Urban & Schwarzenberg, 1978.
Ovenstone, I.M.K.: The development of neurosis in the wives of neurotic men. I. Symptomatology and personality. In: British Journal of Psychiatry, 122, S. 35–45, 1973.
Overbeck, A.: Beziehungsstrukturen und Interaktion bei familientherapeutischen Interviews. Giessen: Hum. Biol. Diss., 1980.
Pasamanick, B. & H. Knobloch: Brain damage and reproductive casualty. In: Amer. J. Orthopsychiat., 30, S. 298–305, 1960.
Patterson, G.R.: Reprogramming the families of aggressive boys. In: *Thoresen, C.* (Ed.): Behavior modification in eduction. I. Chicago: Univ. of Chicago Pr., 1973.
Patterson, G.R.: The aggressive child: Victim and architect of a coercive system. In: *Mash, E.J., Hammerlynck, L.A. & L.C. Handy* (Eds.): Behavior modification and families. New York: Brunner/Mazel, S. 267–316, 1978.
Perrez, M. (Hrsg.): Krise der Kleinfamilie? Bern: Huber, 1979.
Petermann, F. & F.-J. Hehl (Hrsg.): Einzelfallanalyse. München: Urban & Schwarzenberg, 1979.
Peterson, D.R., Becker, W.C., Shoemaker, D.J., Luria, Z. & L.A. Hellmer: Child behavior problems and parental attitudes. In: Child Development, 32, S. 151–162, 1961.
Petri, H.: Soziale Schicht und psychische Erkrankung im Kindes- und Jugendalter. Göttingen: Vandenhoeck & Ruprecht, 1979.
Piontowski, U.: Psychologie der Interaktion. München: Juventa, 1976.
Pongratz, L.J.: Lehrbuch der klinischen Psychologie. Psychologische Grundlagen der Psychotherapie. Göttingen: Hogrefe, 1973.
Pongratz, L.J. (Hrsg.): Handbuch der Klinischen Psychologie. Bd. 8: Klinische Psychologie. Göttingen: Hogrefe, 1. Hlbbd., 1977; 2. Hlbbd., 1978.
Porter, B. & K. O'Leary: Marital discord and childhood behavior problems. Manuskript, 1980. (Zit. n. *Rutter,* 1981.)
Prechtl, H.F.R.: Strategy and validity of early detection of neurological dysfunction. In: *Douglas, C.P. & K.S. Holt* (Eds.): Mental retardation: Prenatal diagnosis and infant assessment. London, 1972.
Pringle, M.L.K., Butler, N.R. & R. Davie: 11000 seven-year-olds. London: Longmans, 1966.
Pütz, A.: Delinquenz und aggressives Verhalten. Mainz: Phil. Diss., 1972.
Quay, H.C.: Patterns of aggression, withdrawal and immaturity. In: *Quay, H.C. & J.S. Werry* (Eds.): Psychological disorders of childhood. New York: S. 1–29, 1972.
Quinton, D. & M. Rutter: Early hospital admissions and later disturbances of behaviour: An attempted replication of Douglas' findings. In: Developmental Medicine and Child Neurology, 18, S. 447–459, 1976.
Rallings, E.M. & F.I. Nye: Wife-mother employment, family, and society. In: *Burr, W.R., Hill, R., Nye, F.I. & I.L. Reiss* (Eds.): Contemporary theories about the family. Vol. I: Research-based theories. New York: The Free Press (Macmillan Publ. Co.), S. 203–226, 1979.
Reinhard, H.G.: Erziehungseinstellungen bei Müttern verhaltensauffälliger Kinder. In:

Z. Kinder- und Jugendpsychiatrie, 8, S. 170–183, 1980.
Reiss, D.: Varieties of consensual experience. 1: A theory for relating family interaction to individual thinking. In: Fam. Proc., 10, S. 1–27, 1971.
Reiss, D.: Varieties of consensual experience 2: Dimensions of a family's experience of its environment. In: Fam. Proc., 10, S. 28–35, 1971.
Reiss, D.: Varieties of consensual experience 3: Contrasts between families of normals, delinquents and schizophrenics. In: J. of Nervous and Mental Diseases, 152, S. 73–95, 1971.
Reiter, L.: Partnerschafts- und Familientherapie. In: *Schmidt, L.R.* (Hrsg.): Lehrbuch der klinischen Psychologie. Stuttgart: Enke, 1978.
Remschmidt, H. (Hrsg.): Psychopathologie der Familie und kinderpsychiatrische Erkrankungen. Bern: Huber, 1980.
Remschmidt, H. & F. Mattejat: Beurteilereffekte bei der Einschätzung von Familien mit einem psychisch gestörten Kind. In: Medizinische Psychologie, 7, S. 232–246, 1981.
Remschmidt, H. & F. Mattejat: Zur Konstruktion von Einschätzungsskalen für Familiengespräche. In: Z. Kinder- und Jugendpsychiatrie, 9, S. 288–316, 1981.
Remschmidt, H., Reimann, P., Mewe, F. & W. Merschmann: Zur sozialen Schichtung eines Kinder- und Jugendpsychiatrischen Krankengutes. In: *Nissen, G. & P. Strunk* (Hrsg.): Seelische Fehlentwicklung im Kindesalter und Gesellschaftsstruktur. Neuwied, Berlin: Luchterhand, 1974.
Remschmidt, H. & M. Schmidt: Multiaxiales Klassifikationsschema für psychische Erkrankungen im Kindes- und Jugendalter nach *Rutter, Shaffer und Sturge.* Bern: Huber, 1977.
Remschmidt, H. & M. Schmidt (Hrsg.): Multiaxiale Diagnostik in der Kinder- und Jugendpsychiatrie. Ergebnisse empirischer Untersuchungen. Bern: Huber, 1983.
Remschmidt, H., Schmidt, M. & D. Göbel: Erprobungs- und Reliabilitätsstudie zum multiaxialen Klassifikationsschema für psychiatrische Erkrankungen im Kindes- und Jugendalter. In: *Remschmidt, H. & M. Schmidt* (Hrsg.): Multiaxiale Diagnostik in der Kinder- und Jugendpsychiatrie. Ergebnisse empirischer Untersuchungen. Bern: Huber, S. 43–76, 1983.
Remschmidt, H. & H.-C. Steinhausen: Psychische Störungen bei Kindern griechischer Arbeitnehmer in West-Berlin. Berlin: Mimeograph. Abschlußbericht des Projektes, 1981.
Reuter, U. & G. Höcher: Schüler und Gesundheit. Verhalten, Einstellungen, Wissen. Stuttgart: Klett, 1977.
Revenstorf, D., Vogel, B., Wegener, C., Hahlweg, K. & L. Schindler: Escalation phenomena in interaction sequences: An empirical comparison of distressed and non-distressed couples. In: Behav. Anal. Modif., 4, S. 97–115, 1980.
Rey, E.-R., Aba, O. & W.K. Pfeifer: Erste Ergebnisse einer Basisdokumentation für Kinder und Jugendliche aus Erziehungsberatungsstellen. In: Zeitschrift für Kinder- und Jugendpsychiatrie, 6, S. 40–55, 1978.
Richman, N.: Prevalence of behaviour problems in 3-year-old children: An epidemiological study in a London borough. In: Journal of Child Psychology and Psychiatry, 16, S. 272–287, 1975.
Richman, N., Stevenson, J.E. & P.J. Graham: Upset and upsetting: A longitudinal study of preschool children. Manuskript, 1980.
Richter, H.E.: Familientherapie. In: Psychotherapie und Psychosomatik, 16, S. 303–318, 1968.
Richter, H.E.: Eltern, Kind und Neurose. Stuttgart: Klett, 1963 (Hamburg: Rowohlt, 1969).
Richter, H.: Patient Familie. Entstehung, Struktur und Therapie von Konflikten in Ehe und Familie. Reinbeck: Rowohlt, 1972.
Riskin, J. & E.E. Faunce: Family interaction scales. In: Arch. Gen. Psychiat., 22, S. 504–537, 1970.
Riskin, J. & E.E. Faunce: An evaluative review of family interaction research. In: Fam. Proc., 11 (4), 1972.
Robins, L.N.: Deviant children grown up. Baltimore: Williams & Wilkins, 1966.
Robins, L.N.: Follow-up studies of behavior disorders. In: *Quay, H.C. & J.S. Werry* (Eds.): Psychological disorders of childhood. New York, S. 414–446, 1972.
Robins, L.N.: Antisocial behavior disturbances of childhood: Prevalence, prognosis and prospects. In: *Anthony, E.J. & C. Koupernik* (Eds.): The child in his family: Children at psychiatric risk. New York, 1974.
Robins, L.N.: Sturdy childhood predictors of adult antisocial behavior: Replications from longitudinal studies. In: Psychological Medicine, 8, S. 611–622, 1978.

Robins, L.N. & R.G. Lewis (1966): The role of the antisocial family in school completion and delinquency: a three-generation-study. In: Sociological Quarterly, 7, S. 500–514, 1966.

Robins, L.N., West, P.A. & B.L. Herjanic: Arrests and delinquency in two generations: A study of black urban families and their children. In: Journal of Child Psychology and Psychiatry, 16, S. 125–140, 1975.

Roff, M.: Childhood social interactions and young adult bad conduct. In: J. Abnorm. Soc. Psychol., 63, S. 333–337, 1961.

Rogers, M.E., Lilienfeld, A.M. & B. Pasamanick: Prenatal and paranatal factors in the development of childhood behavior disorders. In: Acta Psychiat. Neurol. Scand., Suppl. 102, 1955.

Rollins, B.C. & D.L. Thomas: Parental support, power and control techniques in the socialization of children. In: *Burr, W.R., Hill, R., Nye, F.I. & I.L. Reiss* (Eds.): Contemporary theories about the family. New York, London: Free Press, Macmillan, S. 317–364, 1979.

Rombach, H.: Leben des Geistes. Freiburg: Herder, 1977.

Rosenthal, D.: A program of research on heredity in schizophrenia. In: Behavioural Science, 16, S. 191ff., 1971.

Rosenthal, M.J., Finkelstein, J., Ni, E. & R.E. Robertson: A study of mother-child-relationship in the emotional disorders of children. In: Genetic Psychology Monographs, 60, S. 65–116, 1959.

Rosenthal, M.J., Ni, E., Finkelstein, M. & G.K. Berkwitts: Father-child relationships and children's problems. In: Arch. Gen. Psychiat., 7 (5), 1962.

Rückriem, G.M.: Der gesellschaftliche Zusammenhang der Erziehung. In: *Klafki, W.* et al.: Funk-Kolleg Erziehungswissenschaft. Frankfurt: Fischer, S. 257–322, 1970.

Russell, C.: A methodological study of family cohesion and adaptability. In: J. of Marriage and Family Counseling, 1979 (zit. n. *Olson* et al., 1980).

Russell, C.: A factor analysis of family cohesion and adaptability. Unpubl. Manuscr., 1979 (zit. n. *Olson* et al., 1980).

Rutter, M.: Children of sick parents. London: Oxford Univ. Pr., 1966.

Rutter, M.: Sex differences in children's responses to family stress. In: *Anthony, E.J. & C. Koupernik* (Eds.): The child in his family. New York: Wiley, 1970.

Rutter, M.: Parent-child separation: Psychological effects on the children. In: J. of Child Psychol. Psychiat., 12, S. 233–260, 1971.

Rutter, M.: Separation, loss and family relationships. In: *Rutter, M. & L. Hersov* (Eds.): Child Psychiatry. Oxford, London: Blackwell, 1977.

Rutter, M.: Other family influences. In: *Rutter, M. & L. Hersov* (Eds.): Child Psychiatry. Oxford, London: Blackwell, 1977.

Rutter, M.: Epidemiologie in der Kinderpsychiatrie – die Isle-of-Wight-Studie 1964–1974. In: Zeitschrift für Kinder- und Jugendpsychiatrie, 5, S. 238–279, 1977.

Rutter, M.: Bindung und Trennung in der frühen Kindheit. Forschungsergebnisse zur Mutterdeprivation. München: Juventa, 1978.

Rutter, M.: Epidemiological-longitudinal approaches to the study of development. Referat auf dem zweiten Mannheimer Symposium zur Epidemiologie in der Kinderpsychiatrie. Mannheim, 1981.

Rutter, M., Chadwick, O., Shaffer, D. & G. Brown: A prospective study of children with head injuries. I. Design and methods. Manuskript, 1980.

Rutter, M. & P. Graham: Psychiatric disorder in 10- and 11-year-old children. In: Proc. Roy. Soc. Med., 59, S. 382–387, 1966.

Rutter, M. & N. Madge: Cycles of disadvantage: A review of research. London: Heinemann, 1976.

Rutter, M., Maughan, B., Mortimore, P., Ouston, J. & A. Smith: Fifteen thousand hours: Secondary schools and their effects on children. London: Open Books, 1979.

Rutter, M., Shaffer, D. & M. Shepherd: A multi-axial classification of child psychiatric disorders. Genf: WHO, 1975.

Rutter, M., Tizard, J. & K. Whitmore: Education, health and behavior. London: Longmans, 1970.

Rutter, M., Yule, B., Quinton, D., Rowlands, O., Yule, W. & M. Berger: Attainment and adjustment in two geographical areas III: Some factors accounting for area differences. In: Brit. J. Psychiat., 126, S. 520–533, 1975.

Ryle, A., Pond, D.R. & M. Hamilton: The prevalence and patterns of psychological disturbance in children of primary age. In: J. of Child Psychol. and Psychiat., 6, S. 101–113, 1965.

Sandberg, S.T., Rutter, M. & E. Taylor: Hyperkinetic disorder in psychiatric clinic attenders. In: Developmental Medicine and Child Neurology, 20, S. 279–299, 1978.

Sandberg, S.T., Wieselberg, M. & D. Shaffer: Hyperkinetic and conduct children in a primary school population: Some epidemiological considerations. In: Journal of Child Psychology and Psychiatry, 21, S. 293–311, 1980.

Schachar, R., Rutter, M. & A. Smith: The characteristics of situationally and pervasively hyperactive children: Implications for syndrome definition. In: Journal of Child Psychology and Psychiatry, 21, 1980.

Scheflen, A.E.: Communicational structure: Analysis of a psychotherapy transaction. Bloomington, Indiana: Indiana Univ. Pr., 1973.

Schepank, H.: Erb- und Umweltfaktoren bei Neurosen. Tiefenpsychologische Untersuchungen an 50 Zwillingspaaren. Berlin: Springer, 1974.

Schepank, H.: Erb- und Umweltfaktoren bei der Entwicklung psychogener Störungen im Kindes- und Jugendalter. In: *Nissen, G. & F. Specht* (Hrsg.): Psychische Gesundheit und Schule. Neuwied: Luchterhand, S. 73–84, 1976.

Schenk, J.: Abweichendes Verhalten. In: *Pongratz, L.J.* (Hrsg.): Handbuch der Klinischen Psychologie. Bd. 8: Klinische Psychologie. Göttingen: Hogrefe, 1. Hlbbd., S. 63–115, 1977.

Schenk, J.: Analyse oder Bestimmung abweichenden Verhaltens? In: *Pongratz, L.* (Hrsg.): Handbuch der Psychologie, Bd. 8: Klinische Psychologie, 2. Hlbbd. Göttingen: Hogrefe, S. 3102–3144, 1978.

Schmidt, M.H., Armbruster, F., Günzler, G. & B. Stober: Veränderungen in einer kinderpsychiatrischen Inanspruchnahmepopulation durch die Eröffnung stationärer Behandlungsmöglichkeiten. In: Zeitschrift für Kinder- und Jugendpsychiatrie, 6, S. 76–86, 1978.

Schneewind, K.A.: Erziehungsstil und kindliches Verhalten. In: Medizinische Klinik, 71, S. 133–142, 1975.

Schneewind, K.A. & A. Engfer: Die Entwicklung eines Fragebogens zur Erhebung selbstperzipierter elterlicher Erziehungseinstellungen. Forschungsbericht 22 des SFB 22 der Univ. Erlangen-Nürnberg. Nürnberg, 1973.

Schneider, K.: Hirnfunktionsstörungen im Kindesalter. Stuttgart: Enke, 1978.

Scholz, B.O. (Hrsg.): Diagnostik in Ehe- und Partnerschaftskrisen. München: Urban & Schwarzenberg, 1978.

Scholz, O.B.: Dialog und Interaktion. Stuttgart: Enke, 1980.

Schuham, A.: Activity, talking time, and spontaneous agreement in disturbed and normal family interaction. In: Journal of Abnormal Psychology, 79, S. 68–75, 1972.

Schulman, R., Shoemaker, D. & D. Moelis: Laboratory measurement of parental behavior. In: J. Consult. Psychol., 26, S. 109–114, 1962.

Schulte, D. & W. Nobach: Auffordern und Befolgen. Eine Analyse kindlichen Ungehorsams. In: *Lukesch, H., Perrez, M. & K.A. Schneewind* (Hrsg.): Familiäre Sozialisation und Intervention. Bern: Huber, S. 323–336, 1980.

Schwarzer, R.: Zur Diagnose und Bedeutung von Leistungsangst in der Schule. Düsseldorf: Schwann, 1975.

Sears, R.R., MacCoby, E.E. & H. Levin: Patterns of child rearing. Evanston (Ill.), 1957.

Seidel, U.P., Chadwick, O.F.D. & M. Rutter: Psychological disorders in crippled children: A comparative study of children with and without brain damage. In: Developmental Medicine and Child Neurology, 17, S. 563–573, 1975.

Seitz, W.: Vergleich des Erziehungshintergrundes zwischen Delinquenten und Nichtdelinquenten Jugendlichen. In: *Lukesch, H., Perrez, M. & K.A. Schneewind* (Hrsg.): Familiäre Sozialisation und Intervention. Bern: Huber, S. 353–370, 1980.

Seitz, W., Wehner, E.G. & M. Henke: Zusammenhänge zwischen elterlichem Erziehungsstil und Persönlichkeitszügen 7 – 8-jähriger Jungen. In: Z. f. Entwicklungspsychologie und Pädagogische Psychologie, 2, S. 165–180, 1970.

Selvini-Palazzoli, M., Boscolo, L., Cechin, G. & G. Prata: Paradoxon und Gegenparadoxon. Ein neues Therapiemodell für die Familie mit schizophrener Störung. Stuttgart: Klett, 1977.

Sewell, W.H. & P.H. Mussen: The effects of feeding, weaning and scheduling procedures on childhood adjustment and the formation of oral symptoms. In: Child Development, 23, S. 185–191, 1952.

Shaffer, D., Bijur, P., Chadwick, O. & M. Rutter: Localized cortical injury and psychiatric symptoms in childhood. Manuskript, 1980.

Shaffer, D., McNamara, N. & J.H. Pincus: Controlled observations on patterns of activity, attention, and impulsivity in brain-damaged and psychiatrically disturbed boys. In: Journal of Psychological Medicine, 4, S. 4–18, 1974.

Shapiro, L. & C. Wild: The product of the Consensus Rorschach in families of male schizophrenics. In: Family Process, 15, S. 211–224, 1976l

Shepherd, M., B. Oppenheim & S. Mitchell: Auffälliges Verhalten bei Kindern. Göttingen: Vandenhoeck & Ruprecht, 1973.

Shields, J. & E. Slater: Heredity and psychological abnormality. In: *Eysenck, H.J.* (Ed.): Handbook of abnormal psychology. New York: Basic Books, 1961.

Siegrist, J. & H. Bertram: Schichtspezifische Variationen des Krankheitsverhaltens. In: Soziale Welt, 21/22, S. 206–218, 1970/1971.

Singer, M.T. & L.C. Wynne: Differentiating characteristics of parents of childhood schizophrenics, childhood neurotics, and young adult schizophrenics. In: Am. J. Psychiat., 120, S. 243–243, 1963.

Singer, M.T. & L.C. Wynne: Principles of scoring communication defects and deviances in parents of schizophrenics: Rorschach and TAT scoring manuals. In: Psychiatry, 29, S. 260–288, 1966.

Singer, M.T., Wynne, L.C. & M.L. Toohey: Communication disorders and the families of schizophrenics. In: *Wynne, L.C., Cromwell, R. & S. Matthysse* (Eds.): The nature of schizophrenie: New approaches to research and treatment. New York: Wiley, S. 499–511, 1978.

Slater, E. & V. Cowie: The genetics of mental disorders. London, 1971.

Sluzki, C.E., Beavin, J., Tarnopolsky, A. & E. Veron: Transactional disqualification. In: *Sluzki, C.E. & D.C. Ransom* (Eds.): The double bind. New York: Grune & Stratton, 1976.

Sluzki, C.E. & D.C. Ransom (Eds.): The double bind: The foundations of the communicational approach to the family. New York: Grune & Stratton, 1976.

Soijt, C.M.: Dyadic interaction in a double-bind situation. In: Fam. Proc., 8, S. 235–259, 1969.

Soijt, C.M.: The double bind hypothesis and the parents of schizophrenics. In: Fam. Proc., 11, S. 53–74, 1971.

Solvberg, H. & R. Blakar: Communication efficiency in couples with and without a schizophrenic offspring. In: Fam. Proc., 14, S. 515–534, 1975.

Speck, O.: Kinder erwerbstätiger Mütter. Stuttgart: Enke, 1956.

Spence, J., Walton, W., Miller, F.J.W. & S.D.M. Court: A tousand families in Newcastle upone Tyne. London: Oxford Univ. Pr., 1954.

Spitz, R.: Hospitalism. In: Psychoanalytic Study of the Child, 1, S. 53–74, 1945.

Spitz, R.: Vom Säugling zum Kleinkind. Stuttgart: Klett, 1967.

Stabenau, J.: Tubin, J., Werner, M. & W. Pollin: A comparative study of families of schizophrenics, delinquents, and normals. In: Psychiatry, 28, S. 45–59, 1965.

Stapf, K.H., Herrmann, T., Stapf, A. & K.H. Stäcker: Psychologie des elterlichen Erziehungsstils. Bern, Stuttgart: Huber, Klett, 1972.

Steinhausen, H.-C.: Die Beurteilung des Schweregrades kinderpsychiatrischer Störungen. Vortrag auf der XVIII. wissenschaftlichen Tagung der Deutschen Ges. f. Kinder- und Jugendpsychiatrie, Marburg, Mai 1983.

Steinmetz, S.K.: Disciplinary techniques and their relationship to aggressiveness dependency, and conscience. In: *Burr, W.R., Hill, R., Nye, F.I. & I.L. Reiss* (Eds.): Contemporary theories about the family. Vol. 1. New York, London: Free Press/Macmillan, S. 405–438, 1979.

Steuber, H.: Zur Häufigkeit von Verhaltensstörungen im Grundschulalter. In: Praxis der Kinderpsychologie und Kinderpsychiatrie, 22, S. 246–250, 1973.

Stierlin, H.: Group fantasies and family myths – some theoretical and practical aspects. In: Fam. Proc., 12, S. 111–125, 1973.

Stierlin, H.: Status der Gegenseitigkeit: Die fünfte Perspektive des Heidelberger familiendynamischen Konzeptes. In: Familiendynamik, 4, S. 101–116, 1979.

Stierlin, H., Rücker-Embden, I., Wetzel, N. & M. Wirsching: Das erste Familiengespräch. Stuttgart: Klett, 1977.

Still, G.F.: Some abnormal psychical conditions in children. In: Lancet, 1, S. 1008–1012, 1077–1082, 1163–1168, 1902.

Stolz, L.M.: Effects of maternal employment on children: Evidence from research. In: Child Development, 31, S. 749–782, 1960.

Stott, D.H.: The social adjustment of children; Manual to the Bristol Social Adjustment Guides. 3. Aufl. London, 1969.

Stott, D.H.: Thirty-three troublesome children. London: 1964.

Strodtbeck, F.: Husband-wife interaction over revealed differences. In: Am. Sociol. Rev., 16, S. 468–473, 1951.

Strotzka, H.: Die Soziogenese psychischer Erkrankungen. In: *Lauter, H. & J.-E. Meyer* (Hrsg.): Der psychisch Kranke und die Gesellschaft. Stuttgart: 1971.

Stürzbecher, M.: Ergebnisse der Vorsorgeuntersuchung von vier Jahre alten Kindern in Berlin (West) im Jahre 1966. In: Berliner Statistik, 21, S. 308–314, 1967.

Szasz, T.S.: Die Fabrikation des Wahnsinns. Frankfurt: Fischer, 1974.

Szasz, T.S.: Geisteskrankheit – ein moderner Mythos? München: Kindler, 1976.

Tausch, R. & A.-M. Tausch: Erziehungspsychologie. 7. Aufl. Göttingen: Hogrefe, 1973.

Terdal, L., Jackson, R. & A. Garner: Mother-child-interactions: A comparison between normal and developmentally delayed groups. In: *Mash, E.J., Hammerlynck, L.A. & L.C. Handy* (Eds.): Behavior modification and families. New York: Brunner/Mazel, 1978.

Thalmann, H.-Ch.: Verhaltensstörungen im Grundschulalter. Stuttgart: Klett, 1971.

Thomas, A. & Chess, S. & H.G. Birch: Temperament and behavior disorders in children. New York, 1968.

Tizard, B.: Adoption: A second chance. London: Open Books, 1977.

Tizard, B. & J. Hodges: The effect of early institutional rearing on the development of eight year old children. In: Journal of Child Psychology and Psychiatry, 19, S. 99–118, 1978.

Tizard, J. & B. Tizard: The social development of two-year-old children in residential nurseries. In: *Schaffer, H.* (Ed.): The origins of human social relations. London: Academic Press, 1971.

Toman, W.: Family constellations as a basic personality determinant. In: Journal of Individual Psychology, 15, S. 199–211, 1959.

Tuckman, J. & R.A. Regan: Size of family and behavioral problems in children. In: J. Gen. Psychol., 111, S. 151–160, 1967.

Väth-Szusdiziara, R. & H. Lukesch: Trends in der Erziehungsstilforschung. Zusammenfassung der Diskussion der Arbeitsgruppe Erziehungsstilforschung – Familiäre Sozialisation. In: *Eckensberger, L.H.* (Hrsg.): Bericht über den 31. Kongr. d. Dtsch. Ges. f. Psychologie in Mannheim 1978. Bd. 1, Göttingen, Hogrefe, S. 327–330, 1979.

Van Goor, G.: Wie zuverlässig ist die Achse V? In: Zeitschrift für Kinder- und Jugendpsychiatrie. In Vorber., 1984.

Vogel, E.F. & N.W. Bell: Das gefühlsgestörte Kind als Sündenbock der Familie. In: *Bateson, G.* et al.: Schizophrenie und Familie. Frankfurt: Suhrkamp, S. 245–273, 1975.

Voll, R., Allehoff, W.H., Esser, G., Poustka, F. & M.H. Schmidt: Widrige familiäre und soziale Bedingungen und psychiatrische Auffälligkeit bei Achtjährigen. In: Z. Kinder- und Jugendpsychiatrie, 1982.

Wallerstein, J. & J.B. Kelly: Surviving the breakup: How children and parents cope with divorce. New York: Basic Books, 1980.

Wallin, D. & M. Koch: The use of goal attainment scaling as a method of evaluating clinical outcome in an inpatient child psychiatric service. In: J. Am. Acad. Child Psychiat., 16, S. 439–445, 1977.

Wallston, B.: The effects of maternal employment on children. In: Journal of Child Psychology and Psychiatry, 14, S. 81–96, 1973.

Walters, J. & N. Stinnett: Parent-child relationships: A decade review of research. In: J. or Marriage and the family, 33, S. 70–111, 1971.

Walters, R.H., Parke, R.D. & V.A. Cane: Timing of punishment and the observation of consequences to others as determinants of response inhibition. In: Journal of Experimental Child Psychology, 2, S. 10–30, 1965.

Watzlawick, P.: A structured family interview. In: Fam. Proc., 5, S. 526–517, 1966.

Watzlawick, P.: A review of the double bind theory. In: *Jackson, D.D.* (Ed.): Communication, family, and marriage. Palo Alto: Science and Behavior Books, S. 63–86, 1968.

Watzlawick, P.: Interaktionsstörungen in der Familie und psychiatrische Erkrankungen bei Kindern. In: *Remschmidt, H.* (Hrsg.): Psychopathologie der Familie und kinderpsychiatrische Erkrankungen. Bern: Huber, S. 71–81, 1980.

Watzlawick, P., Beavin, J.H. & D.D. Jackson: Menschliche Kommunikation. Bern, Stuttgart, Wien: Huber, 1969.

Watzlawick, P., Weakland, J.H. & R. Fisch: Lösungen. Bern, Stuttgart, Wien: Huber, 1974.

Weakland, J.: The double bind hypothesis of schizophrenia and three-party interaction. In: *Sluzki, C. & D. Ransom* (Eds.): Double bind: The foundation of the communicational approach to the family. New York: Grune & Stratton, 1976.

Weber, G. & H. Stierlin: Familiendynamik und Familientherapie der Anorexia-nervosa-Familie. In: *Meermann, R.* (Hrsg.): Anorexia nervosa. Stuttgart: Enke, S. 108–122, 1981.

Weinschenk, C.: Die erbliche Lese-Rechtschreibschwäche und ihre sozialpsychiatrischen Auswirkungen. Bern: Huber, 2. Aufl., 1965.

Weinschenk, C.: Entschluß zur Tat, Schuldfähigkeit, Resozialisation, Prävention. Königstein/Ts.: Athenäum, 1981.

Weinschenk, C.: Was darf der Methode zuliebe von konkreten Inhalten alles weggelassen werden? In: Zeitschrift für Kinder- und Jugendpsychiatrie, 10 (4), S. 378–380, 1982.

Weissman, M.M., Paykel, E.S. & N. Trivelli: The depressed woman as a mother. In: Social Psychiatry, 7, S. 98–108, 1972.

Welding, G.: Verhaltensauffällige Kinder in Kindergärten der Stadt Göttingen. Göttingen: Med. Diss., 1975.

Wenar, C. & J.B. Coulter: A reliability study of developmental histories. In: Child Development, 33, S. 453–462, 1962.

Werry, J.S. & H.C. Quay: The prevalence of behavior symptoms in younger elementary school children. In: Am. J. Orthopsychiat., 41, S. 1367–143, 1971.

West, D.J. & D.P. Farrington: Who becomes delinquent? London: Heinemann, 1973.

Westman, J.C., Rice, D.L. & E. Bermann: Nursery school behavior and later school adjustment. In: Am. J. Orthopsychiat. 37, S. 725–731, 1967.

Westmeyer, H.: Wissenschaftstheoretische Grundlagen der Einzelfallanalyse. In: *Petermann, F. & F.-J. Hehl* (Hrsg.): Einzelfallanalyse. München: Urban & Schwarzenberg, S. 17–34, 1979.

Wickman, E.K.: Childrens behavior and teachers attitudes. New York: Commonwealth Fund., 1928.

Wild, C., Shapiro, L. & L. Goldenberg: Transactional communication disturbance in families of male schizophrenics. In: Family Process, 14, S. 131–160, 1975.

Willi, J.: Die Zweierbeziehung. Spannungsursachen, Störungsmuster, Lösungsmodelle. Das Kollusionskonzept. Reinbeck: Rowohlt, 1975.

Wilson, H.: Parenting in poverty. In: Brit. J. of Social Work, 4, S. 241–254, 1974.

Winter, W.D., Ferreira, A.J. & J.L. Olson: Hostility themes in the family TAT. In: J. Proj. Techn., 30, S. 270–274, 1966.

Winter, W.D. & A. Ferreira: Interaction process analysis of family decision-making. In: Family Process, 6, S. 155–172, 1967.

Winter, W.D. & A. Ferreira: Talking time as an index of intrafamilial similarity in normal and abnormal families. In: Journal of Abnormal Psychology, 74, S. 574–576, 1969.

Winder, C.L. & L. Rau: Parental attitudes associated with social deviance in preadolescent boys. In: J. of Abn. and Soc. Psychol., 6, S. 418–424, 1962.

Wirsching, M.: Familientherapie psychosomatischer Krankheiten. In: *Hahn, P.* (Hrsg.): Psychologie des 20. Jahrhunderts. Bd. 9 – Psychosomatik. Zürich: Kindler, S. 911–928, 1979.

Wohnlich, H.R.: Neurotische Elternpersönlichkeiten und auffällige Erziehungshaltung bei Kindern und Jugendlichen mit psychoreaktiven Störungen und Erkrankungen. In: Z. Kinder- und Jugendpsychiatrie, 8, S. 41–54, 1980.

Wolf, E. (Hrsg.): Lebensumstände großstädtischer Schuljugend in heutiger Zeit (Kreuzberg-Studie). Berlin, 1970.

Wolff, S.: Kinder in Bedrängnis. Stuttgart: Klett, 1971.

Wolff, S. & W.P. Acton: Characteristics of parents of disturbed children. In: British Journal of Psychiatry, 114, S. 593–601, 1968.

Wolkind, S.N.: The components of 'affectionless psychopathy' in institutionalized children. In: Journal of Child Psychology & Psychiatry, 14, S. 97–105, 1974.

Woodward, C.A., Santa-Barbara, J., Levin, S. & N.B. Epstein: The role of goal attainment scaling in evaluating family therapy outcome. In: Amer. J. Orthopsychiat., 48 (3), S. 464–476, 1978.

Wootton, B.: Social science and social pathology. London: Allen & Unwin, 1959.

World Health Organization: Glossary of mental disorders and guide to their classification: For use in conjunction with the International Classification of Disease. 8th revision. Genf: WHO, 1974.

Wynne, L.C.: The study of intrafamilial alignments and splits in exploratory family therapy. In: *Ackerman, N.* et al. (Eds.):

Exploring the base for damily therapy. New York: Family Serv. Assoc. of Am., 1961.

Wynne, L.C., Bartko, J. & M.L. Toohey: Schizophrenics and their families: Recent research on parental communication. In: *Tanner, J.M.* (Ed.): Psychiatric research: The widening perspective. New York: Int. Univ. Pr., 1975.

Wynne, L.C., Ryckoff, I.M., Day, J. & S.J. Hirsch: Pseudo-Gemeinschaft in den Familienbeziehungen von Schizophrenen. In: *Bateson* et al.: Schizophrenie und Familie. Frankfurt: Suhrkamp, 1975.

Wynne, L.C., Singer, M.T. & M.L. Toohey: Kommunikation von Adoptiveltern Schizophrener. In: Familiendynamik, 2 (2), S. 125–157, 1977.

Wynne, L.C., Toohey, M.L. & J. Doane: Family studies. In: *Bellak, L.* (Ed.): The schizophrenic syndrome. New York: Grune & Stratton, 1979.

Yourman, J.: Children identified by their teachers as problems. In: J. Educ. Sociol., 5, Sl 334–343, 1932.

Youdkin, S. & A. Holme: Working mothers and their children. London: Michael Joseph, 1963.

Namenregister

Sachregister